感谢湖南省农林经济管理重点学科、湖南省农村发展研究所、湖南省"三农"问题研究中心的出版资助！

The Formation of International

Capital Flows Sudden Stop in Emerging Market Countries and Its Enlightenment

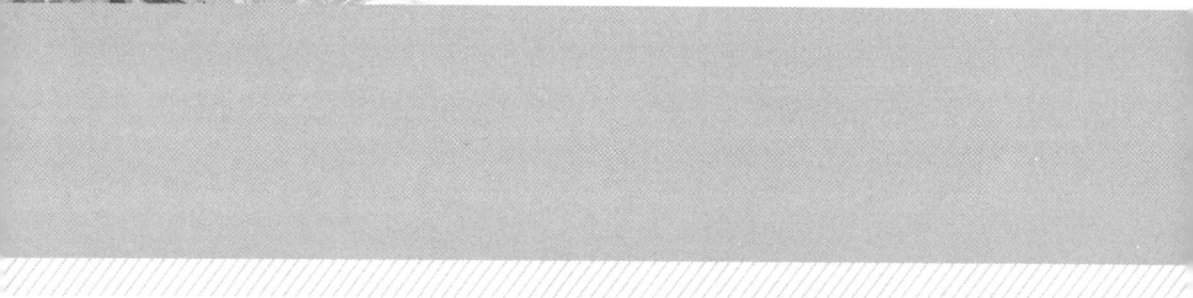

新兴市场国家国际资本流动突然中断的形成与启示

郑 璇 著

经济科学出版社
Economic Science Press

图书在版编目（CIP）数据

新兴市场国家国际资本流动突然中断的形成与启示/
郑璇著 . —北京：经济科学出版社，2016.2

ISBN 978 - 7 - 5141 - 6625 - 5

Ⅰ.①新… Ⅱ.①郑… Ⅲ.①新兴市场 - 国际资本 -
资本流动 - 研究 - 世界 Ⅳ.①F831.7

中国版本图书馆 CIP 数据核字（2016）第 038873 号

责任编辑：刘　莎
责任校对：杨　海
责任印制：邱　天

新兴市场国家国际资本流动突然中断的形成与启示

郑　璇　著

经济科学出版社出版、发行　新华书店经销

社址：北京市海淀区阜成路甲 28 号　邮编：100142

总编部电话：010 - 88191217　发行部电话：010 - 88191522

网址：www. esp. com. cn

电子邮件：esp@ esp. com. cn

天猫网店：经济科学出版社旗舰店

网址：http://jjkxcbs. tmall. com

北京万友印刷有限公司印装

710×1000　16 开　16.5 印张　230000 字

2016 年 2 月第 1 版　2016 年 2 月第 1 次印刷

ISBN 978 - 7 - 5141 - 6625 - 5　定价：56.00 元

（图书出现印装问题，本社负责调换。电话：010 - 88191502）

（版权所有　侵权必究　举报电话：010 - 88191586

电子邮箱：dbts@ esp. com. cn）

前　言

在经济自由化和金融全球化程度逐渐加深的趋势下，国际资本日益活跃，跨境流动的规模和速度不断攀升，加速了世界经济的融合与开放进程。从 20 世纪 90 年代至今，全球资本流动规模总体上保持持续稳步增长态势，仅 2001 年和 2009 年受全球经济下滑影响而出现资本流动规模收缩。新兴市场国家作为全球经济发展的一股新生力量，以其高成长性和巨大潜力，吸引了大量外资流入。国际投资乘数理论、缺口理论、新古典主义等众多经济理论表明，国际资本流动对资本输入国的经济发展具有积极推动作用。由此可知，国际资本成为新兴市场国家经济发展的重要资本动力。但是，随着金融全球化的不断深化，国际资本流动的剧烈波动性也给新兴市场国家带来了金融风险和经济冲击。作为大规模国际资本的输入国，新兴市场国家面临着经济过热、本币升值、信贷激增和资产价格泡沫等压力，而且常伴随国际资本流入突然逆转的风险，加重宏观经济及金融的脆弱性，甚至引发货币金融危机。20 世纪 90 年代以来，新兴市场国家频频爆发金融危机，如 1994 年墨西哥危机、1997 年亚洲金融危机、1999 年俄罗斯金融危机、2001～2002 年阿根廷危机，这些危机的共同特征在于危机前大量流入的资本短期内突然骤减，导致银行信贷紧缩、经常项目逆转以及货币急剧贬值。由于资本流动逆转型金融危机的频发，卡尔沃（Calvo，1998）正式提出国际资本流动突然中断（sudden stop，以下简称"突然中断"）概念，将其界定为一国国际资本净流入的突然大幅减少。突然中断经金融加速器的强化作用，引起国内产出和私人支出大量萎缩，实际汇率及资产价格大幅下跌，对经济造成重创。新兴市场国家虽然经济增长较快，但其政府质量、制度质量及金融体系建设滞后，一旦出现内外部冲击，前期汇集的资本极易发生大幅外流并引发突然中断，对经济造成重创。

在美国"次贷危机"引致国际金融危机的过程中，全球国际资本流动呈现极强的波动性，跨境资本异动迹象凸显。2008 年，新兴市场经济体的国际资本流动规模从 2007 年 1.24 万亿美元的历史高点急剧收缩至 6 705 亿美元，直至 2009 年，国际资本为了避险持续撤离新兴市场国家。随着发达经济体的量化宽松货币政策大量释放流动性，2010 年流入新兴市场的国际资本又快速反弹至 1.09 万亿美元。2011～2012 年受欧债危机的影响，外资避险流出新兴经济体。自 2013 年以来，受发达经济体量化宽松货币政策的退出预期等因素影响，新兴经济体吸引的外资时而撤离、时而流入，极不稳定。2013 年 5 月以来，阿根廷、土耳其、印度、南非和巴西等经济增长放缓且外部账户失衡的新兴市场国家遭受国际资本外流冲击，货币显著贬值，资产价格大幅下跌。未来受国内外经济复苏、发达国家宏观经济政策转向、主权债务问题恶化或地缘政治冲突激化等不确定因素的影响，全球跨境资本流动的波动性将加剧，如何防治突然中断成为新兴市场国家面临的重要课题。由于突然中断是短期爆发事件，政府当局的应对措施非常有限，并且很难获得较好的效果，所以对突然中断的事前预测显得至关重要。鉴于此，基于新兴市场国家突然中断的事实特征，研究其形成机理、驱动因素和预警机制，有助于新兴市场国家及时发现突然中断征兆和风险来源并提前防范应对，降低突然中断发生的可能性与危害性，以此促进新兴市场国际金融稳定和经济平稳健康发展。

中国经济的发展及国际地位的提高使其受到国际投资者的青睐，在吸引大量国际资本流入的同时，也加大了在负外部冲击下发生突然中断的可能性。在国内外经济政治因素共同作用下，中国曾分别于 2006 年、2009 年和 2012 年发生突然中断，对 GDP 增长率、进出口和投资等宏观经济变量产生显著负面影响，阻碍经济平稳发展。在世界经济增速放缓、国际金融不稳定及国内经济增速减缓的形势下我国也面临资本外流压力。2012 年我国资本和金融项目出现 14 年来的首次逆差，加上误差与遗漏，逆差共 798 亿美元。2013~2014 年我国资本与金融项目呈现双向波动的格局，2015 年上半年资本和金融账户（不含储备资产）逆差 1 256 亿美元。未来受国际经济政治形势发展的不确定性以及国内经济基本面和金融体系欠完善等因素的影响，我国国际资本流动的波动性将加剧，不排除阶段性的资本集中流出的可能。在人民币资本项目开放的进程中，需积极防范可能发生的突然中断。因此，吸取新兴市场国家资本流动突然中断的经验教训，研究突然中断的形成机理并建立预警系统，对于我国突然中断的防范有重要指导意义，同时为我国金融开放和金融监管政策提供依据，有助于更好地防范和应对资本流动异动冲击，防止经济发展大起大落。

本书在对新兴市场国家突然中断的事实特征进行分析的基础上，基于金融经济学和信息经济学原理研究净资本流动和总资本流动突然中断的形成机理；实证研究高收入和低收入新兴市场国家的净资本流动突然中断、流入驱动型和流出驱动型突然中断的驱动因素；分别针对高收入和低收入新兴市场国家建立突然中断预警指标体系进行预警研究；最后将理论和实证研究结果运用于指导新兴市场国家和中国的突然中断防范。本书期望通过以上研究，补充完善国际资本流动理论和金融监管理论，为新兴市场国家制定金融开放和金融监管政策提供依据，以此规避资本流动异动给经济金融体系带来的风险，促进新兴市场国家经济平稳健康发展。

通过理论和实证研究发现，国际资本流动突然中断是新兴市场国家金融开放进程中面临的重要风险，对经济发展带来显著负面影响，甚至引发金融危机。杠杆率较高的新兴市场国家遭遇外生冲击后，在信用约束收紧和债务——通缩机制作用下，容易发生突然中断，其中流入驱动型突然中断主要源于国际投资者接收到关于国际市场和新兴市场的负面信息而退出新兴市场，流出驱动型突然中断归因于本国投资者接收到有关本国经济的负面信息和国际市场强劲的正面信息而投向海外。一国外部账户、国内经济金融形势和国际经济金融形势是突然中断的重要驱动因素，因而也是重要的突然中断预警指标。中国曾发生过突然中断，也对经济造成了一定冲击，近年来国际资本流动呈现较强的波动性和短期逆转性，说明中国仍面临重要的突然中断风险来源。

　　本研究的重要创新之处在于从总资本流动角度出发，基于信息不对称理论和理性预期理论，探讨流入驱动型和流出驱动型突然中断的形成机理，并将形成机理置于包含信息不对称和总资本流动的多资产噪声理性预期模型框架下进行分析；此外，按照人均国民总收入对新兴市场国家的经济发展水平进行分类，区分研究高收入和低收入新兴市场国突然中断的驱动因素，并据此分别建立预警指标体系进行预警研究，为它们防范突然中断提供监测预警信息决策支持。

　　在复杂的国际经济政治形势下，随着国际资本流动的日趋活跃，突然中断呈现出一定的普及性和延展性，未来仍需从横向和纵向上深入细化研究，这不仅事关金融稳定和安全，而且关系到经济发展的资本动力保障。

郑　璇

2016 年 1 月 16 日

目　　录

绪论……………………………………………………………… 1

一、选题背景和意义 ……………………………………… 1

二、文献综述 ……………………………………………… 5

三、研究思路与主要内容 ………………………………… 11

第一章　新兴市场国家国际资本流动突然中断的事实特征 ……… 14

第一节　国际资本流动突然中断的概念界定与识别方法 …… 14

一、国际资本流动突然中断的概念界定 ………………… 15

二、国际资本流动突然中断的识别方法 ………………… 18

第二节　新兴市场国家的国际资本流动突然中断事实 …… 22

一、新兴市场国家突然中断的事实描述 ………………… 22

二、新兴市场国家突然中断的经济社会影响 …………… 32

三、新兴市场国家突然中断的典型案例 ………………… 39

第三节　新兴市场国家国际资本流动突然中断与
　　　　金融危机 ……………………………………… 53

一、新兴市场国家金融危机的界定与识别 ……………… 54

二、新兴市场国家突然中断对金融危机的影响 ………… 56

本章小结 …………………………………………………… 65

第二章 新兴市场国家国际资本流动突然中断的形成机理 ……… 67

第一节 信用约束下净资本流动突然中断的形成机理 ……… 67

　　一、不完全金融市场的信用约束 ………………………… 68

　　二、信用约束下净资本流动突然中断的形成 …………… 70

第二节 信息不对称下总资本流动突然中断的形成机理 …… 75

　　一、微观信息经济学的相关理论 ………………………… 76

　　二、国际借贷市场信息不对称下总资本流动突然

　　　　中断的形成 ……………………………………………… 79

　　三、国际证券市场信息不对称下总资本流动突然

　　　　中断的形成 ……………………………………………… 83

第三节 国际资本流动突然中断形成机理的理论模型 …… 87

　　一、理性预期假说与理性预期均衡理论 ………………… 87

　　二、多资产噪声理性预期模型 …………………………… 91

　　三、理性预期模型框架下突然中断的形成机理 ………… 95

本章小结 …………………………………………………………… 105

第三章 新兴市场国家国际资本流动突然中断驱动因素的
实证研究 …………………………………………………… 106

第一节 国际净资本流动突然中断驱动因素的实证研究…… 106

　　一、净资本流动突然中断驱动因素的相关文献述评…… 107

　　二、净资本流动突然中断驱动因素的实证研究设计…… 109

　　三、净资本流动突然中断驱动因素的实证结果分析…… 116

第二节 流入驱动型与流出驱动型突然中断驱动因素的
　　　　实证研究…………………………………………………… 125

　　一、流入/流出驱动型突然中断驱动因素的
　　　　相关文献述评…………………………………………… 126

二、流入/流出驱动型突然中断驱动因素的
实证研究设计 ……………………………………… 127

三、流入/流出驱动型突然中断驱动因素的实证
结果及对比分析 …………………………………… 134

本章小结 …………………………………………………… 152

第四章　新兴市场国家国际资本流动突然中断的预警研究 ……… 154

第一节　国际资本流动突然中断预警指标体系的构建 ……… 154

一、国际资本流动突然中断的预警方法选择 ………… 155

二、国际资本流动突然中断的预警指标选择 ………… 162

第二节　低收入新兴市场国家的突然中断预警研究 ……… 168

一、低收入新兴市场国家突然中断的单项指标
预警研究 …………………………………………… 169

二、低收入新兴市场国家突然中断的综合指标
预警研究 …………………………………………… 177

三、低收入新兴市场国家的突然中断预警结论 ……… 181

第三节　高收入新兴市场国家的突然中断预警研究 ……… 181

一、高收入新兴市场国家突然中断的单项指标预警
研究 ………………………………………………… 181

二、高收入新兴市场国家突然中断的综合指标预警
研究 ………………………………………………… 188

三、高收入新兴市场国家的突然中断预警结论 ……… 190

本章小结 …………………………………………………… 191

第五章　中国国际资本流动突然中断的形成与风险识别 ………… 192

第一节　中国国际资本流动突然中断的事实特征 ………… 192

一、中国国际资本流动突然中断及其成因 …………… 193

二、中国国际资本流动突然中断对经济的影响 ……… 197

第二节　中国国际资本流动的易变特征 …………………… 200

　　一、中国国际资本流动的波动性 ………………………… 200

　　二、中国国际资本流动的逆转性 ………………………… 202

　　三、中国国际资本流动的易变性 ………………………… 202

第三节　中国国际资本流动突然中断的风险识别 ………… 205

　　一、中国国际资本流动突然中断的预警信息 …………… 206

　　二、中国国际资本流动突然中断的风险来源 …………… 208

　　本章小结 …………………………………………………… 210

第六章　结论与政策建议 ………………………………………… 212

第一节　主要结论 …………………………………………… 212

第二节　新兴市场国家防范国际资本流动突然中断的

　　　　政策建议 …………………………………………… 214

　　一、严密监测国际资本流动态势，加强资本

　　　　流动监管 ………………………………………… 215

　　二、密切关注国际经济政治形势变化 ………………… 216

　　三、大力发展本国经济，健全完善金融体系 ………… 217

第三节　中国防范国际资本流动突然中断的政策建议 …… 219

　　一、调节外部失衡，加强国际资本流动监测与管理 …… 219

　　二、促进经济发展，优化投资环境 …………………… 222

　　三、深化金融改革，增强金融体系稳健性 …………… 225

　　四、关注国际经济形势变化，提前识别防范风险 …… 227

参考文献 ………………………………………………………… 230

后记 ……………………………………………………………… 247

绪　　论

一、选题背景和意义

（一）选题背景及问题的提出

在金融全球化程度日益加深的背景下，新兴市场国家作为全球经济发展的一股生力军，国际资本流动极为活跃。国际资本流动对一国经济而言犹如一把双刃剑，在促进经济蓬勃发展的同时也加大了经济波动的风险，资本流动的突发逆转可能引发金融危机。20 世纪 90 年代以来，新兴市场国家在经历开放之初的几年经济繁荣之后，频频发生突然中断，甚至引发多次突然中断型金融危机，如 1994 年墨西哥金融危机、1997～1998 年亚洲金融危机以及 2001 年阿根廷金融危机（Kaminsky，1999），国际资本净流入突然发生大规模减少，经"金融加速器"的强化作用，引起国内生产和家庭支出大幅减少，实际汇率、资产价格以及非贸易商品对于贸易商品的相对价格都发生大幅下跌，对经济造成重创。在当前复杂的国际经济政治形势下，受国际金融危机的纵深影响，全球国际资本流动呈现非常强的波动性，跨境资本的异动迹象凸显。2009 年，国际资本为了避险大量撤离新兴市场国家，2010 年大规模重返流入，2011～2012 年受欧债危机的影响，外资避险流出，进而自 2013 年以来受发达经济体量化宽松货币政策的持续或退出预期等因素影响，外资时而流入、时而流出。2013 年 5 月以来，印度、巴西、印度尼西亚和土耳其等经济增长放缓且外部账户失衡的新兴市场国家，先后遭受资本外流冲击，货币显著贬值，资产价格大幅下跌。未来受国内外经济复苏、发达国家宏观经济政策转向、主权债务问题恶化或地缘政治冲突激化等不确定因素的影响，全球跨境资本流动的波动性将加剧。在当前复杂多变的全球经济政治环境下，如何防治突然中断成为新兴市场国家面临的重要课题。

在国内外经济政治因素共同作用下，中国也曾发生突然中断，对 GDP 增长率、进出口和投资等宏观经济变量产生显著负面影响，阻碍经济平稳发展。受本轮国际金融危机的纵深影响，我国国际资本流动呈现较强的波动性、短期逆转性和易变性。据中国国家外汇管理局公布的数据显示，2011 年第四季度我国外汇占款曾连续出现三个月负增长的现象，国际收支平衡表中的资本与金融项目出现 290 亿美元的资本净流出，全年资本与金融项目净收入比上年同期下降 2%。2012 年我国资本和金融项目出现 14 年来的首次逆差，加上误差与遗漏，逆差共 798 亿美元。这反映了在世界经济增速放缓、国际金融不稳定及国内经济增速减缓的形势下我国面临的资金流出压力。中国近三年的政府工作报告反复提到"加强跨境资本流动监控"和"稳步推进人民币资本项目可兑换"，2013 年《中共中央关于全面深化改革若干重大问题的决定》中指出要建立健全宏观审慎管理框架下的资本流动管理体系，反映了金融开放进程中防范国际资本流动异动冲击的关键性。

鉴于全球范围内国际资本流动突然中断的频发性和危害性，有关突然中断的研究在最近十多年成为学术界和政府部门关注的焦点。学术界关于突然中断的研究取得了一定进展，对于理解 20 世纪 90 年代以来频发于新兴市场国家的资本流动突然中断具有重要意义。但这一领域的研究仍属于起步阶段，相关的很多重要问题尚待深入，比如有：其一，新兴市场国家曾发生多次突然中断，但引发金融危机的只是少数，为什么有的突然中断引发了金融危机，有的却没有？怎样减小突然中断对经济的危害，甚至引发金融危机的概率？其二，通常所称突然中断是指净资本流动突然中断，它可能主要由外资流入大量减少引起，也可能由内资流出大幅增加引起，二者被分别称为流入驱动型和流出驱动型突然中断，这两种类型突然中断的形成机理和驱动因素是否存在差异？或者说，国际投资者和国内投资者的投资决策是否受到不同因素的影响，呈现不同特点？其三，世界银行按照人均国民总收入对世界各国的经济发展水平进行分类，那么，不同收入的新兴市场国家发生各种类型突然中断的概率是否存在差异？驱动因素有何不同？其四，由于国际资本流动突然中断的突发性，对一国政策当局的紧急应对措施形成极大挑战，因此各国能否构建预警系统对其进行提前预测、警惕和防范？其五，中国作为最大的新兴经济体，由于经济较为稳定的发展而受到国际资本的青睐，那么，中国是否发生过突然中断？发生过何种类型的突然中断？对经济造成了怎样的影响？未来面临的突然中断风险来源有哪些？该如何防范？本书力求在前人研究的基础上，重点解答以上问题，以期对突然中断领域的研究进行补充和完善。

（二）选题的理论意义

关于国际资本流动的理论研究大体集中于流动的动因与后果。早期的国际资本流动理论运用逻辑推理来探寻国际资本流动的内在机理，普遍认为资本流动的内在动因主要是追逐高额利润和规避投资风险，实现资本效用最大化。20世纪50～70年代，国际资本流动理论得到了极大发展，研究对象扩展至发展中国家，主要研究方法改进为数理分析方法，研究范畴更加细化深入。如布兰逊的存量调整模型，约翰逊、弗兰克尔等学者发展的国际资本流动货币分析模型等。20世纪80年代以后，由于经济加速全球化进程中的资本流动甚为活跃，国际资本流动理论开始着眼于国际资本流动的突变性研究，从宏、微观角度解释国际资本流动突发逆转的内在机理。如克鲁格曼的国际收支危机模型和道德风险模型，戴蒙德和迪布维格的金融恐慌模型等。在这样的理论背景和突然中断频发的现实背景下，20世纪90年代末以来，学者们展开了对突然中断形成机理的研究，从实体经济周期模型（RBC）到新开放经济宏观经济学模型再到债务—通缩模型，大都针对净资本流动角度下的突然中断分析，且主要强调信贷摩擦在触发资本流动突然中断发生机制中的作用。21世纪初关于突然中断的研究出现了新视角——总资本流动视角，学者们开始研究分别由总资本外流增加和总资本流入减少主导引起的突然中断。这一领域的研究尚属起步，仍有许多重要问题有待深入，如对分别由国外和国内投资者行为主导引起的流入驱动型和流出驱动型突然中断的形成机理的研究甚少，而这是深入细致了解和防范突然中断的重要问题。鉴于此，本书欲在信息经济学和行为金融理论研究的指导下，基于信息不对称下的多资产噪声理性预期模型框架，深入分析总资本流角度下流入驱动型和流出驱动型突然中断的形成机理，补充丰富国际资本流动理论。此外，由于金融危机巨大负面效应的系统性和国际性，从20世纪90年代开始，金融监管理论的重点转向效率与安全的并重。经济学家们普遍认为宏观经济不稳定、金融体系不健全以及过早和过度开放资本项目是引起危机的重要原因。由此，本书在突然中断形成机理和驱动因素的研究的基础上建立预警机制，并提出防范对策，以期补充丰富金融开放和金融监管理论。

（三）选题的现实意义

国际资本流动突然中断是新兴经济体金融开放进程中面临的重要风险（Edwards，2004），一些国家甚至遭遇由此引发的突然中断型金融危机（Kaminsky，2006）。新兴市场国家虽然经济增长较快，但其政府质量、制度质量及金融体系建设滞后，一旦出现内外部冲击，前期汇集的资本极易发生大幅外流并引发突然中断，对经济造成重创。

由于突然中断是短期爆发事件，政府当局的应对措施非常有限，并且很难获得较好的效果，所以对突然中断的事前预测显得至关重要。鉴于此，基于新兴市场国家突然中断的事实特征，研究其形成机理、驱动因素和预警机制，有助于新兴市场国家及时发现突然中断征兆和风险来源并提前防范应对，降低突然中断发生的可能性与危害性，以此促进新兴市场国际金融稳定和经济平稳健康发展。

由于中国经济保持相对平稳地发展，国际资本基本处于净流入的态势，2013年上半年资本与金融项目顺差大幅增长，但是未来受国际经济政治形势发展的不确定性以及国内经济基本面和金融体系欠完善等因素的影响，我国国际资本流动的波动性将加剧，不排除阶段性的资本集中流出的可能。众多研究表明先期资本过度流入是导致突然中断最直接的原因（Krugman，1999；Sula，2010）。我国目前资本项目虽然尚未完全开放，但在全球经济一体化的要求下，对外开放程度将不断提高，人民币资本项目可兑换已提上议程，在这一进程中，需积极防范可能发生的突然中断。因此，吸取新兴市场国家资本流动突然中断的经验教训，研究突然中断的形成机理并建立预警系统，对于我国突然中断的防范有重要指导意义，同时为我国金融开放和金融监管政策提供依据，有助于更好地防范和应对资本流动异动冲击，防止经济发展大起大落。

二、文献综述

（一）国际资本流动的动因理论

第一代国际资本流动理论采用逻辑推理的方式分析国际资本流动的内在机理，得出了一些定性结论。马歇尔（Marshall，1923）认为，一国国际资本流动主要受利率因素的影响，利率降低会推动国内资本外流，阻碍国外资本流入。俄林（Ohlin，1924）认为，资本的流向和流量主要受资产的特性或有一定风险承受能力的投资者行为的影响[①]。马克卢普（Machlup，1932）认为，资本外逃的动机旨在于规避本国的风险。马歇尔（1923）指出资本逆转往往是因为资本流入国的信用发生变动或者恶化。俄林（1929）重点研究了国际短期资本流动及其影响因素，认为主要有两个：汇率和银行利息率[②]。

第二代国际资本流动理论将模型等数理分析工具引入研究，着力于国际资本流动动因的定量分析。米达尔（Myrdal，1950）认为，由于政府的低效率、经济落后、社会动荡、利润转移的不确定性、货币可兑换性差和政治风险等原因，使国际私人资本流出发展中国家[③]。蒙代尔（Mundell，1960）指出利率引导资本流动，一国相对较高的国内利率会使资本净流入增加或资本净流出减少。布兰森（Branson，1968）构建了存量调整模型，认为短期资本流动主要受进出口、利率和汇率影响，长期资本流动主要受国内收入、国外收入和利率影响。

第三代国际资本流动理论主要基于经济全球化背景，从不同角度解释国际资本流动突然逆转的内在机理。哈克 - 敏金（Hak - MinKin，1999）构建国际资本流动交易成本模型，认为交易成本是影响国际资本流动的重要因素，包括资本转移成本、信息获得成本、管制成本、财务成本等。克鲁格曼（Krugman，1979）构建了国际收支危机模型，认为扩张性财政政策和货币政策将促成资本逆转。戴蒙德和迪布韦克（Diamond & Dybvig，1983）提出金融恐慌模型，旨在于解释金融市场上的"羊群行为"或"羊群效应"，拉德勒和萨克斯（Radelet & Sachs，1998）利用这一模型解释了1997～1998年的亚洲金融危机，指出金融恐慌及其羊群效应对国际资本流动突发逆转有推动作用。克鲁格慢（1999）构建了道德风险模型，指出监管部门和

---

① 黎平海、黄思纬：《论国际资本流动理论研究的发展历程》，载于《暨南学报（社科版）》，2002年第1期。

② 丁冰：《瑞典学派》，武汉出版社1996年版。

③ Nurkse, R. Problems of capital formation in underdeveloped countries. Oxford，1953.

资本使用者的道德风险是引发国际资本流动突然逆转的重要原因。

（二）国际资本流动突然中断的概念界定

资本流动突然中断曾被称为资本项目逆转，由于 20 世纪 90 年代后期资本逆转型的金融危机的多发，卡尔沃（Calvo，1998）用资本流动突然中断（sudden stop）替代了资本项目逆转。对突然中断的定义大致有三种：一是标准差的角度，卡尔沃（1998）、卡瓦罗和弗兰科尔（Cavallo & Frankel，2008）、乔伊斯和纳巴尔（Joyce & Nabar，2009）等在研究中将资本流动突然中断定义为：一国资本净流入的下降幅度在 1 年内达到该国资本流动样本均值的 2 个标准差以上；二从百分比的角度，爱德华兹（Edwards，2005）、哈奇森和诺伊（Hutchison & Noy，2006）等认为突然中断是指资本流入净值的减少量超过了 GDP 的 5%；也有学者综合采纳这两种方式界定突然中断（Guidotti，Sturzenegger & Villar，2004）；三是突然中断研究的新动向——总资本流动角度，弗塞特、罗森伯格和沃诺克（Faucette，Rothenberg & Warnock，2005）、考瓦奈特等（Cowanet et al.，2008）、卡尔德松和库伯塔（Calderón & Kubota，2011）、福布斯和沃诺克（Forbes & Warnock，2011）从总资本流动角度区分了资本流动突然中断类型，将其划分为流入驱动型资本流动突然中断（inflow-driven sudden stops，外资流入大量减少引起的突然中断）和流出驱动型资本流动突然中断（outflow-driven sudden stops，内资大量出逃引起的突然中断）。科恩等（Cowan et al.，2008）、卡尔德松和库布托（Calderón & Kubto，2012）进一步细化界定：资本总流入减少量占资本净流入减少量的比例大于 75% 为流入驱动型突然中断，小于 25% 为流出驱动型突然中断。除了对资本流动变化量的重点描述，部分学者还以与突然中断相伴生的经济现象来辅助界定突然中断，如前期资本的过量流入（Edwards，2005），经常项目逆转和人均 GDP 下降（Cavallo & Frankel，2008）。

（三）国际资本流动突然中断的形成机制

卡尔沃（Calvo，1998）最先探讨了突然中断发生机制的理论模型，通过会计等式研究经常项目逆差的变化，认为未预期到的经常项目逆差通过非贸易品相对价格下降，引发突然中断。此后的文献大都强调不完全金融市场和金融摩擦对突然中断发生机制的中心作用（Izquierdo，2000；Caballero & Krishnamurthy，2001）。有学者将金融摩擦加入小型开放经济的均衡经济周期模型并求解数值均衡解，将突然中断解释为对生产率冲击的内生反应（Arellano & Mendoza，2002；Mendoza & Smith，2002）。最新的研究大都基于动态随机一般均衡（DSGE）模型框架，信贷约束的收紧易触发债务—通货紧缩机制，进而引发突然中断（Mendoza，2006；Mendoza，2010）。这些研究都是基于净资本流的考虑，不能区分解释流入驱动型和流出驱动型突然中断的形成机理。

（四）国际资本流动突然中断的驱动因素

关于国际资本流动突然中断的驱动因素，既有研究主要归结为三大方面：

（1）宏观经济因素。帕斯特（Pastor，1990）、兰西克等（Lensink et al.，2000）认为弱增长，不合理的宏观经济政策框架（如币值高估、高通胀、大额预算赤字）和政治风险因素能对资本外逃起到解释作用。贝尔托拉和德拉泽恩（Bertola & Drazen，1994）、科勒（Kohler，2006）将资本流动突然中断归因于一国经济基本面的疲软和不确定的政府政策。卡尔沃等（2004，2008）认为外部失衡以及债务美元化为资本流动突然中断创造了条件。波伊德和德·尼克洛（Boyd & De Nicoló，2005）指出制度的质量会影响资本流动突然中断的可能性，因为在某种程度上它会影响政策可信度和相对价格波动性，进而影响国内债务的美元化。卡尔沃等（2004，2008）、卡瓦罗和弗兰科尔（2008）、卡明斯基（Kaminsky，2008）、苏拉（Sula，2010）等认为经常账户赤字的国家更有可能发生资本流动突然中断。卡尔德松和库伯塔（2013）指出资本流动突然中断与货币大规模贬值有关联，不合理的宏观经济政策和外部失衡可用来解释一国货币汇率大规模贬值，而积极的贸易条件变动、贸易伙伴的高增长和自保策略将减少货币贬值损失。

（2）金融因素。卡尔沃和威格（Calvo & Vegh，1999）认为资本流动突然中断与汇率改革有关，汇率改革初期一般会出现大规模的资本流入，而钉住汇率制度背后的信用缺失将随后引起资本流动的大幅逆转。卡波莱洛（Caballero，2004）认为突然中断发生频率的上升源于不当的金融自由化速度、金融基础设施不完善及金融脆弱性。斯蒂格利茨（Stiglitz，2002）指出限制资本流动将减少一国面临外部危机（包括突然中断和资本账户逆转）的风险。马丁和瑞（Martin & Rey，2006）认为金融全球化使新兴市场国家更容易遭受金融冲击，主要原因是这些国家居民收入比工业化国家更低。爱德华兹（2005）通过分析资本流动限制和外部危机的关系发现，没有系统性证据可表明高资本流动性国家比低资本流动性国家更易遭受突然中断型危机，只是一旦危机发生，高资本流动性国家将面临更高的代价。罗森伯格和沃诺克（2006）指出开放度对流入驱动型突然中断和流出驱动型突然中断有不同的影响。苏拉（2010）、卡塔奥（Catão，2007）认为先期资本过度流入是导致资本流动突然中断的直接原因。马丁和瑞（2006）通过一般均衡模型分析，指出若新兴经济体仅开放金融账户，会加大发生金融冲击的可能性，而贸易开放则会降低这种可能。爱德华兹（2009）认为资本管制过早过快地放开，会提升突然中断的发生概率，而且将使一国受外部冲击的影响更严重。

（3）国际因素。何帆（2008）认为决定外资流动的根本原因在于资金供给国的利率变动引起资本回流。爱德华兹（2009）发现由于全球流动性下降意味着世界实际利率水平上升，提高了新兴市场国家发生资本流动突然中断的可能性。胡尔和昆多（Hur & Kondo，2011）发现全球债务延期风险的增加可以解释 20 世纪 90 年代末资本流动突然中断的爆发。福布斯和沃诺克（2011）着重分析全球因素对突然中断和突然外逃的作用，认为全球风险、全球增长和传染性是引起突然中断的主要原因。

专门研究中国突然中断的发生与成因的文献甚少。潘赛赛（2012）分析发现中国曾发生突然中断，成因主要有本国因素、美国因素和全球因素。

（五）国际资本流动突然中断的预警与防范

专门研究突然中断预警机制的文献较少。卡明斯基（2003，2006）指出突然中断是一种特殊形式的货币危机。所以货币危机的预警模型适用于突然中断的预警研究。关益众等（2013）以新兴市场国为研究对象，采用 KLR 信号法构建了突然中断预警指标体系。

相关文献提出了一些突然中断防范措施，如促进经济发展（Lensink et al.，2000）、削减财政赤字（Calvo，2003）、提高政府机构质量（Honig，2008）、调节外部失衡和债务美元化（Calvo et al.，2004）、增强贸易开放度（Cavallo，2005）、提升金融发展水平（Mendoza，2002）、合理有序开放金融（Caballero，2004）和保持充足的外汇储备（Mendoza，2002）等；其中关于中国的防范对策，主要有：优化宏观经济和政策环境、深化金融体制改革、审慎渐进开放资本项目（梁权熙等，2011）、完善人民币汇率形成机制和加强国际合作与监管（陆静等，2012）。

综上所述，国外学者关于突然中断的研究对于理解 20 世纪 90 年代以来频发于新兴市场国家的资本流动突然中断有重要的意义。国内学者对突然中断的研究较少，且主要集中于突然中断的经济效应研究。总的来说，这一领域的研究仍属起步阶段，关于突然中断形成机理的理论和实证研究，仍有许多问题尚待深入，表现在：（1）大多数研究基于净资本流动角度下的突然中断，对于总资本流动角度下的流入驱动型和流出驱动型突然中断的区别研究少有涉及，理论研究不能很好地解释流入驱动型和流出驱动型突然中断的形成机理；（2）既有实证研究立足点较为分散，缺乏系统性，研究对象并不特别针对新兴经济体，样本年份大多处于本轮国际金融危机前，且就金融开放和贸易开放等因素对突然中断的驱动影响作用还存在分歧；（3）专门研究突然中断预警机制的文献极少；（4）关于中国的突然中断事实及其防范的研究极少。鉴于此，本书欲在前人研究的基础上进行细化深入，分析总资本流角度下突然中断的形成机理，以新兴市场国家的样本数据为研究对象，分别对国际净资本流动突然中断、流入驱动型突然中断和流出驱动型突然中断的驱动因素进行实证分析，并据此建立预警指标体系，以期对新兴市场国家防范突然中断提供监测预警信息决策支持，最后将研究成果运用于中国的突然中断防范分析。

三、研究思路与主要内容

本书融合多学科理论及经验研究结论，遵循"文献研究——事实分析——理论分析——实证分析——政策建议"的基本思路来开展研究（见图0－1）。

基于图0－1的研究思路，本书主要内容如下：

本书在对新兴市场国家突然中断的事实特征分析基础上，基于金融经济学和信息经济学原理，研究净资本流动和总资本流动突然中断的形成机理；基于新兴市场国家的样本数据（区分高收入和低收入新兴市场国），分别对国际净资本流动突然中断、流入驱动型突然中断和流出驱动型突然中断的驱动因素进行实证研究；在理论和实证研究基础上，分别针对高收入和低收入新兴市场国建立突然中断预警指标体系进行预警研究；最后分析中国的突然中断事实特征，识别突然中断的风险来源，并提出我国防范资本流动突然中断的对策建议。

理论基础	→	理论研究	→	实证研究	→	预警研究	→	实践运用
●国际资本流动理论 ●金融经济学理论 ●信息经济学理论		1.信用约束下净资本流动突然中断的形成机理		1.国际净资本流动突然中断驱动因素的实证研究		1.国际资本流动突然中断的预警指标体系构建		1.中国国际资本流动突然中断的事实特征
现实背景		2.信息不对称下总资本流动突然中断的形成机理		2.流入驱动型突然中断驱动因素的实证研究		2.低收入新兴市场国的突然中断预警研究		2.中国国际资本流动突然中断的风险来源
●新兴市场国家突然中断事实 ●突然中断的负面经济效应 ●中国国际资本流动易变性		3.流入驱动型与流出驱动型突然中断形成机理的理论模型		3.流出驱动型突然中断驱动因素的实证研究		3.高收入新兴市场国的突然中断预警研究		3.中国防范国际资本流动突然中断的对策建议

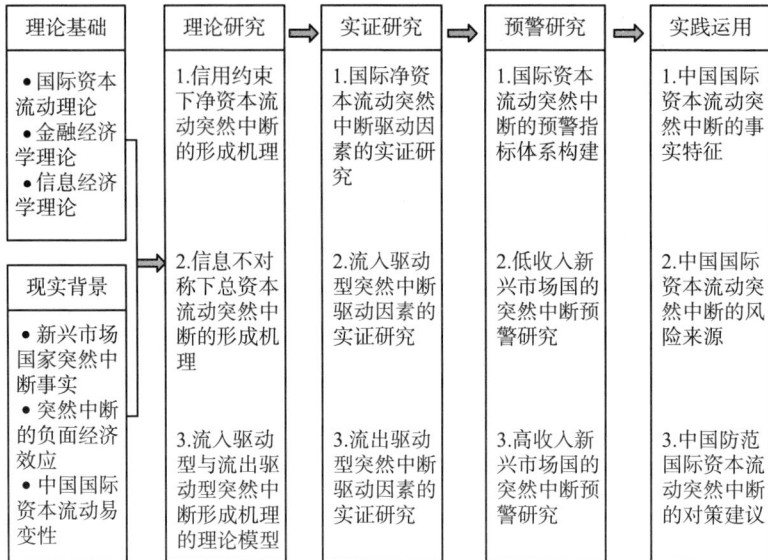

图 0-1　本书研究思路

第一章为现实背景。首先对突然中断及其分类（流入驱动型突然中断和流出驱动型突然中断）的概念进行界定，其次总结分析新兴市场国家从 1986～2012 年以来发生的突然中断事实特征，探析突然中断对经济的影响，对阿根廷和菲律宾做典型案例分析，实证分析突然中断与金融危机的关系，以此提出本书的现实背景。

第二章为理论研究。首先基于金融经济学理论和债务—通缩理论，分析信用约束下净资本流动突然中断的形成机理，其次基于信息经济学理论，分析信息不对称下总资本流突然中断的形成机理，最后将流入驱动型和流出驱动型突然中断形成机理置于包含信息不对称和总资本流的多资产噪声理性预期模型框架下进行分析。

第三章为实证研究。基于 1986～2012 年新兴市场国家的样本数据，分别就高收入和低收入新兴市场国的国际净资本流动突然中断、流入驱动型突然中断和流出驱动型突然中断的驱动因素做实证分析。综合纳入宏观经济指标、金融指标、国际环境等因素为解释变量，分别对各类型突然中断的发生与否（二元离散变量）构建面板 Probit 模型，探析这些因素对突然中断发生概率的影响，并对比分析实证结果，解释这些结果背后的经济原因及启示意义。

第四章为预警研究。构建突然中断的预警指标体系，采用 Probit 模型和 KLR 信号分析法，分别针对高收入和低收入新兴市场国的突然中断进行单项指标和综合指标预警研究，得出预警结论并提出相应的预警对策建议。

第五章为中国的现实分析。分析中国曾发生的突然中断事实特征，探析当前中国国际资本流动的易变特征及面临的突然中断风险来源。

第六章为结论与政策建议。在对本书理论和实证研究结论进行总结的基础上，分别就新兴市场国家和中国的突然中断防范提出对策建议。

第一章

新兴市场国家国际资本流动
突然中断的事实特征

明确界定并透彻认识国际资本流动突然中断的事实特征是对其进行深入研究的基础。本章对国际资本流动突然中断及其分类进行界定和识别，分析新兴市场国家突然中断的事实特征、经济社会影响和典型案例，并探讨突然中断与金融危机的关系，以加深对国际资本流动突然中断的了解，为后文的理论和实证研究打下良好基础。

第一节　国际资本流动突然中断的
概念界定与识别方法

由于 20 世纪 90 年代以来突然中断的频发，并给经济带来巨大冲击，有关突然中断的研究在最近十多年成为学术界和政府部门关注的焦点，突然中断的理论和经验研究得到了不断丰富和拓展。本节在文献研究的基础上，对国际资本流动突然中断、流入驱动型突然中断和流出驱动型突然中断的概念进行界定，并针对具体的指标拟定其测度识别方式。

一、国际资本流动突然中断的概念界定

学术界普遍认为突然中断是一国国际资本净流入的突然大幅下降，但关于具体的界定标准并未达成统一，本书将从适用性、广泛代表性和合理性标准出发来选择突然中断的界定方式。

（一）国际资本流动突然中断的概念界定

"二战"后，国际资本流动的飞速发展引发全球关注，其规模大小和活跃程度使其成为国际金融市场备受关注的问题和各国宏观经济政策讨论的焦点。外资流入有推动一国经济发展的积极作用，但也有集聚本国系统性风险的负面效应，尤其在资本流入逆转时可能引发金融危机。自 20 世纪 90 年代以来，新兴市场国家在经历开放之初的几年经济繁荣之后，接连发生了多次由于国际资本流动突然中断型金融危机，如 1994 年墨西哥危机、1997 年始于泰国的亚洲危机、1998 年俄罗斯危机和 1999 年巴西危机等。这些危机的共同特征表现在，危机前大量流入的资本短期内出乎意料地骤减，导致银行信贷紧缩、经常项目逆转以及货币急剧贬值。由此，有关资本流动突然中断的研究成为近十多年来学术界和政府部门关注的焦点。

资本流入"突停"一词首先由多恩布什、戈德费恩和巴尔德斯（Dornbusch，Goldfajn & Valdes，1995）引入，由于 20 世纪 90 年代资本流动逆转型金融危机的频发，卡尔沃（1998）正式提出国际资本流动突然中断（sudden stop，以下简称"突然中断"）概念，将其界定为一国国际资本净流入的突然大幅减少。关于资本流动逆转（reversal）与突然中断的关系，卡尔沃（1998）认为资本流动逆转就是资本净流入的下降，卡尔沃和雷恩哈特（Calvo & Reinhart，2000）进一步指出突然中断是资本流动突然大幅逆转的现象。由此可见，资本流动逆转是突然中断的前提条件，当逆转速度快、幅度大时，就发生了突然中断。突然中断表现为短期内一国国际收支平衡表中国际资本净流入的大幅减少，金融市场上则表现为国外投资者投资意愿的显著下降和国内投资者跨国投资积极性的显著上升。传统的研究从净资本流量角度展开，根据净资本流量的降幅来界定突然中断，主要有两种方式：（1）标准差方式，以一定时期内资本净流入的降幅超过样本均值的一定标准差为标准来识别突然中断。卡尔沃、伊斯基耶多和梅加（Calvo，Izquierdo & Mejía，2003）将突然中断定义为与上年同期相比资本净流入比样本均值低至少2个标准差。其开始的时间是资本流入的年均改变量第一次超过均值1个标准差，结束的时间是资本流入年均变动比样本均值小于1个标准差。类似地，卡尔沃（1998）、卡尔沃等（2004），乔伊斯和纳巴尔（2009）均将突然中断定义为一国资本净流入的降幅在1年内达到该国资本流动样本均值的2个标准差以上。（2）百分比方式，以一定时期内资本净流入的降幅超过GDP的一定百分比的方式界定突然中断。爱德华兹（2005）认为突然中断是指资本流入净值的减少量超过GDP的5%，且在突然中断的前两年该国吸收了超过本地区3/4的资本内流。苏拉（2008）认为突然中断是1年内资本流动降幅超过GDP的4%的现象。此外，也有学者综合这两种方式来界定突然中断。古伊多蒂、斯图赛内格尔和威拉（Guidotti，Sturzenegger & Villar，2004）认为突然中断是指一国国际资本净流入占GDP的比重下降幅度在1年内超过其样本均值1个标准差以上，且资本净流入的减少量超过GDP的5%。哈奇森和诺伊（2006）将资本流动突然中断定义为同时发生了货币危机和资本项目逆转，货币危机是指一国货币压力指数变动超过其均值2个标准差，并且变动幅度超过均值的5%；资本项目逆转是指年经常项目盈余的增加超过GDP的3%以上。

准确识别突然中断是相关理论和实证研究开展的基础。本书参照古伊多蒂、斯图赛内格尔和威拉（2004）的综合性概念，将突然中断界定为：一国国际资本净流入占GDP的比重下降幅度在1年内超过其样本均值的 1 个标准差以上，并且资本净流入的减少量超过 GDP 的 5%。由于这种界定方式着眼于对国际资本净流量变化的考察，所以本书也称之为净资本流动突然中断。选择这种突然中断界定方式的依据在于：（1）综合了标准差和百分比两种界定方式，具有代表性，且更为全面和合理。加入百分比标准，可以避免由于一国资本流动的低波动性导致一个较小的变动都可能超过均值的 1 个标准差的情况；（2）便于考察资本流动突变性，1 个标准差是卡尔沃、伊斯基耶多和梅加（2003）认为的触发突然中断的阈值；（3）界定标准并不纳入经常账户和人均 GDP 等其他经济变量的变动，便于我们考察资本流动突变性对经济体的影响；（4）此界定方式得到了广泛参照应用，如科恩等（Cowan et al.，2008）、卡尔德松和库布托（2012）等学者的应用。

（二）流入驱动型与流出驱动型突然中断的概念界定

随着学术界对突然中断的研究不断拓宽和深入，仅仅基于净资本流动角度的研究凸显出局限性，它无法识别突然中断的深层次驱动因素。科恩等（2008）、福布斯和沃诺克（2012）指出基于净资本流量的研究无法区分由本国投资者资本外流和境外投资者投资减少引起的突然中断，不能给出更有针对性的政策建议。由此，学术界形成对突然中断研究的新角度——总资本流动角度，从总流入和总流出的不同变化来进行区分研究。罗森伯格和沃诺克（2006）将突然中断区分为真实突然中断和资本突然外流，认为真实突然中断是指总资本流入的降幅大于总资本流出的增幅，反之则是资本突然外流。科恩等（2008）、卡尔德松和库布托（2012）将突然中断区分为流入驱动型和流出驱动型，认为国际资本总流入减少量占资本净流入减少量的比例大于 75% 的突然中断为流入驱动型突然中断，小于 25% 为流出驱动型突然中断，介于二者之间的为混合型突然中断。福布斯和沃诺克（2012）将国际资本流动极端事件划分为激增、中断、外流和紧缩，前两者代表由境外投资者投资行为引起的总流入资本的激增和剧减，后两者代表由本国投资者投资行为引起的总流出资本的激增和剧减。

突然中断表现为一国国际资本净流入的突然大规模减少，这种净流入的减少，从总流量来看，可能主要由外资总流入大量减少（境外投资者的投资行为）引起，也可能主要由内资总流出大幅增加（本国投资者的投资行为）引起，前者被认为是流入驱动型国际资本流动突然中断（inflow-driven sudden stops，以下简称"流入驱动型突然中断"），后者被认为是流出驱动型国际资本流动突然中断（out-flow-driven sudden stops，以下简称"流出驱动型突然中断"）。本书参照科恩等（2008）及卡尔德松和库布托（2012）采用的界定方法将突然中断区分为流入驱动型和流出驱动型突然中断，在上文对净资本流动突然中断界定的基础上，若国际资本总流入减少量占净流入减少量的比值达到 75% 以上，则该次突然中断为流入驱动型突然中断，相对应的，若总流入减少量占净流入减少量的比值小于 25%，则为流出驱动型突然中断。

二、国际资本流动突然中断的识别方法

由上文的概念界定可知，国际资本流动突然中断被界定为资本净逆转，它既可由总流入收缩引起，也可由总流出扩张引起。在此基础上，我们来分析突然中断及其分类的操作性定义，将抽象的概念转换成可观测识别的项目。

（一）国际资本流动突然中断的识别与测度

从测度突然中断的精准性角度来说，资本流动的高频数据必然优于低频数据，可以更好地体现资本流动的动态变化。卡尔沃、伊斯基耶多和梅加（2004）指出由于资本账户信息通常不以月度频率收集，所以在对突然中断的识别与测度过程中，采用从贸易收支差额中减去

国际储备变化量的月度数据来代表资本流量。但是这其中包含了净要素收入和经常转移，所以对资本流量的代表性有一定失真。此外，许多国家长时间跨度的总资本流动数据在月度频率上难以获取，这对识别资本净流入下降的主导原因是一大障碍，而这正是本书研究的核心，所以，我们使用季度数据来评估资本流动的变动。

假设某国 c 在第 t 期（季度）的资本净流入为 N_{ct}，当期资本总流入和总流出①分别为 I_{ct} 和 O_{ct}，则

$$N_{ct} = I_{ct} + O_{ct} \tag{1.1}$$

然后，假设 c 国在第 t 期累计一年来资本净流入为 F_{ct}，则

$$F_{ct} = \sum_{i=0}^{3} N_{c,t-i} = \sum_{i=0}^{3} (I_{c,t-i} + O_{c,t-i}) \quad t = 4，5，6，\cdots，T \tag{1.2}$$

因此，资本净流入的年度变化量可表示为：

$$\Delta F_{ct} = (1 - L^4) F_{ct} = F_{ct} - F_{c,t-4} \tag{1.3}$$

其中，L 表示滞后操作，即 $L^k X_t = X_{t-k}$。以 O_{ct} 表示一国实际 GDP，则年资本净流入的年度变化量占 GDP 比重可表示为 $\Delta f_{ct} = \Delta F_{ct}/Q_{ct}$。若以 μ 和 σ 分别表示均值和标准差②，那么，当以下两个条件满足时，就发生了突然中断。

（1）
$$\Delta f_{ct} - \mu(\Delta f_{ct}) < -\sigma(\Delta f_{ct}) \tag{1.4}$$

（2）
$$\Delta f_{ct} < -0.05 \tag{1.5}$$

在此基础上，我们参照科恩等（2008）采用的界定方法将突然中断区分为流入驱动型和流出驱动型突然中断。假设 c 国在第 t 期（季度）累计发生的年度资本总流入和总流出分别为 F_{ct}^I 和 F_{ct}^O，即

$$F_{ct}^I = \sum_{i=0}^{3} I_{c,t-i} \text{且} F_{ct}^O = \sum_{i=0}^{3} O_{c,t-i}，t = 4，5，6，\cdots，T，则资本总$$

流入和总流出的年度变化量分别为：

---

① 根据国际货币基金组织的《国际收支统计（BOPS）》的记账准则，资本流出通常被报告为负值。

② 均值和标准差两个变量均因国别和年代差异而区别计算。

$$\Delta F_{ct}^{I} = (1 - L^4) F_{ct}^{I} \qquad (1.6)$$

$$\Delta F_{ct}^{O} = (1 - L^4) F_{ct}^{O} \qquad (1.7)$$

那么，国际资本总流入减少量占资本净流入减少量的比例为：

$$R_t^I = \frac{\Delta F_{ct}^I}{\Delta F_{ct}^I + \Delta F_{ct}^O} = \frac{\Delta F_{ct}^I}{\Delta F_{ct}} \qquad (1.8)$$

按照科恩等（2008）使用的定义，当国际资本总流入减少量占净流入减少量的比值达到 75% 以上，即 $R_t^I \geqslant 0.75$，则该次突然中断为流入驱动型突然中断，相对应的，当总流入减少量占净流入减少量的比值小于 25%，即 $R_t^I \leqslant 0.25$，则为流出驱动型突然中断，此外，若总流入减少量占净流入减少量的比值介于 25% 和 75% 之间，即 $0.25 < R_t^I < 0.75$，则为混合型突然中断。

（二）国际资本流动的数据来源与研究范畴

1. 国际资本流动的数据来源

国际资本流动是资本跨国界的转移，表现为在不同国家或地区之间的单向、双向或多向流动。由于国际资本能对经济金融环境变化迅速做出反应，向高效率地区流动，从而在全球范围内配置资源，所以它被视为经济和金融全球化的载体。国际资本流动形式可分为与实体经济相关和与虚拟经济相关两类，前者如国际直接投资和贸易信贷等，后者如国际证券投资和金融衍生品交易等，这些形式均属于经济交易，直接影响流入国和流出国的国际收支，所以国际资本流动的基本数据来源于各国的国际收支平衡表。国际货币基金组织（IMF）编制的《国际收支统计（BOPS）》数据库涵盖 245 个国家和经济体的国际收支和国际投资头寸的年度总额及详细时间序列数据，本书中的国际资本流动数据主要源于此数据库。

2. 国际资本流动的研究范畴

国际收支平衡表是反映一定时期一国同外国的全部经济往来的收支流量表。目前，世界上绝大多数国家和经济体都遵循国际货币基金组织（IMF）编制的《国际收支手册》来统计国际收支交易及相应头寸变化，其最新版本为 2008 年发布的《国际收支和国际投资头寸手册（第六版）》（BPM6）。根据 BPM6 对国际账户结构的规定，国际收支包含经常账户、资本账户、金融账户和误差与遗漏净额四大项目。国际资本流动额度主要由资本和金融账户反映。由于资本账户涵盖投资捐赠和债务注销等资本转移和非生产、非金融资产的获得或处置，不包括生产性、金融性资产的积累，所以本书不将其纳入国际资本流动分析范畴。金融账户包括直接投资、证券投资、金融衍生产品（储备除外）和雇员认股权、其他投资和储备资产，直接投资是投资者对外国企业实施了管理上的控制或重要影响的跨境投资交易和头寸；证券投资是未列入直接投资或储备资产的有关债务证券或股本证券的跨境交易和头寸；金融衍生产品（储备除外）是未列入储备资产的金融衍生品的交易和头寸；雇员认股权作为一种报酬形式，是向公司雇员提供的一种购买公司股权的期权交易和头寸；储备资产是由货币当局掌管，用来满足平衡国际收支、干预外汇市场以影响汇率，以及其他相关目的的国际资产；其他投资包括未列入前面几项的头寸和交易，包括贸易信贷、贷款、货币和存款等。金融账户中的储备资产反映官方国际资本流动，其余几项共同反映私人资本流动，相对而言，私人国际资本流动主要取决于各国投资主体权衡风险和收益后的投资行为，其易变性、波动性更强，需要重点关注和研究，但其中的金融衍生品和雇员认股权引致的资本流动规模较小且数据有缺失，不便于纳入分析范畴，所以本书的国际资本流动的研究范畴主要是金融账户下的直接投资、证券投资和其他投资资本。

由前文对流入驱动型与流出驱动型突然中断的概念界定可知，这一分类旨在于从总资本流动角度考察本国投资者和境外投资者投资行为变化引起的突然中断。总流入资本和总流出资本是界定这两种类型突然中断的基本元素。总流入资本是境外投资者投资本国资产引起的资本流入，由本国金融账户中的负债来反映，包含国际直接投资、组合证券投资和其他投资的负债项下资本流动；相对而言，总流出资本是本国投资者投资外国资产引起的资本流出，由本国金融账户中的资产来反映，包含国际直接投资、组合证券投资和其他投资的资产项下资本流动。由于资本流出通常被报告为负值，所以总流入资本与总流出资本求和的值即为净资本流动额。

第二节　新兴市场国家的国际资本流动突然中断事实

随着经济全球化程度的加深，新兴市场国家国际资本流动日益活跃。新兴市场国家虽然经济增长较快，但其政府质量、制度质量及金融体系建设滞后，一旦出现内外部冲击，前期流入的资本便极易发生突然中断，给经济发展带来冲击。自20世纪90年代以来，新兴市场国家在经历开放之初的几年经济繁荣之后，接连发生了多次由于国际资本流动突然中断引起的金融危机。对新兴市场国家突然中断事实的描述分析，有利于我们对该问题进行深入了解，并在此基础上研究防范应对措施。

一、新兴市场国家突然中断的事实描述

新兴市场国家相对发达国家而言更易遭受资本流动突然中断（Calderón & Kubto，2012），这些突然中断在普遍性、持续性以及地理和时间跨度等方面均显示出一定特征，且流入驱动型和流出驱动型突然中断的特征具有一定差异。

（一）新兴市场国家的界定及样本国选取

1. 新兴市场国家的界定

最近十几年来，新兴市场国家（Emerging Market Countries）由于

劳动力成本低、天然资源丰富及经济增长具有活力等特点，成为世界舞台上备受关注的对象。但是，对新兴市场国家的概念界定没有统一认定的形式，不同机构或专家学者采用的定义和对象范畴还存在差异。对新兴市场国家的界定标准主要有：（1）以经济增长速度来界定，如贾因（Jain，2006）认为新兴市场国家是商业或社会活动快速增长或快速工业化过程中的国家。（2）以经济增速和经济开放来界定，如阿诺德和奎尔奇（Arnold & Quelch，1998）指出新兴经济国家有两个界定标准：一是经济快速增长，二是政策体系倾向于经济自由化和市场化；霍斯金森（Hoskisson，2000）指出新兴市场国家是通过经济自由化实现了快速增长的低收入国家。（3）以金融市场发展和开放程度来界定，国际货币基金组织（2004）将新兴市场国家界定为金融市场发展程度低于发达国家，但吸引境外投资者大范围投资的发展中国家。

2. 研究样本国

世界范围内许多国际组织、研究机构、私人企业和专家学者等都曾对"新兴市场国家"予以界定。为了体现研究的客观性和科学性，本书同时参照国际组织和金融企业，即国际货币基金组织（IMF）和摩根士丹利资本国际公司（MSCI）对新兴经济体的界定来选取研究样本国。IMF编制的《世界经济展望》（World Economic Outlook，简称"WEO"）将全球国家分为两大类：一类是发达经济体；另一类是新兴和发展中经济体。在2013年4月的WEO中，国际货币基金组织所列新兴经济体有26个。摩根士丹利资本国际公司编制的新兴市场指数（MSCI Emerging Markets Index）是衡量全球新兴经济体证券市场行情的指数，广为全球投资专业人士参考，是全球投资组合经理中最多采用的投资标的，该指数涵盖全球22个国家。本书对研究样本国的选取过程是，首先，将IMF和MSCI选定的新兴市场国家加总，略去重复的国家，共有31国；其次，在此基础上删除其中某些季度数据不可得的国家（埃及、巴基斯坦、委内瑞拉）和季度数据时间跨度过短的国家（印度、摩洛哥），最后得到包括中国在内的 26 国，它们具体是：阿根廷、巴西、保加利亚、智利、中国、哥伦比亚、捷克、爱沙尼亚、匈牙利、印度尼西亚、以色列、韩国、拉脱维亚、立陶宛、马来西亚、墨西哥、秘鲁、菲律宾、波兰、罗马尼亚、俄罗斯、斯洛伐克、南非、泰国、土耳其和乌克兰。样本国家分布于欧洲（11 国）、亚洲（8 国）、拉丁美洲（6 国）和非洲（1 国）。

（二）新兴市场国家突然中断的事实描述

本书以 26 个新兴市场国家 1984～2012 年的季度数据作为研究对象，参照古托蒂、斯图赛内格尔和威拉（Guidotti, Sturzenegger & Villar, 2004）的研究成果，将突然中断界定为：一国国际资本净流入占 GDP 的比重下降幅度在 1 年内超过其样本均值的 1 个标准差以上，并且资本净流入的减少量超过 GDP 的 5%。通过对数据的测算、整理，发现在 1792 个国家/季度样本中，共发生 194 次突然中断。

1. 突然中断的发生国与发生时间

突然中断发生国与发生时间的具体信息如表 1 - 1 所示，表中的"期数"代表突然中断总共发生的季度数，字母"Q"为季度标识。由表 1 - 1 可分析得出新兴市场国家突然中断的几个特点：

表 1 - 1　　　1986～2012 年新兴市场国家发生的净资本流动突然中断

地区	总期数	国家	发生期数	发生时间
拉丁美洲（5 国）	39	阿根廷	10	2001Q3～Q4，2002Q1～Q3，2008Q2～Q4，2009Q1～Q2
		巴西	11	1999Q1～Q2，2002Q3～Q4，2003Q1～Q2，2008Q4，2009Q1～Q3，2012Q3
		智利	8	1998Q3，1999Q1，2007Q1，2009Q4，2010Q1～Q2
		墨西哥	1	1995Q3
		秘鲁	9	1998Q4，1999Q1～Q3，2006Q1，2009Q1～Q4

续表

地区	总期数	国家	发生期数	发生时间
欧洲 （11 国）	72	保加利亚	6	2009Q1 ~ Q4，2010Q1 ~ Q2
		捷克	10	1997Q4，1998Q1，2003Q2 ~ Q4，2004Q1，2006Q2 ~ Q3，2011Q3，2012Q2
		爱沙尼亚	7	2008Q3，2009Q1 ~ Q4，2010Q1 ~ Q2
		匈牙利	8	2002Q2，2007Q1，2009Q4，2010Q1，2010Q3，2012Q2 ~ Q4
		拉脱维亚	5	2008Q4，2009Q1 ~ Q4
		立陶宛	6	2009Q1 ~ Q4，2010Q1 ~ Q2
		波兰	7	2000Q4，2009Q1 ~ Q3，2011Q3，2012Q1 ~ Q2
		罗马尼亚	6	2009Q1 ~ Q4，2010Q1，2012Q2
		俄罗斯	4	2008Q4，2009Q1 ~ Q3
		斯洛伐克	9	1999Q2，2003Q3 ~ Q4，2004Q1 ~ Q2，2006Q1 ~ Q4
		乌克兰	4	2009Q1 ~ Q4
亚洲 （8 国）	81	中国	6	2006Q3，2009Q1，2012Q1 ~ Q4
		印度尼西亚	5	2009Q3，2011Q4，2012Q1 ~ Q3
		以色列	17	1988Q4，1989Q1 ~ Q2，1998Q2 ~ Q4，2001Q4，2003Q2，2005Q3，2006Q1，2009Q4，2010Q2 ~ Q3，2011Q1，2012Q1 ~ Q4
		韩国	13	1997Q4，1998Q1 ~ Q3，2001Q1 ~ Q3，2008Q2，2008Q4，2009Q1，2010Q4，2011Q1，2011Q3
		马来西亚	4	2006Q3，2008Q4，2009Q1 ~ Q2
		菲律宾	18	1997Q4，1998Q1 ~ Q4，1999Q1，2001Q1 ~ Q3，2003Q1，2006Q3，2008Q4，2009Q1 ~ Q3，2012Q1 ~ Q3
		泰国	6	1997Q3 ~ Q4，1998Q1 ~ Q3，2011Q4
		土耳其	12	2001Q2 ~ Q4，2002Q1，2008Q4，2009Q1 ~ Q4，2012Q1 ~ Q3
非洲 （1 国）	2	南非	2	2009Q1 ~ Q2

（1）普遍性，在26个样本国中，除哥伦比亚之外的25个国家均有发生过突然中断，且其中24国发生过2期以上，突然中断最频

繁的国家为菲律宾（从 1997～2012 年共 18 期），说明突然中断在新兴市场国家具有一定的普遍性；

（2）集中传染性，2009 年有 21 个新兴市场国家发生突然中断，亚洲国家除马来西亚外均在 2011 年末至 2012 年有发生突然中断，说明突然中断的发生具有集中传染的特点；

（3）持续性，除墨西哥外的 24 国均出现过连续两个季度以上的突然中断持续发生，其中保加利亚、爱沙尼亚和立陶宛三个国家同时在 2009 年至 2010 年上半年持续发生突然中断，因而出现最长的持续期，长达 6 个季度；

（4）地域不平衡性，拉丁美洲、欧洲、亚洲和非洲地区各新兴市场国平均发生突然中断的期数分别为 8 期、7 期、10 期和 2 期，发生 10 期以上的国家共 7 国，其中 4 国在亚洲，所以，相对而言，亚洲新兴市场国家更容易遭受资本流动突然中断。

2. 突然中断的时段集中性

图 1－1 是对新兴市场国家 1986～2012 年各季度发生突然中断频次的统计，由图可见，突然中断主要发生于 20 世纪 80 年代末至今。突然中断的集中发生主要围绕两次著名的大型金融危机：1997～1998 年亚洲金融危机和 2007 年始于美国的国际金融危机，在 2009 年第一季度达到高峰，共 17 个国家同时发生。除此以外，突然中断也出现于巴西（1999 年）、阿根廷（2001 年）、俄罗斯（1998 年）等国影响相对较小的金融动荡过程中。这一现象可归因于新兴市场国家的危机溢出效应。

（三）新兴市场国家流入驱动型与流出驱动型突然中断的事实描述①

本书以 26 个新兴市场国家 1984～2012 年的季度数据作为研究对象，参照科恩等（2008）采用的方式将流入驱动型突然中断界定为

---

① 由于混合型突然中断通常是由国际和国内投资者行为共同引起，主导驱动因素并不明确，且在突然中断总次数中占比较小，所以本书不做单独分析，而是纳入净资本流动突然中断一并考察。

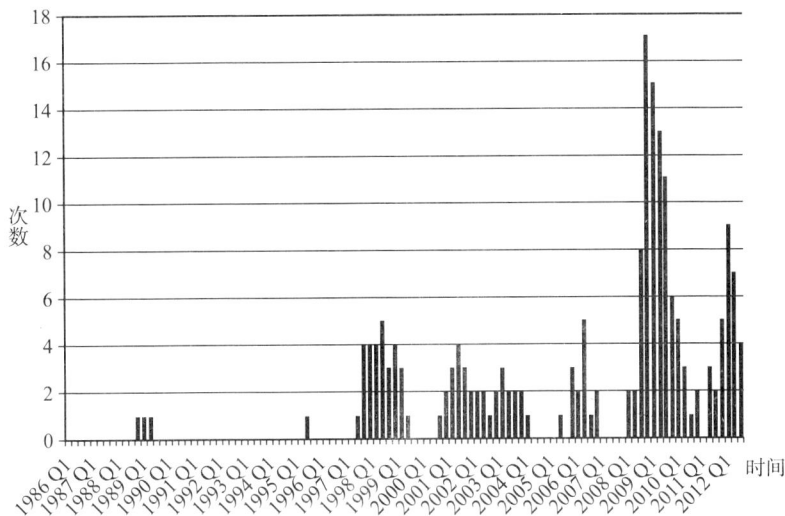

图 1 - 1 1986～2012 年新兴市场国家发生突然中断的频次

国际资本总流入减少量占净流入减少量的比值达到 75% 以上的突然中断；流出驱动型突然中断是总流入减少量占净流入减少量的比值小于 25% 的突然中断。通过对数据的测算、整理，发现在 194 次突然中断中，流入驱动型和流出驱动型突然中断分别有 126 次和 30 次，其余为混合型突然中断。研究流入驱动型和流出驱动型突然中断，便于我们对比分析国际和国内投资者的投资决策的差异性。

1. 突然中断的类型结构

总流入减少量占净流入减少量的比值 $\left(R_t^I = \dfrac{\Delta F_{ct}^I}{\Delta F_{ct}} \right)$ 是划分突然中断类型的重要指标，图 1 - 2 是突然中断的 R_t^I 值及对应频次的柱状图。R_t^I 值大于 0.75 的突然中断是流入驱动型突然中断，小于 0.25 的是流出驱动型突然中断，介于 0.25～0.75 的为混合型突然中断。由图可见，流入驱动型突然中断是普遍的中断类型（约占总数的 65%），流出驱动型突然中断约占总数的 15%。R_t^I 值在 0～1 的突然中断占总数的 56%，意味着大多数突然中断发生时资本总流入和总流出的数值呈同方向变动，比如，外国负债减少的同时外国资产增加。R_t^l 值大于 1 意味着资本总流出抵消了总流入的逆转，减小了其对金融账户的影响，此类突然中断占总数的 36%。R_t^l 值小于 0 意味着在突然中断事件发生期总资本流入实际上是增加的，此类突然中断仅占总数的 8%。由图可见，R_t^l 值靠近 1 的突然中断频次最多，意味着净资本流入的减少完全由总资本流入减少引起，而总资本流出较为稳定的这一类型突然中断最常见，再次说明新兴市场国家国际资本流动波动的主体主要是外资波动。

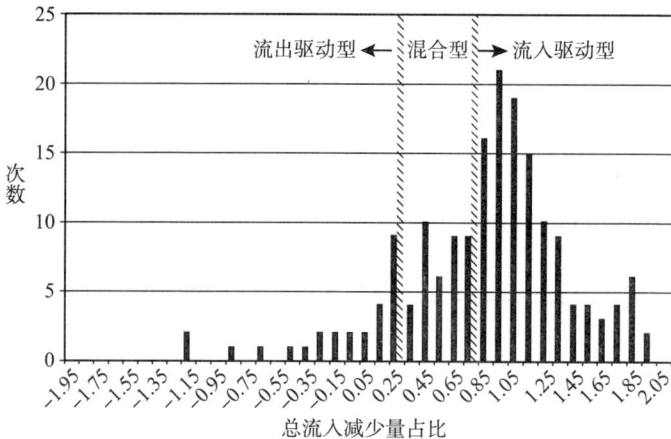

图 1-2　1986~2012 年新兴市场国家突然中断的总流入减少量占比及对应频次

2. 流入驱动型与流出驱动型突然中断发生国与发生时间

流入驱动型与流出驱动型突然中断发生国与发生时间的具体信息如表 1-2 所示，表中的"期数"代表各类型突然中断总共发生的季度数，字母"Q"为季度标识。由表 1-2 可对比分析得出新兴市场国家流入驱动型和流出驱动型突然中断的特点：

表1－2　　　　　　　　**1986～2012 年新兴市场国家发生的流入**

驱动型与流出驱动型突然中断

地区	国家	流入驱动型突然中断		流出驱动型突然中断	
		期数	时间	期数	时间
拉丁美洲	阿根廷	8	2001Q3～Q4，2002Q1～Q3，2008Q4，2009Q1～Q2	2	2008Q2～Q3
	巴西	11	1999Q1～Q2，2002Q3～Q4，2003Q1～Q2，2008Q4，2009Q1～Q3，2012Q3	0	
	智利	0		7	1998Q3，1999Q1，2009Q4，2010Q1～Q3，2012Q4
	墨西哥	1	1995Q3	0	
	秘鲁	6	1998Q4，1999Q1～Q3，2009Q1～Q2	0	
欧洲	保加利亚	5	2009Q2～Q4，2010Q1～Q2	0	
	捷克	5	1998Q1，2003Q2，2006Q2～Q3，2011Q3	1	2012Q2
	爱沙尼亚	5	2008Q3，2009Q1～Q4	1	2010Q2
	匈牙利	5	2002Q2，2009Q4，2010Q1，2010Q3，2012Q4	3	2007Q1，2012Q2～Q3
	拉脱维亚	5	2008Q4，2009Q1～Q4	0	
	立陶宛	4	2009Q1～Q4	0	2010Q1～Q2
	波兰	5	2009Q1～Q3，2012Q1～Q2	1	2000Q4
	罗马尼亚	6	2009Q1～Q4，2010Q1，2012Q2	0	
	俄罗斯	2	2009Q2～Q3	0	2008Q4
	斯洛伐克	7	1999Q2，2003Q3，2004Q1，2006Q1～Q4	0	
	乌克兰	4	2009Q1～Q4	0	

地区	国家	流入驱动型突然中断		流出驱动型突然中断	
		期数	时间	期数	时间
亚洲	中国	1	2009Q1	1	2006Q3
	印度尼西亚	0		3	2011Q4，2012Q1，2012Q3
	以色列	7	1988Q4，1989Q1～Q2，2001Q4，2012Q2～Q4	8	1998Q2～Q4，2003Q2，2005Q3，2006Q1，2009Q4，2010Q2～Q3，2011Q1
	韩国	10	1997Q4，1998Q1～Q3，2001Q1～Q3，2008Q2，2008Q4，2009Q1	1	2011Q3
	马来西亚	3	2008Q4，2009Q1～Q2	0	
	菲律宾	11	1997Q4，1998Q1～Q4，2001Q1，2001Q3，2008Q4，2009Q1，2012Q1～Q2	2	1999Q1，2009Q3
	泰国	5	1997Q3～Q4，1998Q1～Q3	0	
	土耳其	8	2001Q2～Q4，2002Q1，2009Q1～Q4	0	
非洲	南非	2	2009Q1～Q2	0	

（1）流入驱动型突然中断更具普遍性。新兴市场国家流入驱动型和流出驱动型突然中断分别有 126 次和 30 次，前者为后者的四倍多，可见新兴市场国家国际资本流动易遭受境外投资者投资决策的影响，外资流入流出的波动性和易变性较大，对比内资外流而言，前期大量流入的外资更容易发生突然逆转。

（2）流入驱动型突然中断持续时间较长。流入驱动型与流出驱动型突然中断的平均持续期分别为 2.5 个和 1.4 个季度，最长持续期分别为 5 个（在 7 国出现）和 4 个季度（仅在 1 国出现），由此可见，相对而言，流入驱动型突然中断持续时间较长，在一定程度上说明境外投资者在信息不对称情况下，撤离资本的行动更具"羊群效应"。

（3）流入驱动型与流出驱动型突然中断均存在地域不平衡性。拉丁美洲、欧洲、亚洲和非洲各国平均发生流入驱动型突然中断的期数分别为5.2、4.8、5.6和2期，而各国平均发生流出驱动型突然中断的期数分别为1.8、0.5、1.9和0期，说明亚洲新兴市场国家既容易发生流入驱动型突然中断，也容易发生流出驱动型突然中断。两种类型突然中断在四大洲的国别平均发生期数按从大到小排序为亚洲、拉丁美洲、欧洲和非洲，说明相对而言，亚洲和拉丁美洲的国际资本流动波动性更强。

3. 流入驱动型和流出驱动型突然中断的时间特征

图1-3是对新兴市场国家1986～2012年各季度发生流入驱动型和流出驱动型突然中断频次的统计，灰色和黑色柱形部分分别表示流入驱动型和流出驱动型突然中断次数。由图1-3可分析得出两种类型突然中断的时间特征。流入驱动型突然中断的特点表现为：一是阶段集中性，流入驱动型突然中断的发生有三个较为集中的时段，分别是：1997～1999年发生22次、2001～2003年发生22次、2008～2010年发生60次，这种集中性反映了共同的外部影响因素，比如世界利率的改变、全球风险厌恶的高涨等。二是传染性，在上述三个集中时段，有多国同时发生流入驱动型突然中断，且在2009年第一季度形成高峰期，有15国同时发生，说明流入驱动型突然中断在新兴市场国家之间有一定传染性。

流出驱动型突然中断的特点表现为：一是分散性，该类型突然中断的发生相对较分散，从1998～2009年上半年零星出现，2010年和2012年稍显集中，并于2010年第二季度达到高峰期，有3国同时发生；二是独立性，新兴市场国家的流出驱动型突然中断绝大多数情况下发生在单个国家，在样本期内仅6个季度出现2国以上同时发生，说明流出驱动型突然中断的发生较为独立，传染性较小，也可推断该类型突然中断的驱动因素可能主要是各国国内因素。

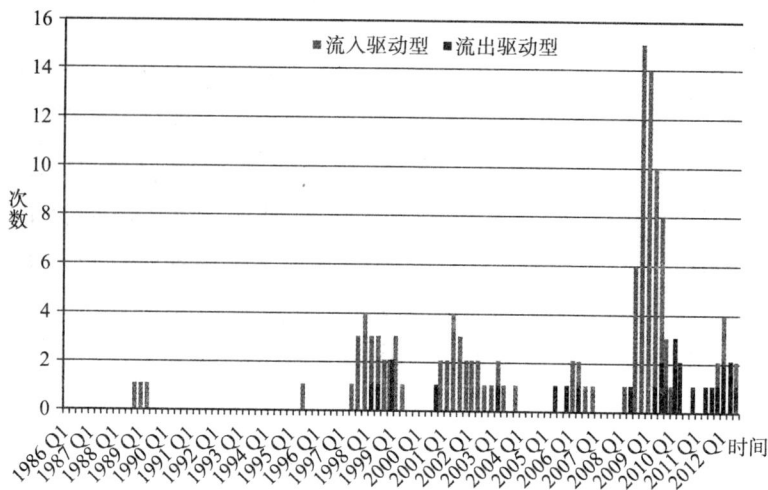

图1-3　1986～2012年新兴市场国家流入/流出驱动型突然中断的频次

两种类型的突然中断时常相继或相伴发生，说明内资外流与外资撤离有一定传染性，二者同时受国内外经济环境变化的影响。从共性上来看，两种类型突然中断都与两次著名的金融危机有关，即1997～1998年亚洲金融危机和2007年始于美国的国际金融危机。如前所述，不论是本国投资者还是境外投资者，都要受到新兴市场危机溢出效应的影响。

二、新兴市场国家突然中断的经济社会影响

对突然中断的经济社会影响的考察，有利于我们全面了解突然中断，做出更好的应对和防范，以减小其对经济的危害性。接下来我们考察总资本流动角度下不同类型突然中断的经济社会影响。

（一）突然中断的产出效应

许多经济学家的研究论断表明，外资对发展中国家的经济发展具有重要作用。哈罗德（1948）提出，当国内储蓄不足以支持理想的

经济增长率时,应当利用国外储蓄,即引进外资来提高储蓄率;罗斯托(1960)提出"起飞"理论,认为引进外资来增加欠发达国家的投资是实现经济起飞的必要条件之一;美国经济学家钱纳里和斯特劳特(1966)提出两缺口模型(Two-gap Model),认为大多数发展中国家存在两种缺口,一是投资大于储蓄形成的"储蓄缺口",二是进口大于出口形成的"外汇缺口",因此发展中国家在经济发展中应积极利用外资来平衡两个缺口,解决国内资源不足问题,促进经济增长[①]。由此可推断,发展中国家国际资本的大量流出不利于其国内经济发展。众多研究表明,突然中断对经济有显著负面冲击。卡尔沃和雷恩哈特(2000)通过对比研究新兴市场国家的突然中断与其他国际收支危机,发现突然中断类似一场典型的"经济萎缩式贬值",资本流动变化和实体经济部门萎缩大大超出其他国际收支危机。门多萨(Mendoza,2002)发现墨西哥1995年发生的突然中断导致的经济衰退和国内相对价格下跌大大超过墨西哥常规经济周期中的衰退阶段。门多萨(2005)认为突然中断的发生常常伴生经常账户赤字逆转、国内产出和总需求下滑、资产价格下跌以及新兴市场国家之间的相互传染。哈奇森和诺伊(2006)发现突然中断相比其他金融危机形式而言,对实体经济的冲击最为严重,货币危机导致产出在3年内平均下降2%~3%,而突然中断会导致产出下降13%~15%。卡尔沃等(2006)对31个新兴市场国家1980~2004年的样本数据实证分析发现,在33次突然中断期间,有1/3发生了温和衰退,剩余2/3使产出跌幅超过4.4%。

为考察突然中断的产出效应,我们以17个季度[包括突然中断发生当期(t期)和前后8个季度,即前后2年]为时间窗口,做出三种类型突然中断样本国在中断发生前后GDP同比增长率均值的变化曲线图,如图1-4所示。由图可见,三种类型的突然中断均发生

---

① 谭崇台:《发展经济学》,山西经济出版社2006年版。

在 GDP 增长率下降的过程中，并且会推动经济进一步下滑，在突然中断发生的下一期经济增长率跌入低谷。对比流出驱动型和混合型突然中断而言，流入驱动型突然中断前后两年 GDP 增长率的演变具有以下特点：

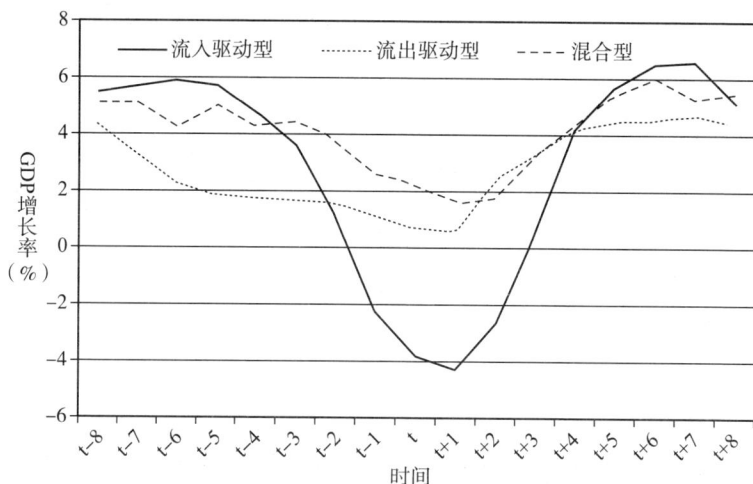

图 1 - 4 突然中断的产出效应

（1）GDP 增长率降幅大、降速快。流入驱动型突然中断发生后，新兴市场国家 GDP 增长率均值从两年前的 5.47% 下降到 - 4.27%；流出驱动型突然中断发生后，新兴市场国家 GDP 增长率均值从两年前的 4.26% 下降到 0.58%，降幅分别为 9.74% 和 3.68%，季度平均降速分别为 44% 和 19%。可见，流入驱动型突然中断形成过程中 GDP 增长率的降幅达到流出驱动型的两倍多，且降速较快。

（2）GDP 出现负增长。从流入驱动型突然中断发生的前一季度（t-1 期）到发生后半年（t+2 期），GDP 增长率均值均为负数，产出持续下降，说明该类型突然中断抑制产出的负面影响较大。

（3）GDP 增长率波动较大。由图 1-4 可见，流入驱动型突然中断发生前后 GDP 增长率均值的变化曲线呈"V"形，从 t-6 期的高点 5.88% 下降触底到 t + 1 期的 - 4.27%，而后迅速攀升至 t + 7 期 6.57% 的新高，说明流入驱动型突然中断有促使经济大起大落的负面效应。相对而言，流出驱动型和混合型突然中断前后 GDP 增长率的变化较平缓，发生前缓慢下降，发生后缓慢上升。

由此可知，突然中断对一国经济增长有显著负面影响。相对而言，流入驱动型突然中断的负面影响更大。

（二）突然中断对汇率的影响

高森（Goshen，1861）提出国际借贷理论，认为国际间的所有经济交易引起的国际收支活动会促使国际借贷的发生，国际借贷改变外汇供求，进而引起外汇汇率变动，所以国际收支是决定汇率的重要因素。国际收支盈余引起本币对外升值，赤字则导致本币对外贬值[①]。因此，可以推断当国际资本大幅流出，将给本币汇率带来贬值压力。卡尔沃等（2004）以全球发生的突然中断为研究对象，发现新兴经济体在遭受资本流动突然中断时，实际汇率容易发生波动，导致本币贬值。图 1 - 5 是三种类型突然中断样本国在中断发生前后汇率的季度增长率均值的演变图，图中汇率使用的是各国直接标价法下的汇率水平，数据来源于国际货币基金组织编制的《国际金融统计（IFS）》数据库。由图可见，流入驱动型突然中断发生后，外汇汇率相比上一季度的变动率迅速上升，在 t + 1 期达到高点后下降，说明流入驱动型突然中断将促使本币币值大跌，并且呈现强波动性。混合型突然中断发生后，本币也有一定幅度贬值。相对而言，流出驱动型突然中断对汇率的影响最小，汇率变动率呈小幅上升，突然中断前后波动幅度较小。门多萨和史密斯（2006）认为本币对外贬值将迅速通过资产负债表效应对经济活动施加负面影响。因此突然中断通过影响汇率而冲击一国经济。

---

① 奚君羊：《国际金融学》（第二版），上海财经大学出版社 2013 年版。

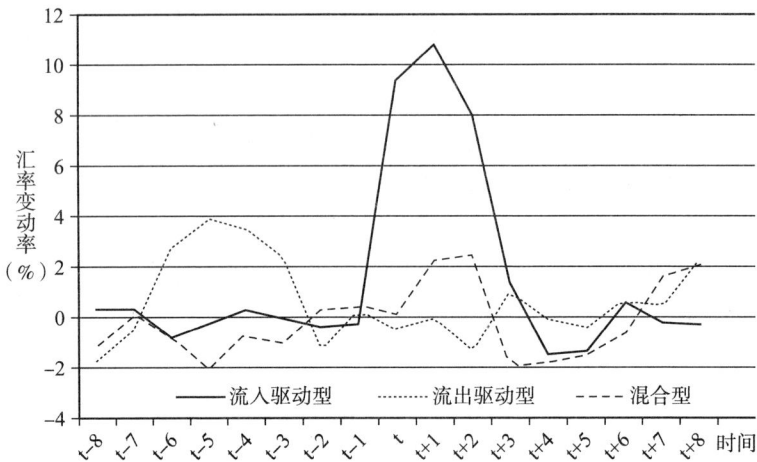

图 1-5 突然中断对汇率的影响

（三）突然中断对投资、消费和进出口的影响

西方经济周期理论中的消费不足论、投资过度论及罗伯特逊的"对外贸易是经济增长的发动机"等理论，都表明消费、投资及进出口是影响经济波动的重要因素。乔伊斯和纳巴尔（2009）运用新兴市场国家的大样本面板数据实证研究了突然中断和银行危机对投资的影响，认为突然中断可能通过银行危机渠道影响实体经济的投资。查理等（Chari et al.，2005）发现突然中断会引起净出口突然增加。爱德华兹（2004）通过分析发现经常项目赤字逆转与突然中断有关，而经常项目逆转对实际经济增长有负面影响。

图 1-6 是三种类型突然中断发生前 2 年至发生后 2 年的投资、消费和进出口同比增长率均值的变化曲线，数据来源于国际货币基金组织编制的《国际金融统计（IFS）》数据库①。由图可见，三种类型的突然中断均引起投资和消费增长率下降，是造成 GDP 增长率下滑的主要原因。流出驱动型和混合型突然中断发生前后投资和消费增长

————————

① 各国的投资、消费和进出口数据分别采用的是固定资本形成总值、家庭消费支出额和货物进出口额。

率的下降和回升较为平缓，相对而言，流入驱动型突然中断对投资和消费的负面影响更大。除混合型突然中断外，其他两种类型突然中断发生后，出口增长率均上升，所以总体来看，突然中断会促使出口增加，印证了查理等（2005）的观点；三种类型突然中断发生后进口增长率均下跌，这在一定程度上与本币贬值有关，亦可印证门多萨（2005）等认为突然中断将伴生经常账户逆转的观点。虽然净出口可能增加，但是依然不能抵销投资、消费下降对经济增长的负面影响。

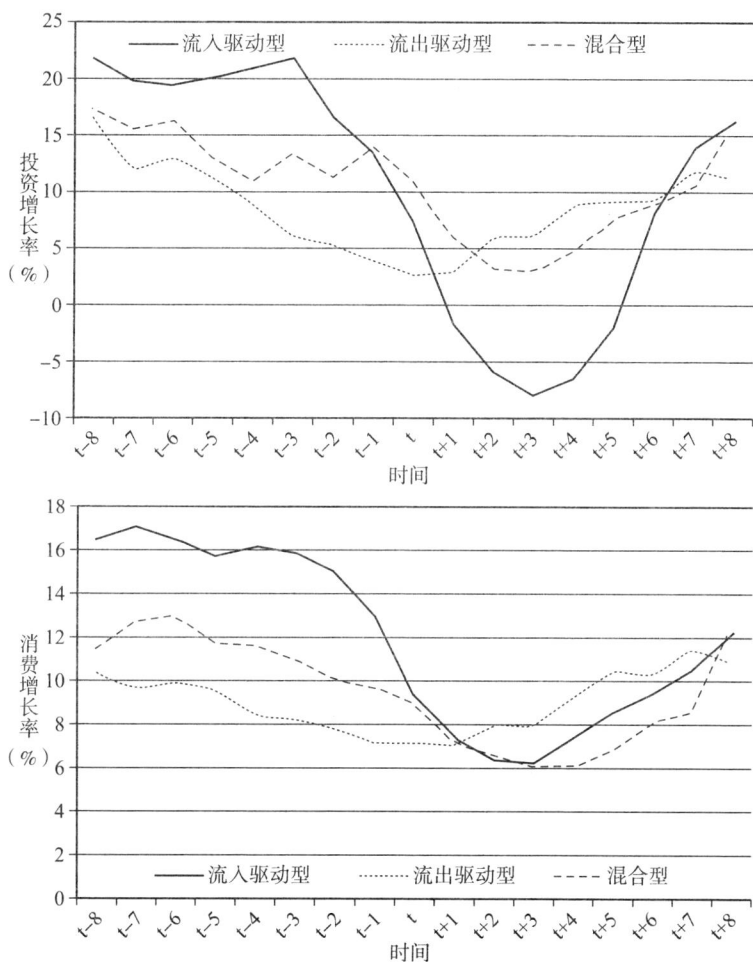

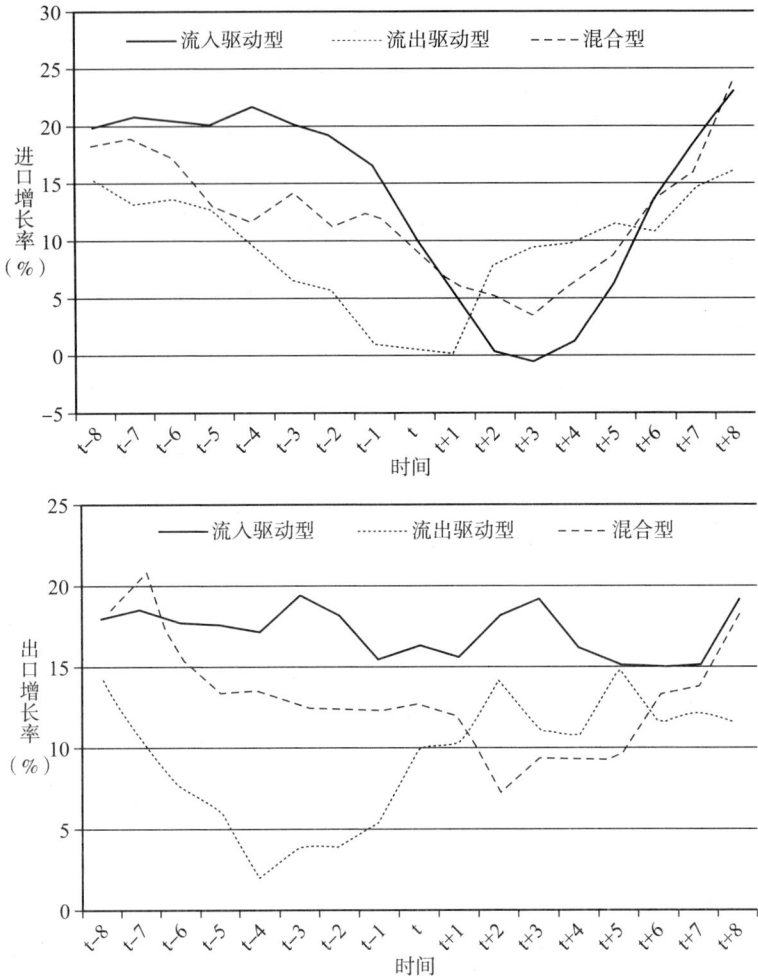

图 1 − 6 突然中断对投资、消费和进出口的影响

综上所述，国际资本流动突然中断对一国 GDP 增长率、货币币值、投资、消费和进口增长率均有负面影响，容易造成对经济的冲击。相对而言，流入驱动型突然中断对经济活动和汇率的负面影响更大，持续时间更长。这在一定程度上体现了外资对新兴市场国家经济发展的重要作用。

三、新兴市场国家突然中断的典型案例

如前所述，亚洲和拉丁美洲国家突然中断的频发性较为显著，所以接下来我们以既发生过流入驱动型突然中断，又发生过流出驱动型突然中断的国家——拉美国家阿根廷和亚洲国家菲律宾为典型案例，分别分析两国的突然中断事实特征，以更好地理解突然中断现象。

（一）阿根廷的国际资本流动突然中断

拉丁美洲国家阿根廷是经济全球化的先驱国家，较早实施新自由主义，推行贸易、投资和金融自由化，银行证券领域的开放程度很高。阿根廷在曲折的经济全球化进程中，曾受惠于外资流入带来的经济发展和繁荣，却也遭遇过资本异动的巨大冲击。"二战"后，随着国际资本流动的波动性加剧，阿根廷发生多次政治和经济危机，造成社会贫困和经济破坏。

1. 阿根廷的国际资本流动突然中断事实描述

阿根廷在 1995～2012 年共发生 10 次突然中断，其中有 8 次为流入驱动型突然中断，2 次为流出驱动型突然中断，未发生过混合型中断，由此可见，突然中断的投资主体驱动性特征较为明显。图 1 - 7 是阿根廷从 1995～2012 年国际资本总流入与总流出的变化走势图，实线、短划虚线和圆点虚线分别表示国际资本总流入、总流出和净流入额度的变化趋势。根据表 1 - 2 的新兴市场国家流入驱动型和流出驱动型突然中断的识别结果，可知 2001 年第三季度至 2002 年第三季度、2008 年第四季度至 2009 年第二季度为流入驱动型突然中断期，即图中浅灰色部分，由图可见，国际资本总流入额在流入驱动型突然中断期较上年总额大幅下降，跌入低谷后随即逐步回升，而总流出的下降幅度较小，甚至不降反升，使得净流入曲线与总流入曲线较为贴近。2008 年第二至第三季度为流出驱动型突然中断时期，即图中深灰色部分，

由图可见，国际资本总流出额在这一时期较上年总额大幅增多，由于
IMF 的《国际收支统计》以负值形式表示总流出，所以图中资本总流
出曲线大幅下挫，负值越大则总流出量越大，而资本净流入曲线较为
靠近总流出曲线，即资本净流入的减少主要因总流出的增多引起。

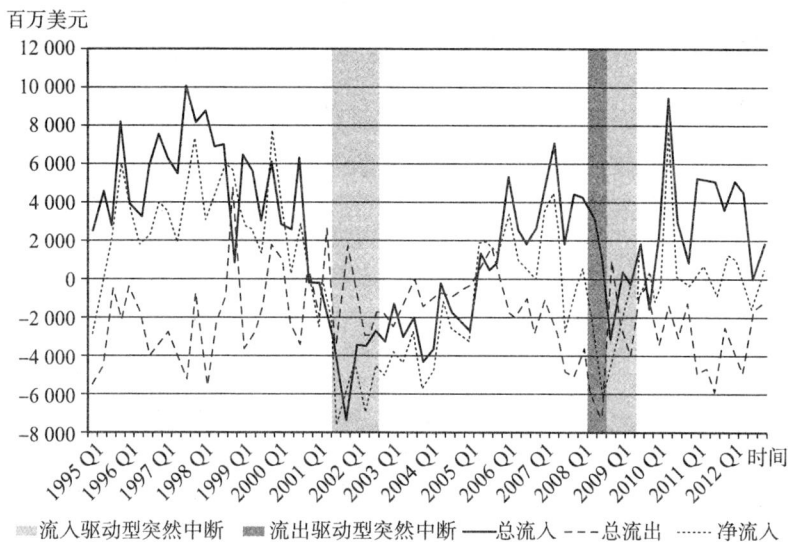

图 1-7 1995~2012 年阿根廷的流入驱动型与流出驱动型突然中断

2. 阿根廷发生国际资本流动突然中断的背景

基于阿根廷突然中断的事实，接下来我们分析突然中断发生的经
济背景，及其造成的国际资本流动波动。

（1）20 世纪末至 21 世纪初国际资本流动波动及突然中断的形成

新自由主义是拉美国家走出 20 世纪 80 年代的债务危机和经济危机
困境的经济改革核心指导理论。新自由主义提倡自由放任的市场经济，
支持私有化，强调对外开放。在这一思路指导下，从 20 世纪 90 年代初
开始，阿根廷政府进行了一系列经济改革，包括货币局制度①、国企私

---

① 货币局制度是一种固定汇率机制，保持本国货币钉住一种强势货币，且本国通货
发行以外汇储备为保证，阿根廷 1991 年实施的《兑换法》，实行比索兑美元 1:1 的固定汇
率钉住美元。

有化和减少国家干预。这些改革使阿根廷摆脱了债务危机以来的滞胀局面，经济从 1991～1994 年得到较快发展，GDP 增长率在 8% 左右。1994 年年底墨西哥爆发的金融危机波及阿根廷，使其经济在随后的一年出现负增长，GDP 增长率为 −3.9%，投资者信心受损，使该国的外资流入额锐减，并出现以规避风险为目的的大规模资本外逃，到 1996 年资本外逃达到巅峰。阿根廷政府采取了一系列措施进行调控，并申请国际金融机构援助，由此该国经济于 1996 年开始摆脱负增长，资本外逃的规模逐渐减小。1997 年亚洲金融危机爆发，货币纷纷贬值，国际金融市场动荡不安。在此背景下，流入阿根廷的避险外资小幅增多，资本外逃数量减少。1999 年年初巴西爆发金融危机，当局采取将货币贬值 40% 的方式刺激出口，因此阿根廷出口贸易遭受较强冲击，经常账户逆差增大，经济陷入持续衰退，外资大幅减少。政府救市的措施导致债务负担日益严重，资本流入不断减少，外汇储备无法足额偿付到期外债，投资者信心大大受损，金融风险不断积聚。2000 年，阿根廷的外债水平创历史新高，偿债率是 76.2%，国内经济衰退、生产萎缩，失业大增，社会矛盾不断激化，国际经济环境欠佳，到 2001 年年底，外资撤离异常严重，形成流入驱动型国际资本流动突然中断，延续到 2002 年，阿根廷年均经济增长率跌至谷底（−10.8%），外债占 GDP 之比超过了 50%，货币当局被迫实行浮动汇率制度，比索巨幅贬值，金融市场的动荡导致资本大量外逃，净流出量达到历史新高（近 270 亿美元）。

（2）2007 年次贷危机后国际资本流动波动及突然中断的形成

2007 年美国次贷危机爆发，阿根廷内、外部融资环境逐渐恶化。国内信贷紧缩，名义利率增长，消费者和企业信心指数下降；外部，则出现 EMBI 利差攀升、主权风险升高。2008 年上半年开始，阿根廷出现了大量资本外逃，引发第二至第三季度的流出驱动型资本流动突然中断，随之而来的是，资本总流入也大幅减少，到当年第四季度最终引起流入驱动型资本流动突然中断，并一直延续到 2009 年第二季度，使得前后两年的资本账户赤字超过了经常账户盈余，国际储备下降。在这样的背景下，阿根廷政府采取扩张性的货币政策和积极的财政政策，以鼓励出口、促进就业和扶植重点行业发展等方式刺激内需，应对危机的负面影响。2009 年下半年，反危机和刺激经济措施的成效开始显现，经济稳步增长，至 2011 年达到 9.2% 的高速增长率，名列拉美国家前茅。但是 2011 年下半年以来，受内外不利因素的影响，阿根廷财政盈余和国际收支账户盈余消失，经济增速明显放缓，经济运行风险上升。进入 2012 年，阿根廷经济状况亮起红灯，经济增速大规模下滑。经济增速减缓的重要原因是自然灾害对农产品的影响、贸易伙伴国经济萎缩和比索汇率高估，三者共同影响出口竞争力，使出口创汇能力严重下降。与此同时，通胀率持续攀升，私人消费迅速降温，金融市场动荡，流入美元持续减少的同时，外资流出现象不断加剧，导致国内投资严重不足，对阿根廷经济来说无异于雪上加霜。2013 年，阿根廷受国际经济环境的影响持续加深，贸易增长动力不足和国际信贷资源稀缺，加之进口和外汇管制政策导致大量外资流出，国际资本流动突然中断风险进一步加大。

3. 阿根廷发生国际资本流动突然中断的原因

在上述突然中断背景描述的基础上，我们进一步分析总结阿根廷各时期发生突然中断的主要原因。

（1）21 世纪初阿根廷发生突然中断的原因

阿根廷 2001～2002 年发生的国际资本流动突然中断与新自由主义改革背景下的国内国际经济环境关系密切。

第一，经济自由化改革不彻底引发宏观经济问题。新自由主义供给学派认为，应通过减少政府的干预，实行经济自由化来发展经济。但是，阿根廷在进行经济自由化改革的同时，只是片面追求经济高增长，忽略了如财政和公共部门等其他经济社会各个方面的配套改革，最终导致资源分配不均、收入分配差距加大、贫困人口激增，失业率逐年升高。此外，政府通过大量举债以获得外部资金，把举债发展作为经济发展战略的重要手段之一，导致其债务总额像滚雪球一样迅速膨胀。2001 年年底阿根廷公共债务总额占 GDP 的比重为 54%，比索贬值后，按 2002 年年底 1 美元等于 3.5 比索的汇率折算，相当于占 GDP 的 123%～130%。

第二，国企私有化引致投机资本波动性。国企私有化是阿根廷经济改革的重点之一。改革前，阿根廷国有企业在国内总投资中的比重高达 20%，基本垄断了整个公共部门，但这些国有企业普遍经济效益低下，许多企业长期严重亏损，使阿根廷政府背上了沉重的负担。国企私有化虽然使阿根廷政府获得了大量的资金，但由于私有化过程缺乏公开透明性，滋生腐败，反而使国有资产遭受巨额损失，市场效率下降。此外，激化的私有化改革加剧了失业和贫困问题，两极分化日益严重，引起社会不稳定，给阿根廷经济带来负面影响。阿根廷私有化改革过程中吸引了大量外资流入，但这些外资大多是投机性质的热钱，波动性非常大，随着墨西哥、东亚和巴西金融危机的爆发，世界经济动荡，外资大幅撤离，从而进一步损害了阿根廷经济发展。

第三，市场经济自由化催生不稳定因素。市场经济自由化，表现为贸易自由化以及金融市场的自由化。在贸易领域，阿根廷取消进口限制，实行贸易自由化，但由于比索被高估、劳动力成本过高、发达国家贸易壁垒和其他拉美国家货币贬值等原因，导致贸易自由化收效甚微，甚至出现贸易逆差。在金融和资本市场，阿根廷政府实行对外开放的自由化政策，放开对外资的限制，外资可进入绝大多数领域，包括金融业的资本利润自由出入。这种金融机构和金融市场的开放虽然对经济复苏起到一定推动作用，但也带来许多不稳定因素，更易受到国外经济形势的影响和冲击，由于阿根廷政府质量、制度质量及金融体系建设滞后，一旦出现内外部冲击，前期流入的资本便极易发生大资本流动的突然中断，对经济造成重创。

第四，货币局制度影响货币政策独立性。为了应对 20 世纪 90 年代初的恶性通货膨胀，1991 年 4 月，阿根廷宣布实施货币局制度，比索以 1∶1 的固定汇率钉住美元，比索的发行以美元作为外汇储备保证。这种制度缓解了阿根廷的通货膨胀，但随着美元持续走强，导致比索被高估，严重影响阿根廷的出口贸易，国际收支逆差增大，失业率升高。此外，货币局制度的代价是使阿根廷被迫放弃货币自主权，货币政策独立性大大受损，对美国的经济依附性增强，国内外经济环境的恶化使阿根廷的经济非常脆弱，外资大量撤离，直到 2002 年 1 月，政府被迫宣布容许比索贬值，比索应声下跌近 40%，货币局制度宣告结束。

第五，政府债台高筑加剧资本流动波动性。哈罗德（Roy Forbes Harrod，1933）指出国家公债额是长期和短期资本流动的重要决定因素。[①] 据官方公布的数字，2001 年危机爆发前，阿根廷公共债务为 1 444.5 亿美元（外债约 65%）。[②] 导致阿根廷公共债务高企的原因，一是该国的举债发展战略，长期采取"借新债还旧债"的方式来支持经济发展；二是财政连年赤字，为弥补财政失衡，政府大量举借内外债；三是高利息负担，由于其较大的债务违约风险，导致公共债务利率较高，利息额巨大；四是经常项目长期逆差，需要借债来弥补；五是税收体制不完善，逃税率高；六是为维持货币局制度，政府需要举借外债来充实国际储备，作为稳定汇率和货币发行的保证。这种利用外债发展经济的战略，需要政府有较强的金融监管以及宏观调控能力，特别是控制外债规模，以保证货币政策和财政政策的有效制定。然而，阿根廷并没有做到这一点。高额的外债，尤其是短期外债，容易加剧国际资本流动的波动性，大量偿还外债，加大了突然中断可能性。

第六，国际经济金融环境恶化打击跨国投资者信心。国际经济金

---

① 李成、郝俊香：《国际资本流动理论的发展与展望》，载于《西安交通大学学报（社会科学版）》，2006 年第 5 期。

② 沈安：《阿根廷债务危机的形成及启示——阿根廷金融危机探源之二》，载于《拉丁美洲研究》，2003 年第 3 期。

融环境是影响国际资本流动的重要因素。阿根廷在 21 世纪初面临的国际环境较差，一方面，其他新兴经济体金融危机频发，1997～1998 年亚洲金融危机严重打击了国际投资者对新兴市场的信心，1999 年拉美国家巴西爆发金融危机，将固定汇率制度改为浮动汇率制度，巴西货币汇率大跌，给阿根廷的出口贸易带来直接负面影响；另一方面，国际救援不力，2000 年年底，由于阿根廷未达到国际货币基金组织 IMF 要求的经济增长率 2.5% 以上和财政赤字不超过 65 亿美元的条件，IMF 拒绝给该国提供救援贷款，阿根廷信用堪忧，世界银行、美洲开发银行及美国等国家政府也取消对阿根廷的贷款计划，因此进一步加剧外资从该国撤离。

总之，阿根廷 21 世纪初的流入驱动型国际资本流动突然中断，是国内外经济金融环境共同作用的结果，国内因素包括巨额的财政亏空、沉重的外债负担、僵化的汇率制度、失效的财政和货币政策以及低效的政府；国际因素包括他国金融危机和国际救援不力，由此导致外资从阿根廷大幅撤离，引发突然中断。由此可推断，一国过度、过快的经济金融开放、高外债负担、大额财政赤字、不合理的汇率制度和低效的政府政策是突然中断的重要驱动因素，同时，国际经济金融环境变化也对突然中断发生的可能性施加了重要影响。

（2）2008～2009 年阿根廷发生突然中断的原因

第一，经济增长放缓。2007 年阿根廷经济增长 8.7%，受美国次贷危机的影响，2008 年阿根廷经济增速放缓，降为 7.1%。由于国际粮食价格不断上涨，作为农产品出口大国，阿根廷政府开始对农产品实施与国际市场价格正相关的浮动出口税率。此举引发农业团体 2008 年 3 月发起大罢工，使国家经济损失近 23 亿美元，导致经济增长放缓。阿根廷前经济部长及前内阁首席部长因此而先后辞职，投资者对该国政治环境的信心受损，市场预期不断下降。在动荡不安的局面下，阿根廷的内资纷纷出逃，外资纷纷撤离。

第二，通胀率居高不下。自 2007 年以来，阿根廷的通货膨胀率一直呈上升趋势，根据阿根廷国家统计局公布的报告，2008 年和 2009 年阿根廷的年通货膨胀率分别为 7.2% 和 7.7%。通货膨胀加重的主导因素是食品价格上涨，除此之外的服装、医疗、教育等消费价格也持续攀升。阿根廷政府以提高政府补贴的方式抑制通胀，结果却导致商品价格严重扭曲，由此，当作为阿根廷财政收入主要来源的农产品出口受国际农产品价格下跌影响时，政府调控手段便难以维系，通胀得不到控制。高通胀下的不良投资环境，打击了投资者信心，催生资本外流。

第三，国际金融危机引发的金融恐慌传染效应，导致国内金融市场动荡。在全球金融危机冲击下，国际金融市场剧烈动荡，全球资本流动急剧下跌。2008 年，包括外国直接投资、外国证券投资、信贷资本投资和对外权益投资在内的全球国际资本流动规模下降了 85%，由 2007 年的 10.9 万亿美元下降到 2008 年的 1.9 万亿美元，再到 2009 年的 1.6 万亿美元。由于全球金融危机产生的金融恐慌及对未来发展前景的担忧，2008 年 8 月，阿根廷金融市场出现了自 2005 年以来最严重的动荡，股市和债市因恐慌性抛售双双大幅下挫，国家风险指数创历史新高。同时，外汇市场也受到冲击，无论是消费者还是投资者都采取了抛售本币、抢购美元的策略，从而加剧了本币的贬值。政府为稳定汇率大肆干预金融市场，反而导致市场动荡，外汇供大于求。股票市场的动荡和外汇市场的不稳定，使得企业融资风险上升，抑制了国际资本投资。

综上所述，阿根廷 2008～2009 年的国际资本流动突然中断也是国内和国际经济金融环境共同作用的结果，2008 年中期的流出驱动型突然中断主要与阿根廷国内经济环境恶劣有关，而 2008 年年末至 2009 年中期的流入驱动型突然中断主要与国际经济金融恐慌有关。由此可推断，一国国内经济增长、通胀水平、政治稳定性、货币和财政政策质量以及国际金融市场动态和投资者情绪是影响驱动突然中断的重要因素。

4. 阿根廷突然中断对经济的影响

为考察阿根廷突然中断对经济的影响，我们作出阿根廷 1995 ~ 2012 年实际 GDP 增长率的变化趋势图（见图 1 - 8），图中以浅灰色柱状表示流入驱动型时期，以深灰色柱状表示流出驱动型时期。

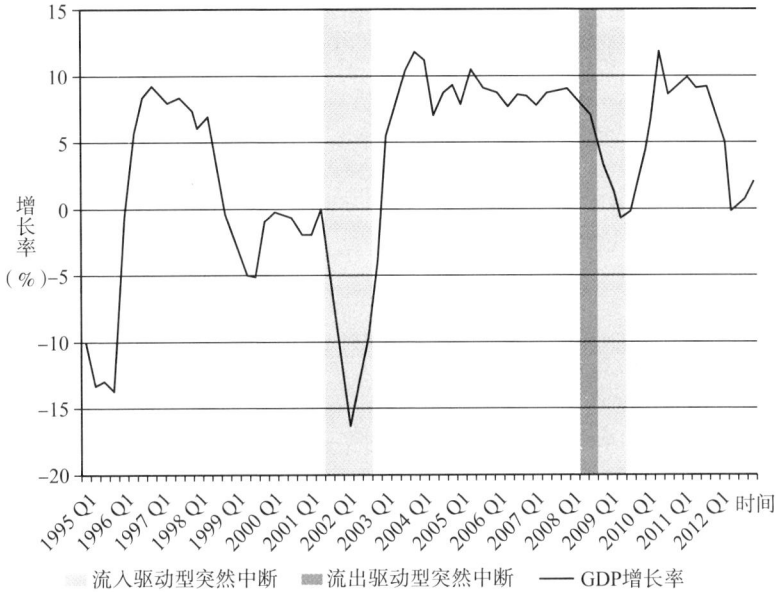

图 1 - 8   1995 ~ 2012 年阿根廷的突然中断期与 GDP 增长率变化趋势

由图 1 - 8 可知，阿根廷实际 GDP 增长率在 3 段突然中断时期均有所下降。其中，流入驱动型突然中断时期的 GDP 增长率下降较快、降幅较大，平均降幅为 32.5%；流出驱动型突然中断降速相对较慢，这与上一节的结论相符。此外，我们可发现在流入驱动型突然中断发生后的不久，GDP 增长率开始反转上升，这大致就是经济学者们所称的 "凤凰奇迹"（phoenix miracles）现象。卡尔沃等（2006）运用新兴市场国家样本数据，分析突然中断之后的产出暴跌和复苏过程，发现新兴市场国家在突然中断发生后，信贷和资本流动都没有恢复，但产出却从急剧下降中相对快速的恢复了，如同凤凰涅槃一般，因此将其称为"凤凰奇迹"。他认为这一现象反映了新兴市场国家信贷市场的不健全，企业可以在正规信贷市场之外获得营运资本的短期信贷，而由于多重原因导致中止这种信贷的成本高昂，比如，它不能有效设置信贷抵押品（也导致信贷约束收紧的负面影响较小），因而资本市场停止工作的过程较平稳，所以产出在遇到负面冲击而下跌之后不久，又开始缓慢上升。由此可见，"凤凰奇迹"是新兴市场国家国内金融体系脆弱性的结果。

（二）菲律宾的国际资本流动突然中断

菲律宾是东南亚地区较早实行新自由主义经济政策的新兴市场国家，该国在后马科斯时期经济体制改革的重点是自由化和私有化，由于改革进程中菲律宾的经济金融体系并不发达，且政局时常出现动荡，造成了该国国际资本流动波动剧烈，突然中断频发。

1. 菲律宾的国际资本流动突然中断及其经济效应

菲律宾在 1997～2012 年共发生 18 次突然中断，相对较频繁，其中有 11 次为流入驱动型突然中断，2 次为流出驱动型突然中断，剩余为混合型中断，总体来看，突然中断的投资主体驱动性特征较为明显。图 1－9 是菲律宾从 1996～2012 年的流入驱动型和流出驱动型突然中断期以及实际 GDP 增长率变化趋势图，图中以深灰色表示流入驱动型时期，以浅灰色表示流出驱动型时期。根据表 1－2 的新兴市场国家流入驱动型和流出驱动型突然中断的识别结果，可知 1997 年第四季度至 1998 年第四季度、2001 年第一和第三季度、2008 年第四季度至 2009 年第一季度、2013 年第一至第二季度共四个阶段为流入驱动型突然中断期，即图中深灰色部分；1999 年第一季度和 2009 年第三季度为流出驱动型突然中断时期，即图中浅灰色部分。

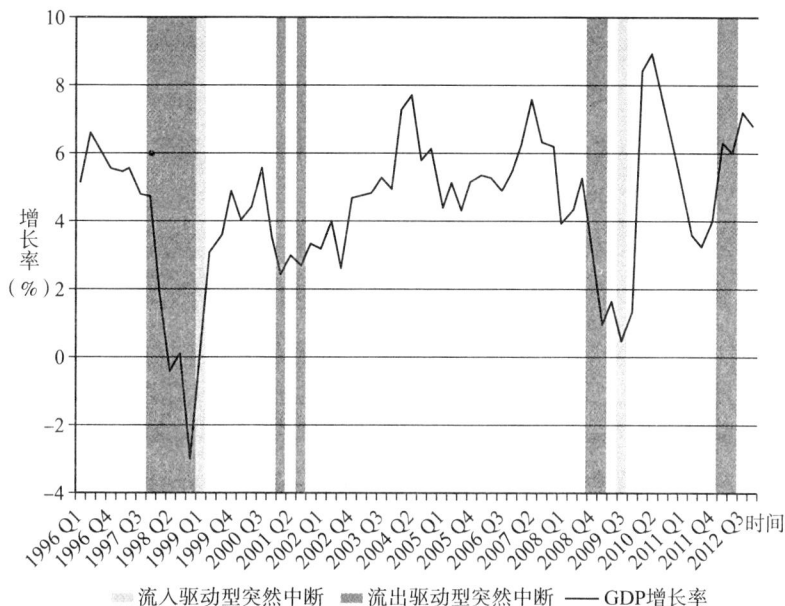

图 1 − 9　1996 ～ 2012 年菲律宾的突然中断期与 GDP 增长率变化趋势

由图可见，几乎每一段突然中断期，不论是流入驱动型还是流出驱动型突然中断，都伴随着 GDP 增长率的下降，但是这种下降趋势总在突然中断尾声阶段迅速反转上升，由此可见，菲律宾也存在"凤凰奇迹"现象。相对而言，流入驱动型突然中断对经济的负面影响更大，尤其在 1997 ～ 1998 年亚洲金融危机期间，GDP 增长率下降幅度达 7.7%，并出现负增长；其次是在 2007 ～ 2008 年全球金融危机期间，GDP 增长率也出现了较大幅度下滑。由此可推断，突然中断与金融危机交织，有相互推进的交互影响作用。

2. 菲律宾国际资本流动突然中断的成因

由图 1 − 9 可知，菲律宾突然中断期大致可分为四个阶段，即 1997 ～ 1999 年、2001 年、2008 ～ 2009 年和 2012 年。每一阶段突然中断的爆发都有特定的现实背景和成因。

（1）1997 ～ 1999 年菲律宾突然中断的成因

1997 ～ 1998 年亚洲金融危机也是一场突然中断型金融危机，由于国际资本净流入的大幅下降，经"金融加速器"的强化作用，引起实际汇率和资产价格大跌，导致国内生产萎缩，对经济产生重创，而由此又进一步推动资本外流。国际投机资本的肆虐是这一场突然中断型金融危机的导火索，但也反映出菲律宾内部的经济金融失衡问题。

第一，经济结构升级缓慢，国际竞争力下降。菲律宾从 20 世纪 80 年代末开始发展外需型经济，利用大量廉价劳动力发展劳动密集型产业，其设备和原材料依赖进口，出口产品附加值较低，贸易收支呈现逆差。同时面临其他亚洲和拉美新兴国家的激烈竞争，菲律宾的国际竞争力逐步下降，产业结构未能升级为高附加值的技术密集型，因此国际竞争力下降，经济下滑，经常项目赤字进一步扩大，为国际游资的入侵提供了机遇。

第二，金融加速自由化下的金融监管不力。20 世纪 70 年代以来，菲律宾跟随世界金融潮流开始实施金融自由化和国际化，外资政策和外资管理日益开放自由。菲国逐步放开外资投资领域，对外放开银行业，延长外商对房产和土地的租赁使用权，并于 1992 年解除外汇管制。在对外资管制多方面放宽的背景下，由于菲国国内金融市场并不成熟，金融机构对房地产过度投资形成泡沫且呆账严重、抗风险能力低下，金融体制不够健全完善，对外资的监测管理手段和方法不足和低效，因而推动占比一半以上的国际间接投资资本成为金融市场上兴风作浪的元凶。

第三，外债债台高筑和外汇储备不足。菲律宾自 1962 年开始实行新自由主义发展计划，在其解除对外资和汇率的管制后，该国接受了 IMF 高额贷款以补偿美国投资资本利润，自此拉开了它依赖外债的序幕。汇率波动和基础设施建设是危机前两年外债增加的主要原因，而菲国政府为维持国际市场的信誉，一直十分重视外债的还本付息，一部分可观的财政支出用来偿还外债。1997 年菲律宾外债占 GDP 的比重高达 34%，金融机构资产负债期限错配严重。此外，面对国际投机资本的无情炒作，菲国的外汇储备相当有限，且不顾实力的干预外汇市场，结果使得干预效果低微，同时储备资产受损严重。

第四，货币和汇率政策不合理。菲律宾在危机前实施了多年钉住美元的汇率体制，由于美国经济增长背景下美元走强，使得菲律宾比索币值被高估，同时该国采用高利率政策吸引外资，由此导致国际资本大肆进入套利，威胁经济金融稳定。

由此可见，菲律宾国内经济金融政策的失衡和金融体系不够成熟完善，为国际投机资本提供了频繁进出炒作的温床，国际资本大捞一笔而大幅撤离，经济下挫，也推动了国内资本的外逃，由此形成1997～1998年的流入驱动型突然中断和1999年初的流出驱动型突然中断。

（2）2001年菲律宾突然中断的成因

2001年第一和第三季度菲律宾流入驱动型突然中断的爆发主要与当时该国国内的政治动荡和经济增长缓慢有关。

第一，社会政治环境不稳定。2000年菲律宾参议院以贪腐和违反宪法等罪名对总统埃斯特拉达进行弹劾审讯，而此弹劾案一度陷入僵局，需要借助人民革命力量和军队力量，政权无法遵循正规法律程序而更迭。2001年是菲律宾的中期选举年，改选一半参议员、全部众议员和众多地方政府与议会官员，选举过程充满刺激和暴乱。国际方面，菲律宾对中国南沙海域的挑衅争端不断。此外，菲律宾的社会治安环境也令人担忧，利欲熏心下的绑架之风日益激烈，绑匪屡次得逞后越加猖狂。如此这般的政治动荡和治安不力，使国际资本闻风而逃，纷纷撤离资本并减少投资。2000年和2001年菲律宾的外国直接投资分别同比下降33.6%和38.6%。

第二，经济增速缓慢，基础设施建设滞后。2000年和2001年，菲律宾经济增长率分别为4.4%和3.2%，较1995年和1996年的增长率低了近2个百分点，说明受亚洲金融危机的纵深影响，该国经济增长率减缓，在一定程度上与其政局和社会不安定、经济结构调整缓慢、出口受挫等因素有关。此外，再加上能源、交通和通信等基础设施建设仍滞后于经济发展需要，这些都影响了国际投资者信心。

第三，财政入不敷出，赤字日渐扩大。2001 年菲律宾政府财政赤字高达 1 470 亿比索，占 GDP 的比重为 4%。财政状况之所以糟糕，主要源于：一是该国庞大的外债带来的成本和负担，二是经济增长低迷影响下的税收收入增长缓慢，三是亚洲金融危机之后政府资产所剩无几，作为财政收入一大来源的政府资产出售严重受损。

（3）2008～2009 年菲律宾突然中断的成因

2008 年第四季度到 2009 年第一季度，菲律宾发生流入驱动型突然中断，进而至 2009 年第三季度发生流出驱动型突然中断，究其原因，主要与 2007～2008 年全球金融危机有关。2007 年，由于菲律宾国内经济状况和投资环境的改善，其对外资的吸引力大大增加，当年吸收外国投资资本约 1 890 亿比索（约 46 亿美元），但是受 2007 年年底爆发的美国次贷危机的纵深影响，外资开始纷纷撤离，最终带动内资的大量出逃。

第一，金融体系受到全球金融危机的负面冲击。在危机影响下，菲律宾比索持续贬值，2008 年 10 月，比索兑美元汇率跌至 49∶1，创 2006 年以来的新低。外汇市场和股票市场动荡不安，国际投资者为了避险，投资决策异常谨慎。此外，由于美元贬值和国际市场大宗商品价格上涨等原因，2008 年菲律宾通胀水平攀升至 9.3%，相当于 2007 年的 3 倍多。

第二，进出口贸易下滑，经济增长动力受损。菲律宾出口导向型经济受全球金融危机的影响严重，外需减少，2008 年出口同比下滑近 22%，进口同比下降约 24%。受此影响，菲律宾经济增长率降低，2008 年和 2009 年分别为 3.8% 和 0.9%。

第三，财政赤字扩大。为了缓解全球金融危机造成的出口下降、消费萎靡，菲律宾政府大幅增加财政支出以刺激投资、消费和出口，由此造成财政赤字逐渐扩大，2008 年和 2009 年分别达 681 亿比索和

2 985 亿比索。

（4）2012 年菲律宾突然中断的形成

2012 年第一至第二季度菲律宾流入驱动型突然中断的形成，既有国内原因也有国际原因。一方面，菲律宾国内政局不稳定。2011年和 2012 年菲律宾国内政治都不稳定，政治暴力冲突频发，尤以选举暴力最突出，政府与反政府武装组织试图以和平谈判解决问题，但进展缓慢。另一方面，受欧债危机的影响，国际投资者信心受损，外资避险流出。

综上，菲律宾国际资本流动突然中断的频发，与其国内经济政治环境密切相关，同时，亦受到国际金融危机的巨大影响。从中可以看出，突然中断与金融危机的关系密切，相互影响、推进。

第三节　新兴市场国家国际资本流动突然中断与金融危机

国际资本流入有利于推动一国金融发展和经济增长，优化投资环境，加速全球化进程，但是同时也带来风险，国际资本流动的剧烈波动将冲击经济与金融，甚至可能成为金融危机的导火索。新兴市场国家普遍存在金融脆弱性和制度质量欠佳，容易遭受国际投机力量的投机炒作，一旦冲击过大，很容易引发灾难性的金融危机。20 世纪末以来，新兴经济体经历了五次较大的金融危机：1994 ~ 1995 年墨西哥金融危机、1997 ~ 1998 年亚洲金融危机、1997 ~ 1998 年巴西金融危机、1998 年俄罗斯危机和 2001 ~ 2002 年阿根廷金融危机。这些危机存在的共同点之一就是在形成的初期都面临国际资本净流入的大幅下降，这种资本流的急剧变化严重打击金融体系，并冲击经济稳定性。因此，深入分析新兴市场国家突然中断对金融危机的影响，具有重要的理论价值和现实意义。

一、新兴市场国家金融危机的界定与识别

由于世界范围内金融危机的频发，对各国乃至全球经济体系造成巨大冲击，甚至可能引起社会动荡，因此吸引了大量经济学者和政府机构对金融危机进行深入研究。金融危机的类型和界定标准多元化，对其选择合理的界定方式，是研究突然中断对金融危机影响作用的基础。

（一）金融危机的界定

国际货币基金组织（IMF）在1998年《世界经济展望》报告中称，金融危机表现为金融体系中的大量金融指标在短期内发生急剧变化的现象，这一类的金融指标包括了汇率、利率、证券资产价格和金融机构倒闭数目等。金融危机严重破坏金融体系配置资源的功能，打击其对经济发展的核心推动力，甚至引发经济危机。国际货币基金组织将金融危机按形式分为货币危机、银行危机、外债危机和系统性危机。货币危机表现为一国货币大幅度贬值，迫使当局动用大量外汇储备或大幅提高利率；银行业危机表现为银行不能如期偿付债务，或者必须借助于官方或者其他机构提供援助，否则将出现大规模的银行破产或遭遇挤兑；外债危机主要表现为一国不能按期偿付所欠的外国债务；系统性金融危机则可以称为"全面金融危机"，是指主要的金融领域都出现严重混乱，如货币危机、银行业危机、外债危机的同时或相继发生。

众多研究表明，当资本输入国是高负债且短期债务占比高的新兴市场国家时，由发达国家利率变动主导引起的资本流动突然逆转呈现出更大的持久性和严重性（Calvo，1998；Calvo & Reinhart，2000；Calvo et al.，2003）。在这样的情况下，突然中断引发货币的大规模贬值。卡明斯基（2006）运用回归树方法对1970~2001年20个国家

的96次货币危机进行归类研究，发现其中有一部分危机与突然中断有关。他将货币危机划分为六种不同类型：债务危机（Fiscal deficits crisis）、经常账户危机（Current account crisis）、金融过度危机（Financial excesses crisis）、主权债务危机（Sovereign debt crisis）、自我促成危机（Self-fulfilling crisis）以及突然中断型危机（sudden stop crisis）。因此，本书考察突然中断对金融危机的影响，主要考察突然中断与货币危机的关联。

（二）新兴市场国家金融危机的识别

卡明斯基和雷恩哈特（1997）认为货币危机是由于货币遭到攻击而导致货币的急剧贬值，或国际储备大规模减少，或二者兼而有之情况下的危机。这种攻击下的货币汇率制度可能是固定汇率制也可能是其他汇率制度。他们构造了外汇市场压力指数对货币危机进行量化识别。由于在实证研究中，外汇市场压力指数被广泛应用于货币危机的界定，本书也参照卡明斯基和雷恩哈特（l998）[①]的方法以该指数来识别金融危机，样本数据为1983～2012年26个新兴市场国家的季度数据，数据来源于国际货币基金组织IFS数据库。外汇市场压力指数是汇率季度变化百分比（定义为每单位美元的国内货币）与全部国际储备的季度变化百分比的加权平均值，权数的选择使得这两个指标方差相等，用公式可以表示为：

$$I_t = w_t \frac{\Delta e_t}{e_t} - (1 - w_t)\frac{\Delta R_t}{R_t} \qquad (1.9)$$

式中：

I_t——第 t 季度外汇市场压力指数；

w_t——权数；

Δe_t——第 t 季度汇率减去第 $t-1$ 季度汇率之差；

---

① Kaminsky, G. L. , Lizonda, S. , Reinhart, C. M. Leading indicators of currency crises. IMF Staff Papers, 1998, 45（1）：1-48.

e_t——第 t 季度汇率；

ΔR_t——第 t 季度国际储备减去第 $t-1$ 季度国际储备之差；

R_t——第 t 季度国际储备。

因为外汇压力指数是随着本币的贬值以及国际储备损失的增加而上升，指数的增加反映出本国货币强烈的被抛售压力。一般认为，当该指数超过其均值的 3 倍标准差的时候，就认为发生了危机。

经过实证分析发现，有 18 个国家在 28 个季度发生金融危机，具体发生国与发生时间如表 1-3 所示，字母"Q"后面的数字代表当年的发生季度。

表1-3   1983~2012 年新兴市场国金融危机发生国与发生时间

发生国	发生时间	发生国	发生时间
阿根廷	2002Q1，2002Q2	墨西哥	1983Q1，1995Q1
巴西	1999Q1	秘鲁	1992Q4
保加利亚	2008Q4	菲律宾	1984Q3，1997Q4
智利	2008Q4	波兰	2008Q4
以色列	1984Q3，1985Q1	罗马尼亚	1999Q2
韩国	1997Q4，2008Q4	俄罗斯	1998Q3，1998Q4
拉脱维亚	2008Q4	泰国	1997Q3，1997Q4
立陶宛	2008Q4	土耳其	1994Q1，1994Q2
马来西亚	1997Q4，2008Q4	乌克兰	2008Q4，2009Q1

二、新兴市场国家突然中断对金融危机的影响

国际资本流动突然中断对经济产生显著负面影响，那么，新兴市场国家突然中断是否推动了金融危机的发生？为什么有的突然中断引发了金融危机，有的却没有？怎样减小突然中断引发金融危机的概率？接下来的研究试图回答这些问题。

（一）突然中断对金融危机的影响机理

卡尔沃等（2004，2008）以全球发生的突然中断为研究对象，

探析金融危机与突然中断的联系，结果表明新兴市场国家发生突然中断时，有63%的概率会引发金融危机，而发达国家的这一概率仅为17%。他们认为导致这一差别的主要原因是新兴市场国的债务美元化，当资本流动突然中断，引起实际汇率下跌，而外国债务以美元计价，所以本币贬值使还债压力大增，资产负债表恶化，从而酿成危机。卡塔奥等（Catão et al.，2007）以1870～1913年16个国家的年度数据为样本，采用Probit模型考察了突然中断与金融危机的关系，结果表明国际资本流动波动性是货币危机的重要决定因素，资本输出国的紧缩性货币政策（如提高利率等）将加大资本输入国发生危机的概率，由于并非所有国家对外部冲击的反应都一致，所以国别因素，尤其是货币供给增长率、财政收支和外汇储备占货币存量比的变化等因素会显著影响危机的发生概率。雷恩哈特和雷恩哈特（2008）以1980～2007年181个国家的突然中断和金融危机数据为样本，考察了突然中断与货币危机的关系。结果表明，在突然中断时期中低收入国家发生货币危机的概率比未发生突然中断时高出8%以上，而发达国家资本流动突然中断与金融危机的关系并不密切。

突然中断主要从两条渠道对实体经济施加负面影响，一是卡尔沃和雷恩哈特（2000）强调的凯恩斯效应机制，即由于信贷市场摩擦的存在，突然中断导致国内信贷收缩和外部融资升水，经由"金融加速器"效应的强化和放大作用，引起总需求和总产出的下降，同时，企业倒闭的外部效应进一步加剧产出下滑；二是门多萨（2001）提出的费雪债务—通缩机制，认为在信用约束下，经济外生冲击致使信用约束收紧，如触发保证金追加要求（marginal call），由此引起资产价格下跌和突然中断，导致信贷萎缩和产出下降。除此之外，还有学者强调契约摩擦和道德风险影响渠道（Schneider & Tornell，2004）和搜寻摩擦（search friction）的影响作用（Gopinath，2004）。

（二）突然中断对金融危机的影响的实证分析

1. 计量模型

由于金融危机作为被解释变量是一个二分类变量，本书参照卡塔奥等（2007）的方法，运用26个国家1986～2012年的非平衡面板数据，构建面板 Probit 模型考察突然中断对金融危机的影响。模型设定如下：

$$P(CRS)_{i,t} = c + \alpha(SS)_{i,t-1} + \beta(DNC)_{i,t} + \gamma(CV)_{i,t} \qquad (1.10)$$

式中：

$P(CRS)_{i,t}$——i 国在第 t 季度发生金融危机的概率；

$(CRS)_{i,t}$——金融危机哑变量，若 i 国在第 t 季度发生金融危机，则取值为"1"，否则取值"0"；

$(SS)_{i,t-1}$——突然中断哑变量，若 i 国在第 $t-1 \sim t-4$ 季度期间任一季度发生突然中断，则取值为"1"，否则取值"0"；

$(DNC)_{i,t}$——i 国在第 t 季度净资本流动相对 $t-1$ 季度变动的百分比；

$(CV)_{i,t}$——i 国在第 t 季度的控制变量集，包括 GDP 增长率、世界利率水平等。

2. 变量和数据

卡明斯基、利佐多和雷恩哈特（Kaminsky, Lizondo & Reinhart, 1998）找出与金融危机有关的潜在经济变量，构建了货币危机的预警指标体系，这些指标包括六个大类，分别是对外部门、金融部门、实体部门、公共财政、制度及结构变量、政治变量和传染效应。对外部门指标细分为资本账户、对外债务、经常账户和外国的变量；金融部门指标被分成与金融自由化有关的指标及其他指标。参照卡明斯基、利佐多和雷恩哈特（1998）的指标构建①，结合数据资料的可得

---

① 具体参见本书第四章的表4-2。

性，本书选择了经常账户和 GDP 增长率等 11 个指标作为控制变量。为保证回归结果的稳健性，本书在回归前针对存在季节变动和趋势变动的解释变量数据，采用 Census X12 季节调整方法去除季节变动要素，并用 HP 滤波方法分解提取出经济变量的趋势要素。解释变量说明如表 1 - 4 所示。

表 1 - 4　　　　突然中断对金融危机影响力分析的变量说明和数据来源

解释变量	变量名称	变量定义	数据来源
CRS	金融危机	发生金融危机，取值"1"，否则取值"0"	IFS
SS	突然中断	危机前 1 年内发生突然中断，取值"1"，否则取值"0"	BOPS
DNC	净资本流变动	净资本流相对前一季度的变动率	BOPS
CA	经常账户	经常账户余额/GDP	BOPS
GDP	GDP 增长率	实际 GDP 增长率	IFS
CPI	通胀水平	消费价格指数通胀率	IFS
PFC	政府消费支出	公共消费支出/GDP	IFS
IRS	国内外利差	东道国与英国实际利率之差	IFS
IR	国际储备	国际储备（黄金除外）/GDP	BOPS
FO	金融开放	国际资本总流量/GDP	BOPS
EXG	出口增长	出口额同比增长率	BOPS
IMG	进口增长	进口额同比增长率	BOPS
GLG	国际流动性水平	国际货币供应量（英国 M_4、美国 M_2 与日本 M_2 的总和）增长率	IFS
GG	国际经济增长	发达经济体实际经济增长率	IFS

注：BOPS 和 IFS 分别是 IMF 编制的《国际收支统计》和《国际金融统计》数据库。

为了诊断解释变量是否存在多重共线性问题，我们在表 1 - 5 报告了主要变量间的相关系数，由相关系数矩阵表可知，所有解释变量两两之间的相关系数均小于 0.5，相关性较低。

表1-5　突然中断对金融危机影响力分析的主要变量相关系数矩阵

	L.SS	DNC	CPI	CA	GDP	IRS	IR	PFC	GLG	FO	GG	EXG	IMG
L.SS	1												
DNC	-0.01	1											
CPI	0.05	-0.0008	1										
CA	-0.05	0.004	-0.02	1									
GDP	-0.33	0.002	-0.07	0.01	1								
IRS	-0.02	0.01	-0.34	0.02	0.17	1							
IR	-0.15	0.01	-0.26	0.03	0.08	0.29	1						
PFC	-0.04	0.05	-0.12	0.08	0.08	0.15	0.0005	1					
GLG	-0.05	0.01	-0.06	0.04	0.13	0.04	0.02	0.01	1				
FO	0.06	-0.01	0.13	-0.27	-0.07	-0.18	-0.32	-0.05	-0.04	1			
GG	-0.27	0.01	-0.16	0.04	0.38	0.07	0.22	0.01	0.14	-0.1	1		
EXG	-0.004	0.002	-0.01	0.26	0.02	0.02	0.01	0.07	0.03	-0.0008	0.02	1	
IMG	0.01	-0.002	0.01	-0.21	-0.02	-0.02	-0.01	-0.07	-0.04	0.0009	-0.02	-0.41	1

3. 实证结果

为考察突然中断对危机的影响，突然中断哑变量代表的是危机发生前 4 个季度内出现突然中断的情况。回归结果如表 1 - 6 所示。

表 1 - 6　突然中断对金融危机影响力分析的面板 **Probit** 模型估计结果

解释变量	系数及 t 值	解释变量	系数及 t 值
SS_{t-1}	1.581 *** [3.351]	PFC_t	- 0.0127 [- 0.654]
DNC_t	- 0.000795 * [- 1.735]	tR_t	- 0.00587 * [- 1.831]
CA_t	- 0.00223 *** [- 3.179]	GLG_t	- 0.0526 *** [- 2.251]
GDP_t	- 0.0827 *** [- 3.179]	FO_t	0.0173 *** [3.706]
EXG_t	- 0.0107 ** [- 2.523]	GG_t	- 0.116 * [- 1.871]
IMG_t	0.0137 ** [2.450]	IRS_t	- 0.0261 *** [- 2.629]
CFI_t	0.0145 1.531	截距项	- 1.849 *** [- 4.651]
样本数　1 765			
国家数　26			

注：*** 、** 、* 分别表示在1%、5%和10%统计水平上显著，表中括号内为各回归系数相应的 t 值。

由估计结果可发现，突然中断系数显著为正，说明突然中断对金融危机有显著推动作用，前 1 年内突然中断的发生增加了当期金融危机发生的概率；净资本流变动的系数显著为负，说明净资本流入下降会增大危机发生的概率①，也进一步说明突然中断对金融危机的驱动作用；经常账户指标的系数显著为负，说明经常账户盈余的增加可减

① 若净资本流变动为正数，代表净资本流相比上一期增加，反之则代表下降。

小货币贬值的压力从而降低货币危机发生的概率；GDP 增长率指标的系数显著为负，说明经济增长势头良好有利于降低危机发生概率；出口增长率指标系数显著为负，说明出口增长率的提高意味着本国产品竞争力强或国际经济环境较好，有利于本国经济发展，因而降低了危机发生概率；进口增长率指标系数显著为正，进口增长率高代表该国产品在世界市场上的竞争力下降或产业结构落后于世界市场发展，不利于金融稳定；国内外利差指标的系数显著为负，代表利差越高，吸引的外资越多，本币贬值的可能性越小，从而降低危机发生概率；国际储备指标的系数显著为负，说明国际储备越多，本币贬值的可能性越小，发生危机概率越小；金融开放指标系数显著为正，说明开放度越高，金融体系面临的风险越大；国际流动性水平和国际经济增长的系数显著为负，说明国际经济金融环境的改善有利于降低新兴市场国家发生金融危机的概率。由此可见，除了通胀水平和政府消费支出两个指标不显著以外，其他指标系数的估计结果都符合经济原理。

4. 稳健性检验

模型的稳健性主要是指当建模条件产生微小变动时，参数估计的特性基本保持不变。一般根据模型具体情况，可选择调整数据、变量或计量方法来检验模型结果的性质是否改变，本节采用替换利差变量和改用面板 Logit 模型估计的方法，检验模型的稳健性。此处用国内实际利率水平（RIR）替换国内外利差（IRS）变量，东道国实际利率的提高，在一定程度上意味着该国利率与国际金融市场利率间的利差扩大，一般而言，将吸引外汇流入，减小危机发生概率。替换变量和改变估计方法后的估计结果如表 1 – 7 所示。

表 1 – 7　　突然中断对金融危机影响力分析的稳健性检验结果

	替换变量后 Probit 模型估计结果	Logit 模型估计结果
SS_{t-1}	1. 545 *** ［3. 156］	1. 271 *** ［3. 229］

续表

	替换变量后 Probit 模型估计结果	Logit 模型估计结果
DNC_t	-0.000758^* $[-1.823]$	-0.00184^* $[-1.785]$
CFI_t	0.0123^{**} $[2.065]$	0.0244 $[1.126]$
CA_t	-0.00220^{**} $[-2.231]$	-0.00404^{**} $[-2.191]$
GDP_t	-0.0813^{***} $[-2.927]$	-0.198^{***} $[-3.331]$
IRS_t		-0.0450^{**} $[-2.060]$
IR_t	-0.00976^* $[-1.815]$	-0.00124^* $[-1.802]$
PFC_t	-0.0046 $[-0.199]$	-0.0386 $[-0.828]$
GLG_t	-0.0529^{**} $[-2.107]$	-0.129^{**} $[-2.189]$
FO_t	0.0180^{***} $[3.595]$	0.0352^{***} $[3.562]$
GG_t	-0.133^{**} $[-2.175]$	-0.233^* $[-1.697]$
EXG_t	-0.00990^{**} $[-2.090]$	-0.0203^{**} $[-2.007]$
IMG_t	0.0126^{**} $[2.021]$	0.0256^* $[1.927]$
RIR_t	-0.0363^{**} $[-2.521]$	
截距项	-2.097^{***} $[-4.146]$	-3.416^{***} $[-3.380]$
样本数	1 765	1 765
国家数	26	26

　　注：***、**、* 分别表示在1%、5%和10%统计水平上显著，表中括号内为各回归系数相应的 t 值。

由表1-7可知，替换变量和改变估计方法后，主要统计结果的符号和显著性与表1-6基本一致，说明结果比较稳健。

（三）结论

从实证分析结果可得出结论，突然中断对金融危机有显著驱动作用，此外，金融危机的发生概率与一国金融开放度和进口增长率显著正相关，与 GDP 增长率、国际储备、经常账户余额、出口增长率、国内外利差、国际经济增长和国际流动性水平显著负相关。由此可知，在一国发生突然中断时期，国内经常账户盈余、经济增长、出口增长、进口下降、国际储备增多、金融开放度降低、利率提高以及国际经济增长和流动性增多都有利于减小金融危机发生的可能性，所以多数国家的突然中断并未引发金融危机。因而，促进一国经济基本面良好、提升经常账户盈余、刺激出口、适当提高国内外利差、保持充足的国际储备和谨慎实施金融开放，有利于减少该国突然中断对经济的不利影响，降低突然中断引发金融危机的可能性。

由上文对图1-1的分析可知，金融危机期间新兴市场国家突然中断有集中发生的现象，由阿根廷的案例分析也可发现该国突然中断的发生与国际金融危机关系密切。由此可推断，金融危机反过来对突然中断也有加重和延长的影响，这主要源于金融危机的溢出效应，主要包括：一是传染效应，一国金融危机通过金融、贸易渠道传染给他国，使被传染的国家也发生货币贬值、股市大跌、经济负增长，从而引起国际资本流入规模大幅减少；二是预期效应，由于新兴经济体经济发展有许多共性和脆弱性，一旦某国发生危机，会使投资者对整个新兴市场经济预期下降、信心缺失，致使资本迅速大规模撤离。所以，突然中断对金融危机有显著驱动作用，金融危机爆发后，反过来对突然中断也有加重和延长的作用，二者交互影响，对经济和金融形成重创。

本 章 小 结

本章对国际资本流动突然中断及其分类进行界定和测度，分析新兴市场国家突然中断的事实特征、经济社会影响和典型案例，并探讨突然中断与金融危机的关系。结论如下：

第一，新兴市场国家净资本流动突然中断的发生具有普遍性、集中传染性、持续性和地域不平衡性。相对而言，流入驱动型突然中断的发生更具普遍性、持续性、时段集中性和传染性；流出驱动型突然中断表现出时段分散性和独立性；二者均存在地域不平衡性，且时常相继或相伴发生。

第二，流入驱动型、流出驱动型和混合型突然中断均引起 GDP 增长率，投资、消费和进口增长率下降。对比而言，流入驱动型突然中断使 GDP 增长率波动大、降幅大、降速快，且出现负增长；促使本币币值大跌，且呈现强波动性；对投资和消费的负面影响更大。综合来看，流入驱动型突然中断对经济活动和汇率的负面影响更大，持续时间更长。

第三，阿根廷的流入驱动型和流出驱动型突然中断是国内外经济金融环境共同作用的结果，对其经济造成显著负面影响。由阿根廷的典型案例，可推断一国国内经济低增长、高通胀水平、政治不稳定、过度和过快的经济金融开放、高外债负担、大额财政赤字、不合理的汇率制度和低效的政府政策以及国际金融市场动荡和投资者恐慌是突然中断的重要驱动因素。菲律宾国际资本流动突然中断的频发，与其国内经济政治环境密切相关，同时，亦受到国际金融危机的巨大影响。从中可以看出，突然中断与金融危机的关系密切，相互影响。

第四，突然中断对金融危机有显著驱动作用，金融危机爆发后，反过来对突然中断也有加重和延长的作用，二者交互影响，对经济和金融形成重创。在一国发生突然中断时期，国内经常账户盈余、经济增长、出口增长、进口下降、国际储备增多、金融开放度降低、利率提高以及国际经济增长和流动性增多都有利于减小金融危机发生的可能性，所以，促进一国经济基本面良好、提升经常账户盈余、刺激出口、适当提高国内外利差、保持充足的国际储备和谨慎实施金融开放，有利于降低该国突然中断对经济的负面影响，减小金融危机发生的可能性。

第二章

新兴市场国家国际资本流动
突然中断的形成机理

金融市场不完全性是有关文献研究中用来解释突然中断的重要因素，其中金融摩擦是众多突然中断模型的中心元素（Arellano & Mendoza，2002）。学者们主要强调两类摩擦：一类是信用约束，即限制新兴经济体运用国内资产进行杠杆化举借外债的能力；另一类是资产交易成本，由信息不对称带来的影响国内外投资者交易的成本。本章首先基于金融经济学理论和债务—通缩理论，分析信用约束下净资本流动突然中断的形成机理，然后基于信息经济学理论，分析信息不对称下总资本流突然中断的形成机理，并将其置于包含信息不对称和总资本流的模型框架下进行分析。

第一节　信用约束下净资本流动
突然中断的形成机理

分析突然中断形成机理的宏观经济模型，从开放经济的均衡经济周期模型到动态随机一般均衡模型，大多强调不完全金融市场中的信用约束触发突然中断发生机制的中心作用，且都是基于传统的净资本流的考虑。本节基于金融经济学理论和债务—通缩理论，分析信用约束下净资本流动突然中断的形成机理。

一、不完全金融市场的信用约束

金融市场不完全引致金融摩擦，金融摩擦又导致信用约束广泛存在，由此形成突然中断作为经济外生冲击的内生反应的背景环境。

（一）不完全金融市场的金融摩擦

金融摩擦（financial friction）本质上是由金融市场不完全导致的代理成本引起的。金融经济学原理中指出，完全金融市场和不完全金融市场是金融市场的两种形式。埃奇沃思（Edgrworth）认为，任何边际价值不同的物品交易都可以从交换中产生利润，而市场会产生一种通过分散化的财产来获取这种利润的机制。如果现存的所有物品都可以完全方便地进入市场，那么这种市场就是完全的，反之就是不完全的。① 在金融市场上，如果既没有充足的合约，又没有完全的参与和完全的信息，那么金融市场就是不完全的。不完全金融市场的均衡不是帕累托最优的，是存在缺陷的市场，由此产生金融摩擦。

金融摩擦主要是指由于金融市场缺陷导致资本不能有效配置。金融摩擦使金融市场的参与主体根据自己对收益和风险的权衡做出反应，导致资本运动的传导和分配机制不同于完全市场，妨碍资本流向最有效率的企业。由于不完全信息的存在，投融资双方"委托—代理问题"产生金融摩擦，代理成本随投融资风险呈现周期性变化，表现为外部融资升水波动。这些摩擦与其他经济变量相互作用达成一个环境，使突然中断成为经济外生冲击的内生反应。

---

① 陈铭仁：《不完全金融市场中的信息创造及其效应分析》，复旦大学博士学位论文，2006 年 3 月。

(二) 金融摩擦下的信用约束

金融摩擦事实上导致了信用约束（credit constraints）的广泛存在。在不完全信贷市场上，金融摩擦导致逆向选择和道德风险潜伏于借贷行为当中。借贷关系发生之初，贷款人只能根据借款人提供的报表等材料辨别风险，当贷款人提高利率使利率处于较高水平时，最愿意签订借款合同的却是那些违约风险较高的借款人，风险较低的借款人由于其项目的收益也低，所以不愿承担较高的利息成本而退出信贷市场，即出现逆向选择。信贷发生之后，借款人可能改变投资方向，从事高风险高收益的项目，即出现道德风险。债务人可能愿意还债但是却没有能力还债。贷款人为了弥补这种违约风险暴露，会对借款人实施一定的信用约束（即借款条件，如以抵押品或流动性要求的形式），或者选择承担监督成本以评估借款人的还款能力。在这样的环境下，受风险厌恶和预防性储蓄的影响，国内经济主体将优化他们的储蓄和投资组合分配方案。

在国际金融市场上，国际资本的输出国为输入国提供信用，为防范道德风险和逆向选择，将施加一定的信用约束。信用约束最主要的形式是抵押品约束，根据抵押资产规模、风险类型和抵押品价值，将债务人分为不同借款能力等级，据此进行信用配给。抵押品约束通过限制总债务（包括流动资金贷款）不超过抵押资产市场价值的一部分或企业资产价值的一部分的方式，对一个经济体的杠杆率[①]施加上限。抵押品约束能发挥保证机制和信号甄别机制。保证金约束是一种以保证金要求形式存在的抵押约束。流动性约束亦可看成特殊形式的抵押品约束，其要求借款人融入的当期债务只能是当期收入的一部分，这是信贷市场广泛应用的筛选借款人的一个标准。

---

① 杠杆率最常用的界定方式是资产负债杠杆，即用总资产除以权益资本来衡量，而权益资本相当于总资产减去总负债，所以一般而言，杠杆率和负债率正相关，负债率越大则杠杆倍数越大。

部分基于抵押品约束的突然中断模型中强调的约束类似于著名的 KM 约束。清泷和摩尔（Kiyotaki & Moore，1997）的文献是对抵押品约束较经典的研究。他们假设借款人面临 KM 信用约束，信用约束的松紧取决于其抵押资产价值的大小。在他们的模型中，借款人必须以不动产作为抵押品向银行家借贷。当经济遭遇负向冲击，可能使抵押品约束收紧，从而造成房地产价格的剧烈反应。在设置类似 KM 约束的突然中断模型中，一国经济主体的外国债务被限制不超过资本存量从当期到未来价值的贴现清算价值。伊斯基耶多（2000）和爱迪生、朗格拉姆和米勒（Edison，Luangaram & Miller，2000）针对墨西哥和亚洲金融危机的大量事实，运用 KM 约束来解释信贷市场摩擦对这些事实的推动作用。他们发现信用约束经济在金融冲击下的反应，如汇率下跌，将大大增强这些冲击的实际影响，并导致系统性金融崩溃。

二、信用约束下净资本流动突然中断的形成

当一国产出、国内政策变量或世界实际利率受到冲击，会使信用约束发生内源性收紧，通过内源性融资溢价和债务—通缩渠道，推动形成突然中断。

（一）信用约束下突然中断的传导形成机理

国际资本流动突然中断是经济周期中的稀少事件，识别它的一个重要标准是一国国际资本流动显著低于均值水平。关于新兴市场危机文献研究的核心共性特征就是，将突然中断描述为大规模经常账户和资本流入的逆转、经济衰退以及资产价格下降（Mendoza & Smith，2002；Mendoza，2005）。其中，广泛强调的与突然中断关系密切的现象就是经常账户逆转，即短时间内经常账户赤字的大规模下降。卡尔沃（1998）用会计等式表明，在物物交换经济中，若不考虑净误差与遗漏项目，则资本项下净流入与经常账户赤字相等，因此突然中断

意味着经常账户赤字的缩减。爱德华兹（2004）实证分析过往 30 年全球经常项目数据，发现主要的经常账户赤字逆转都与突然中断有关。爱德华兹（2007）分析发现突然中断和经常账户逆转常常同步发生，因为经常账户赤字总是依赖资本流入来融资，所以突然中断导致经常账户逆转。因而，许多学者结合与突然中断相伴生的经济现象，从广义上界定突然中断。卡尔沃（1998）用三个关键特征定义突然中断：资本流入和经常账户赤字突然大幅逆转，国内产出和吸收大幅向下调整，资产价格和非贸易品对贸易品的相对价格下降。哈奇森和诺伊（2006）将资本流动突然中断定义为同时发生了货币危机和资本项目逆转，货币危机是指一国货币压力指数变动超过其均值两个标准差，并且变动幅度超过均值的 5%；资本项目逆转是指年经常项目盈余的增加超过 GDP 的 3% 以上。本书参照卡尔沃（1998）的方式，将广义净资本流动突然中断界定为资本净流入与经常账户大幅逆转，资产价格下降以及产出和消费下滑的现象。

接下来我们探讨信用约束下广义净资本流动突然中断的形成机理。金融摩擦驱动内生性的信用约束，这种约束根据一定状态变化而收紧或放松。一国产出、政策变量或世界利率等经济金融因素受到冲击，会使信用约束发生内源性收紧，突然中断则发生于这样的过程中。形成突然中断的传导机制如下：

1. 经济冲击促使信用约束收紧

当经济体处于一个高度负债状态，由于世界信贷市场外源性条件意外和连续性的变化，或者一个负面外生冲击将触发信用约束收紧。麦金农（Mckinnon，1998）认为新兴市场国家国内银行的道德风险促使其从国际市场过度借贷，这增加了本国金融系统的脆弱性，一旦遭遇负面冲击，容易引发资本流动逆转，甚至银行系统的崩溃和经济衰退。信用约束一般容易在经济主体高度负债情况下收紧，特别是经济体的杠杆率、私人债务—权益比率和/或营运资本融资占总产出扣除劳动力成本的比率，这些比率比较高时才会使信用约束收紧。因为国际债务合同以贸易商品单位来签署，但债务的一部分以非贸易部门的收入为担保，债务美元化（即新兴经济体的外债通常以美元和少量其他硬通货为计算单位）是信用约束影响实体经济的传导机制的基本特征。不利的实体冲击或政策冲击导致产出或非贸易品相对价格急剧下滑，同时实际汇率下跌，通过减少国内资产对国际负债的相对价值，由此促使高外债国的信用约束收紧，从而导致对外金融的剧烈和突然调整。托马斯·赫尼（2000）曾指出杠杆（即用负债来累积资本量的能力）是一把双刃剑，信贷对于经济的增长必不可少，但当资本不足以支持债务时，其必然结果就是国家财富的崩溃和损失。①20世纪90年代具有高水平外债并发生货币危机的国家，通常遭遇了大规模实际汇率超调（汇率跌到长期均衡水平以下）和产出大幅收缩，其中的关键因素是保证金约束。这种约束只会在杠杆率足够高的情况下收紧，而这些高杠杆状态是经济周期的内生性结果。宏观经济总量常因某些外生因素（如全要素生产率、利率和进口输入价格）遭到冲击而导致波动，当存在信用约束时，这种波动会呈现显著的放大效应。

2. 逐步收紧的信用约束引发资产价格通缩

信用约束收紧，如保证金追加要求，通过直接和间接影响使新兴经济体抵押资产的价格降低以及通过外部融资升水的形式影响债务借款成本。直接影响是通过国内经济主体为了顺应追加保证金要求而贱卖资产来实现。这些保证金要求迫使国内经济主体将资产贱卖给外国交易者，仓促地调整他们的资产头寸至低于没有保证金约束的最优水平。由于外国交易者面临交易成本（这些成本反映了他们在小型开放经济中交易金融资产的制度或信息摩擦），对资产不具有无限弹性需求，所以这些外国交易者将缓慢调整他们的投资组合。作为结果，均衡资产价格下降，货币更进一步贬值、股价下跌。这种贱卖具有显

---

① 托马斯·赫尼：《杠杆———一把经济的双刃剑》，载于《银行家》，2010年第7期。

著的负面财富效应，对长期消费和福利具有不利影响。由于现在或未来保证金追加要求中的消费平滑①能力降低，保证金追加要求的间接影响则通过消费的大幅波动以及消费与资产回报之间的负相关来实现。资产价格下降将触发新一轮的追加保证金要求，当国内经济主体为了满足不断收紧的保证金要求而进一步贱卖资产，则会激发费雪的资产价格通缩。

3. 资产价格通缩触发突然中断

资产价格的下降使约束进一步收紧，并导致信贷、资产价格和投资螺旋式收缩，消费下滑和外部账户波动。此外，收紧的信用约束阻碍了营运资本的获取，导致同期产出和要素配置下降。如果国内经济非高度杠杆型（也就是说，如果负债—权益比率较低），则资产价格通缩和大规模投资组合重置不会过于严重地损害国内经济主体的消费平滑能力。相反，如果外债比率相对较高，较小的资产价格下降和投资组合改变，都会使新兴经济遭受消费萎缩和经常账户赤字的大规模逆转。如果资产贱卖不足以阻止所有净国外资产的大规模调整，追加保证金要求将导致资本流入和经常账户的突然逆转以及私人消费的骤降，由此发生突然中断。在这样的经济中，即使商品和要素市场是竞争性的，价格具有完全弹性，并且均衡状态是唯一的，仍然会出现突然中断和汇率大幅波动。

简而言之，在一个存在信用约束的经济体，当负债比率足够高时，一个外生冲击将导致信用约束不断收紧，资产价格在费雪的债务—通缩机制作用下下降，经济主体做出不对称的放大反应，资产价格下降伴随消费萎缩、资本净流入和经常账户逆转，由此形成突然中断。新兴市场国家的不够成熟和完善且时常处于高额负债状态，这在

---

① 莫迪利亚尼及弗里德曼提出的生命周期—持久收入假说认为，个体会将其一生的财富资源均等地在生命中每一期进行分配，即个体的消费由其一生的劳动收入和初始财富决定。这意味着个体可通过信贷市场的借贷实现跨时期和跨状态的平滑消费，面对外部经济冲击时，个体会用各种方式来平滑消费以降低风险。

经济发展的初级阶段极易发生突然中断，即使世界资本市场没有遭遇系统性冲击。

（二）债务—通缩机制在突然中断形成中的重要作用

债务—通缩机制是经济周期中形成突然中断的重要传导机制，费雪的债务—通缩理论可对其进行解释。针对 20 世纪 30 年代资本主义世界空前严重的经济危机，费雪（Fisher, I., 1933）提出著名的债务通缩理论①（Debt – Deflation Theory），认为债务的杠杆效应或放大效应，使宏观经济出现剧烈波动并最终发生危机。企业的过度负债和之后的债务泡沫破灭，催生了经济的周期性运动。当经济体债务累积到一定规模，形成的债务"泡沫"将破灭，其过程如下：债务人面临债务清算，为清偿债务而压低抛售，还清银行贷款使货币供应量紧缩，物价下跌进入通货紧缩，企业利润水平下降因而减少投资，失业率上升，家庭消费萎缩，经济主体窖藏货币，进一步引起货币流通速度和资产价格下降，企业净值大跌甚至倒闭破产，产出、贸易和就业收缩，经济主体悲观心理加重。严重时，将发生大规模破产，经济整体信心崩溃，并陷入恶性循环。这就是债务通缩过程。

信用约束下的债务—通缩为突然中断的形成机制描绘了三个重要元素：

（1）信用约束偶尔收紧，并且会在杠杆率比较高时收紧。当这个情况出现，经济发生突然中断以做出对外生冲击的反应。如果信用约束没有收紧，经济会呈现常规化的经济周期现象。

（2）信贷市场准入障碍是内生的。特别是一系列外生冲击后信用约束收紧达到的高杠杆率，使经济内生的周期性动力与足够高的杠杆率相关联。从新兴经济体的现实可观察到，这些高杠杆状态之前都有经济扩张。但是，突然中断从长期来看发生概率较低，因为经济主

---

① 黄俊立等：《国外通货紧缩理论研究述评》，载于《经济学动态》，2000 年第 2 期。

体积累了预防性储蓄来减小消费大幅下降的可能性。因此，突然中断是潜伏在典型经济周期中的稀少事件。

（3）突然中断由两条"信贷渠道"效应引发，它们使外生冲击的影响放大、不对称且持久。其一是一种内源性融资溢价，它会影响债务、流动资金贷款和股权回报，因为当信用约束收紧时，借款的实际成本上升。其二是债务—通缩途径，当信用约束收紧，经济主体清算资本以顺应保证金追加要求。这种资产贱卖降低了资本价格，并进一步收紧约束，引起资产价格的螺旋式下滑。作为结果，消费、投资和贸易赤字同时发生逆转，作为对初始投资下降的反应，产出和要素分配都下跌。此外，营运资本的获取受限，同时也减少了同期产出和要素需求。

一个经济体在稳定的国内政策和竞争、开放的市场环境下，很可能有杠杆率攀升至高点的情况，这时，一个相对较小的国外或国内冲击可能引发突然中断。所以，减少突然中断发生几率的关键是促进金融发展水平的提升，减少信用约束背后的契约摩擦。此外，保持充足的外汇储备也是降低突然中断发生概率的有效途径。

第二节　信息不对称下总资本流动 突然中断的形成机理

虽然净资本流动是个重要概念，但我们生活在一个有大量双向总资本流动的世界，净资本流动由总资本流入和流出的力量对比来决定，所以从总资本流动角度下分析突然中断的形成机理更具针对性和准确性。由第一章内容可知，总资本流动角度下的突然中断可分为流入驱动型、流出驱动型和混合型突然中断，因此本书将这三种类型突然中断统称为总资本流动突然中断。国际资本流动的具体形式主要包括国际直接投资、国际证券投资和其他投资资本流动。国际总流动资本的结构不同，则波动性也会不同，一般认为证券投资和其他投资中的国际信贷波动性较大，容易给一国金融体系带来风险，而直接投资相对稳定。所以，本节从国际证券投资者和国际借贷双方信息不对称角度出发，探讨总资本流动突然中断的形成机理。

一、微观信息经济学的相关理论

信息经济学有两大分支：宏观和微观信息经济学。宏观信息经济学着眼于整个国民经济，主要研究信息产业、信息经济和宏观信息市场问题。微观信息经济学起源于 20 世纪 50 年代，以个别市场主体为基本分析单位，主要研究信息形式、最优信息经济实现、信息资源配置和微观信息市场问题。国际资本流动突然中断无疑是国内外投资者微观投资活动的结果，而投资者在各类市场信息的综合"指导"下制定投资决策，因此研究市场信息对经济行为的影响及后果的微观信息经济学是分析国际资本流动突然中断的重要理论之一。

（一）信息形式理论

阿罗（Arrow，1957）指出，信息本质上是经济主体掌握知识与经济环境的时间状态之间概率性建构的知识差，即主客观之间的差异；由于经济行为过程中存在连续时间、计算时间和累积时间三种时间状态，因而相应有连续信息、计算信息和累积信息三种信息类型。[①] 连续信息是与下一时期的决策密切相关的当期现状信息；计算信息是在计算过程中获取的可据以修正错误的反馈信息；累积信息是不断积累和增长的信息，随着信息量的增大，估计不确定性的效能不断提高。

以上三种信息类型是根据时间对信息的分类，当经济主体出现在

---

① 高红阳：《不对称信息经济学研究现状述评》，载于《当代经济研究》，2005 年第 10 期。

一定的经济环境下，按照不同分类标准又有不同的表现形式：①公共信息和私人信息。公共信息是指所有市场参与者都能自由获取的信息；私人信息是指单个市场参与者自己独自掌握，而其他参与者不知道的信息。公共信息和私人信息都是市场交易活动必备的信息，若只有前者，市场将没有交易；若只有后者，市场将无法交易。在某个时点，若某经济主体的私人信息优于公共信息，则他具备信息优势，反之，则处于信息劣势。②完全信息和不完全信息。完全信息是指市场参与者掌握关于市场环境的所有知识；不完全信息是指市场参与者对于某种经济环境状态的局部知识，或有关某个经济事件的部分知识。确定的经济环境表明环境中的信息是完全的，而风险和不确定环境意味着环境中的信息是不完全的，经济主体具有承担风险的可能。③对称信息和不对称信息。对称信息是指经济参与者同等拥有彼此的信息；不对称信息是指某些参与者掌握而另一些参与者不掌握的信息。不对称信息条件下市场参与者的行为和经济关系是微观信息经济学研究的核心内容之一，拥有较充分信息的市场参与者一般处于比较有利的地位。

（二）信息不对称理论

20 世纪 70 年代，约瑟夫·斯蒂格利茨（Joseph E. Stiglitz）、乔治·阿克尔洛夫（George Akerlof）和迈克尔·斯宾塞（A. Michael spence）等知名经济学家从经济实践中发现，市场参与者拥有的信息不但不充分，而且信息分布不均匀、不对称，由此提出信息不对称理论。信息不对称理论是指在市场经济活动中，各类经济主体对有关信息的了解存在差异；掌握充分信息的一方处于优势地位，而信息缺乏的一方处于劣势地位。交易主体都知道各自在信息占有方面的优、劣势，掌握丰富信息的一方可以通过向信息缺乏的一方传递可靠信息而获益，市场信号在某种程度上可弥补信息不对称问题。

在金融市场的交易中，信息不对称及其导致的逆向选择尤为突出。这主要归因于金融商品不同于普通商品的本质特殊性。普通商品的质量信息客观存在并且固化，买方根据使用价值来衡量效用大小。而金融交易的本质是资金跨时间跨空间的配置，交易标的以及交易契约涉及未来时间的事项，信息不对称是金融交易的风险来源之一。更重要的是，金融商品本身的信息属性，是与未来预期相关的信息。这些特殊性质，使得金融市场中的缺陷问题更显严重。阿克尔洛夫（1970）的"柠檬市场"分析可帮助理解金融市场的缺陷性思想，他指出，交易过程中买卖双方的信息不对称，会导致市场不再具有完全信息条件下的正常功能，甚至可能使市场功能崩溃。

（三）市场信号理论

不对称信息环境下市场参与者的经济关系是一种委托—代理关系，在这种关系中，有两种由信息不对称引起的市场失灵典型形式，即逆向选择和道德风险。事前信息不对称产生逆向选择，逆向选择是由于信息不对称造成市场资源配置扭曲的现象。事后信息不对称产生道德风险，道德风险是当签约一方不完全承担风险后果时所采取的自身效用最大化的自私行为。市场参与者为了减缓逆向选择和道德风险的负面效应，会大量获取或施放市场信号。市场信号表现为一种概率分布或一项具体行动，经济主体可以通过观察信号来补偿和完善现有信息，降低经济决策的不确定性。市场信号的范畴非常广泛，市场上可搜集到的各类信息都可能属于信号的内容。

1. 信号传递

迈克尔·斯宾塞（A. Michael Spence）于1973年建立信号传递模型[①]，研究了将教育水平作为"信号传递"的手段在劳动力市场上的作用。高水平劳动者接受高等教育并获取高学历，以此向雇主传递关于自身能力的信号，因而雇主可据此做出选择，从而缓解劳动力市场

---

① Michael, S. Job market signaling. *Quarterly Journal of Economics*, 1973, 87 (3)：355 – 374.

上的信息不对称。所以，信号传递就是指市场中具有信息优势的个体通过一些可观察的行为将信息传达给处于信息劣势的个体，以实现有效率的市场均衡。

２. 信号甄别

罗斯柴尔德（M. Rothschild）和斯蒂格利茨（Joseph E. Stiglitz）于 1976 年建立信号甄别模型①，研究保险市场的私有信息问题。为了缓解保险市场上被保险人和保险公司之间的信息不对称，保险公司将不同额度的保费和免赔额进行匹配组合形成不同类型的保险合同，根据投保人对保险合同的选择来甄别投保人风险状况信息，从而在一定程度上规避保险过程中的逆向选择。所以，信号甄别就是市场交易中处于信息劣势的一方为了减弱不对称信息对自己的不利影响，通过一定的合同安排或交易方式将真实信息筛选出来，以实现有效率的市场均衡。

信号传递与信号甄别的区别在于：若要产生分离均衡，在信号传递模型中，同一信号对不同发送者必须产生不同的交易成本；而在信息甄别模型中，甄别者（处于信息劣势的一方）所提出的同一交易合同对不同的被甄别者必须有不同的收益（效用）。此外，在信号传递机制中，具有信息优势的一方先行动；而在信息甄别机制中，处于信息劣势的一方先行动。

二、国际借贷市场信息不对称下总资本流动突然中断的形成

卡明斯基（1999）指出传统的债务模型无法解释一国对外借款和国内外投资同时发生的现象，而信息不对称模型可以解释。国际借贷是国际资本流动的一种主要形式。由于国际借贷主体双方的信息不

---

① Rothschild, M., Stiglitz, J. Equilibrium in competitive insurance markets: an essay on the economics of imperfect information. *Quarterly Journal of Economics*, 1976, 90 (4): 629 - 649.

对称，一国的财富水平、债务额度与投资积极性呈现出密切相关性，加之信息不对称程度的国别差异反映出资本市场效率的差异，促使资本从新兴市场国家流向发达国家。

（一）信息不对称下财富、债务与投资的关系

随着科技进步与经济发展，一国企业或政府需要的资本常常超过本国国内筹措资金的能力，需要在国际资本市场上融资，利用外国资本服务于本国经济增长，对于发展中国家来说尤其如此，这是引起国际间债务资本流动的原因之一。此外，国际短期债权资本的趋利性也促成了借贷资本国际流动。对于微观经济主体来说，他的初始财富可用来进行有风险的投资活动，或者以世界无风险利率水平贷放出去。一般认为，较大的投资额会提高投资项目获得高水平产出的概率，减小投资的边际期望回报。如果一个经济主体想要投入超过他初始财富的投资额，那么他必须从世界资本市场筹集资金，并提供给贷款人市场利率水平的回报。

然而，在国际借贷市场上，贷款人和借款人之间存在着信息不对称。贷款人可观察到借款人的财富水平和他的借款总金额，可验证自己直接资助的投资项目的利润，但是不能验证借款人积累的其他利润。借款人如何运用资金，是他的私人信息。投资是不可观测的，借款人可能将借入资金不仅投资于风险项目，还贷放给他人。那么，借款人资金分配信息的隐私化容易产生道德风险问题。

如果没有信息不对称，个体将持续投资直到项目边际期望回报等于世界利率的状态。然而，在信息不对称下，通常无法实现最佳配置，因为借款人的投资选择是不可验证的。对于第三方（比如法庭）来说，强制实施一个投资限定型合同并验证投资是很困难的。在发展中国家，由于法制系统发展不够完善，这个问题可能尤其突出。合同只能以实现回报为条件，而不是投入。考虑到合同约定的支付给贷款人的回报，借款人会选择一个使他的期望消费最大化的投资额（因

为经济主体的效用主要由消费决定）。那么他将使投资边际期望收益等于他（秘密）持有海外资产的机会成本。如果借款人承诺贷款人不论什么状态都支付一个固定报酬，那么他将投资于最优数量。但是，也可能出现项目失败状态，产出为零。借款人投资的边际收益不仅仅依赖于期望产出的边际收益，还依赖于他对贷款人的期望债务的变化。[①] 所以借款人付给贷款人的报酬应该是依赖项目状态的，项目成功状态下付给贷款人的报酬高于失败状态下的报酬，若两者的差距拉开，会降低借款人投资的边际期望收益，则投资下降。因此信息约束情况下的投资必然小于它的最优值，那么事后人均产出必然低于它的最优值。由此可知，人均投资和人均产出在一定程度上依赖于人均财富。当信息问题呈现出来时，增加借款人资本净值可刺激投资，这个结论已经非常普遍（见 Bernanke & Gertler，1989；实证支撑见 Fazzari，Hubbard & Petersen，1988）。

在一国政府有外国债务的情况下，政府通常需要通过对企业征税的方式来筹集需归还的债务，由此企业家的债务包括了对私人贷款者和对政府两个方面的支付。在信息不对称情况下，税收的引入减少了企业家财富，但是，税收并不影响贷款人必须接受竞争性回报的约束。所以政府外国债务的上升，一方面通过减少企业家收入，降低其投资积极性；另一方面通过降低企业家的可抵押财富而排挤投资。这种债务积压诱发的变形最终根源于信息结构，而不是税种的约束。更进一步，如果一国政府的外国债务足够大，私人借款人可能会被完全排斥在国际信贷市场之外，因此会使借款人的投资额减少。

（二）信息不对称下新兴市场国家突然中断的形成

从上文基于信息不对称的贷款人和借款人之间的激励问题可发

---

① 莫迪利亚尼和米勒（Modigliani & Miller，1958）研究提出 M－M 定理，指出在完全市场中（不存在市场摩擦和信息不对称），公司的价值与公司的负债比率无关。但是，米勒—莫迪利亚尼的这一理论在信息不对称下失效，原因就是投资决策依赖于合同报酬的结构。

现，在微观层面上，借款人的资本净值成为投融资成本的关键决定因素；在宏观层面上，国家财富和投资之间呈正相关关系。因此，即使世界资本市场完美结合在一起，资本边际产出和世界无风险利率间的差距在不同国家有所不同，在越贫穷的国家会越大。在工业化国家，这个差距趋向于 2% ~ 3%，名义上与非通胀的新兴市场国家相同，但新兴市场国家的借款人和存款人面临更高的交易成本，所以实际差距更大。在有通胀的新兴市场国家，差距常常超过 10%。[1] 显然，资本边际产出和世界无风险利率差距的国别差异不仅仅源于代理成本的差异，也依赖于税收和银行监管治理等因素。国内资本市场不完善是内生决定的，取决于一国财富，财富转移对资本市场效率并由此对资本流动产生影响。资本市场效率对经济增长很重要，一国财富的增加倾向于缓和贷款中的代理问题，增强资本市场效率并由此进一步促进增长。在一个开放经济下，这种关系被放大成为资本市场更有效率的国家从外国吸引资金。

　　对比发达国家和新兴市场国家而言，由于新兴市场国家执行财产权的法制体系、财务体系和银行资本监控都欠完善，新兴市场国家的信息不对称比发达国家更严重。由于新兴市场国家人均财富水平低于发达国家，且因经济发展需要对发达国家有未偿债务，所以，在信息不对称情况下，随着财富差距的拉大和债务水平的升高，新兴市场国家投资水平将越来越低于发达国家投资水平。在一般情况下，世界投资格局依赖于一国相对他国贷款的代理成本，进而依赖于国家间企业家的净资产头寸的差异。若新兴市场国家对发达国家的债务额上升，则发达国家投资上升而新兴市场国家投资下降。财富转移降低了在发达国家融资的代理成本，在新兴市场国家则会提高，诱导投资基金从新兴市场国家流出。尽管我们集中分析了债务变化的影响，但是任何在国家之间重新分配的因素（例如，一个贸易冲击条款）都具有类

---

　　① Gertler, M. Togoff, K. North-south lending and endogenous domstic capital market inefficiencies. *Journal of Monetary Economics*, 1990, 26 (2): 245 –266.

似效果。即使发达国家财富的单边增长，也能阻碍新兴市场国家投资，因为新兴市场国家财富保持不变。

综上所述，资本外流可被解释为对贷款人和借款人之间信息不对称的一种理性反应。信息不对称及其程度上的国别差异是资本从新兴市场国家流向发达国家的一个根源。由国际借贷模式的标准理论可知，资本匮乏的国家可以通过使国内金融市场自由化而引进资本。但是，相对完美信息基准，在不对称信息下，伴随发达国家财富的增加和资本市场有效性的提高，投资资本将从新兴市场国家抽离，流向发达国家，达到一定程度时则引发总资本流动突然中断。

三、国际证券市场信息不对称下总资本流动突然中断的形成

如前所述，流入驱动型突然中断表现为外资总流入规模的大量减少，主要由境外投资者的投资行为引起；流出驱动型突然中断表现为内资总流出规模大幅增加，主要由本国投资者的投资行为引起；混合型突然中断由国内外投资者的投资行为共同引起，主导因素不明确。从微观角度来看，突然中断本质上是投资者交易活动的结果，而信息是指导投资者改变投资决策的重要依据。接下来我们基于国际和国内证券投资者之间的信息禀赋差异，着重分析信息不对称对国际证券投资组合资本流动的影响，进而形成总资本流动突然中断的机理。

（一）国内外投资者之间的信息不对称性

由信息不对称理论可知，市场中各类经济主体对有关信息的了解是有差异的，这一观点同样适用于国际市场，境外投资者和本国投资者之间存在信息不对称。即使当今的通信技术发展到使国家间通信成为即时通信，但地理位置及所在国仍然对不同国家投资回报的信息获取产生影响。罗（Low，1992）、格里格（Gehrig，1993）、康和斯图尔兹（Kang & Stulz，1994）的模型研究表明，国内和国外投资者之

间的信息不对称导致了本土偏好。考瓦尔和莫斯考维兹（Coval & Moskowitz，1996）发现即使是美国国内共同基金的投资组合都是有地域偏好的，偏向于本土资产。距离问题因语言和沟通无障碍而变小，有关国内经济的信息可以通过日常阅读本地报纸和常规经济活动获取，成本低到近乎于零，但关于外国经济的信息则需要花较大的力气通过订阅外国报纸、进行翻译等形式获取。毫无疑问，个人投资者的信息不对称存在于绝大多数的国与国之间。即使对国际投资的机构投资者如金融机构、养老基金而言，信息不对称也存在，只是相对弱化一些。与信息不对称假说一致，舒克拉和英维根（Shukla & Inwegen，1995）报告声称在美国，外国人管理的共同基金被国内基金超越，至少有一部分业绩差距可归因于外国基金在市场时间选择上的劣势。舍勒等（Shiller et al.，1996）提供强有力的证据证明不同国家对某一市场回报的预期大相径庭，通过分析大量日本金融机构和美国机构投资者的调查数据，他们发现：日本人对日本市场的短期预期较美国市场表现更为乐观。在一年范围内，日本投资者和美国投资者之间就日本市场的预期总是有 20 个百分点的差距。[①] 虽然这些不是信息精度差异的直接证据，但它表明地理位置的差异对投资回报信息的获取有影响。

境外投资者和本国投资者之间存在信息不对称表现为本国投资者比境外投资者更好地了解国内市场的回报率。这种信息优势是随时间推移不断地优先获取国内经济信息而逐步积累起来的。市场上的信息可分为公共信息和私人信息，投资者们通过观察公共信息信号和私人信息信号来分别获取。康和斯图尔兹（1994）提出实证证据表明境外投资者对日本股票的投资主要集中在最大的公司，这是因为境外投资者对小公司掌握的信息比国内投资者要少。弗兰科尔和施穆科尔

---

① Shiller, R. J., Kon - Ya, F., Tsutsui, T. Why did the Nikkei crash? Expanding the scope of expectations data collection. *Review of Economics and Statistics*, 1996, 78 (1): 156 - 164.

（Frankel & Schmukler，1996）通过比较墨西哥国家基金面向美国投资者和面向国内投资者的价格（净资产价值的价格），发现二者长期存在差异，净资产价值引导了价格的变动。这一现象源于美国投资者的信息劣势地位，使他们在收益不确定性的影响下，不愿支付高价。新兴市场国家的金融市场普遍欠成熟，信息披露机制不够完善，信息的可靠度和透明度不够高，即使发达国家投资者具有先进的信息加工和处理能力，也缺乏发挥这些能力的信息基础条件，加之囿于文化和地域差异等因素，使境外投资者反而成了相对国内投资者而言的信息劣势方。

（二）信息不对称下投资者决策与突然中断的形成

外国和本国投资者基于他们过往得到的私人信息信号、公共信息信号以及他们能从市场价格中收集到的他人获取的私人信号信息，来决定自己在东道国证券市场的投资组合。每一个经济主体根据他的风险态度以及私人信号的精确度来调整他对价格的反应。信息不够灵通的投资者（如境外投资者）比信息灵通的投资者（如本国投资者）更频繁地修订他们的资产配置方案，更倾向于持有高流动性的组合证券资产，这意味着在国内市场上境外投资者交易的换手率高于本国投资者。以韩国为例，在股市换手率在未对外开放前基本处于 70% 以下，从 1992 年开始逐步对境外投资者开放，换手率则逐年上升，1997～1999 年分别为 137.2%、273.6% 和 466.9%。[①] 这种活跃度在一定程度上说明了境外投资者由于信息不对称而出现的投资短期化特点，通过频繁进出来套取价差收益。

一般而言，如果公共信号传达的是关于国内市场投资组合收益的利好消息，境外投资者会比信息灵通的本国投资者更迅速的加大他们对预期收益的估计值，作为结果，价格将升高以使市场出清，信息不

---

① 李晓峰等：《从信息不对称角度看境外机构投资者可能带来的负面影响》，载于《经济评论》，2005 年第 3 期。

灵通的境外投资者从本国投资者那里购买更多的东道国市场投资组合；如果信息利空并且价格下跌，则情况相反。所以境外投资者在东道国市场表现为趋势追随者，在指数上升的期间购买，指数下跌时抛售；他们的投资组合购买行为倾向于与该国市场指数当期回报正相关。这也反映了境外投资者的"正反馈"交易策略易产生"羊群效应"，加大本国证券市场的波动性。金和韦（Kim & Wei，2002）通过研究韩国 1996 ~ 1998 年的境外机构投资者行为，发现他们倾向于采取"正反馈"交易策略，"从众"行为明显。陈和门克维德（Chan & Menkveld，2008）通过研究中国股票市场上 B 股折价问题，发现面向国内投资者的 A 股价格引导着主要面向国外投资者的 B 股价格的变动。这意味着，国际投资活动在国际牛市时将有更多分散投资，在国际熊市时将有更多的本土偏好。

相对而言，境外投资者对国际市场信息的了解更全面，因而他们对国际市场上的风吹草动反应灵敏，当国际市场发生动荡，他们会为了避险而迅速撤离资本，由此也造成危机的传染效应。卡明斯基等（2004）分析发现，1997 年亚洲金融危机的爆发，许多共同基金不仅仅缩减了在东南亚各国的投资，还减持了拉美和东欧国家的资产，这种现象在 1998 年俄罗斯金融危机中更加明显，因此认为危机的传染与共同基金的行为有关。由此可推断，由于境外投资者投资行为的短期化、不稳定性和"羊群效应"，新兴市场国家的外资抽逃在时间上和地域上都存在一定集中性。

对于某一新兴市场国家的国际投资资本流动而言，若境外投资者接收到关于该国强劲的正面信息，比如，经济基本面提升、通胀率降低、投资壁垒减少等，或者收到所在国强劲的负面信息，就会倾向于购买新兴市场资产，促使资本流入。相反的，如果境外投资者接收到关于新兴市场的负面消息，他们将出售新兴市场资产，撤离资本。同理，如果信息灵通的本地投资者优先获取信息并预见和预感到本土市场的负面冲击，将转移资金至国际市场，从而发生资本外逃。所以，在信息不对称情况下，流入驱动型突然中断由以下因素引起：国际投资者因为关于国际市场的负面信息而退出所有市场，或者国际投资者感知到关于新兴市场的负面信息而退出新兴市场。对比来看，新兴市场国家流出驱动型突然中断归因于本国投资者由于有关本国经济的负面信息而退出本土市场。当国际投资者撤离资本和国内投资者资本外流的力度相当时，则容易导致混合型突然中断的发生。

第三节　国际资本流动突然中断
形成机理的理论模型

有关突然中断的文献运用各种宏观经济模型来分析其形成机理，从真实经济周期到新开放经济宏观经济模型再到债务—通缩模型，都是基于传统的净资本流的考虑，不能细化解释总资本流角度下的突然中断的形成机理。从突然中断的事实特征来看，这些事件只有在包含总资本流和信息不对称的模型框架下才能被更细致地分析，布鲁南和曹（Brennan & Cao，1997）对阿德马蒂（Admati，1985）的多资产噪声理性预期模型进行动态一般化，建立了一个信息不对称下的国际组合证券投资资本流动模型，很适合描述总资本流动角度下的突然中断，本节在此模型框架下分析总资本流动突然中断的形成机理。

一、理性预期假说与理性预期均衡理论

20 世纪 70 年代初西方国家经济"滞胀"局面使凯恩斯经济学及其政策主张陷入困境，在此背景下，理性预期学派开始登上历史舞台。自 1961 年经济学家约翰·F·穆思（John F. Muth）首次提出"理性预期"概念之后，大量学者如卢卡斯、萨金特等人遵循理性预期的思路，发展了一系列相关理论，形成独具特色的理性预期理论体

系，并作为新古典经济学关于理性经济主体分析的有益扩展和补充，广泛运用于宏、微观经济领域。

（一）理性预期假说

1961年，美国经济学家约翰·F·穆思提出"理性预期"概念①，认为人们会充分利用所有可获得的信息形成主观预期，即对未来经济形势或经济变量的合理预测，它们与有关经济理论的预测本质上是一样的，所以这种预期是理性的预期。他简要解释说："这一假说可表述为：在具备相同信息的条件下，厂商的期望（或主观结果的概率分布），趋近于理论的预测（或客观结果的概率分布）。"由此可见，理性预期包含两层含义：（1）经济主体依据过往经验教训，同时充分利用可以获取的一切有关信息和有关理论，求得某一变量的数学期望值。这是因为，信息的利用效率越高，则对变量估计越精确，经济主体从中获利越大。（2）经济主体基于理性预期对某一经济变量的估计是该变量的数学期望值，是对该变量的长期以来出现的数值的最准确的估计。但是，理性预期并不否认经济主体在预期中的失误，只是认为一旦人们发现失误，会尽快调整他们的预期到尽量接近实际值的水平，预期的均值会趋近于或等于客观实际值，所以经济主体不会犯系统性的错误。

（二）理性预期均衡理论

传统经济学中对商品市场的均衡分析普遍运用的是瓦尔拉斯均衡理论，但是在信息分散和信息不对称的市场上，它具有明显的缺陷，表现在它既不传递其他交易者的信息，又不能使市场在传统瓦尔拉斯均衡价格下出清，更不可能达到帕累托效率。相对而言，理性预期均衡理论可以克服传统瓦尔拉斯均衡理论应用于信息分散和信息不对称

---

① Muth, J. F. Rational expectations and the theory of price movements. *Econometrica*, 1961, 29 (3): 315–335.

市场时的这一缺陷，更适合解释证券市场均衡的形成机制。

1. 信息完全揭示的竞争性理性预期均衡

理性预期均衡是传统瓦尔拉斯均衡在信息不对称条件下的扩展，指所有交易者的价格预期与实际一致时的均衡，因而本质上是一种随机均衡。在这个均衡中，均衡价格是整体私人信息的函数，交易者在此价格上追求使他期望效用最大化的需求，且这一需求的形成利用了交易者各自的私人信息，以及包含在价格中的信息，由此市场达到结清状态。理性预期本质上是个均衡概念，它是信息分散或不对称的市场达到均衡的必要条件。理性预期均衡在信息分散的市场时交易者不再有重新定约的意愿，均衡处于稳定状态，因为使市场结清的均衡价格已不能为交易者提供新的可以利用的私人信息，而且交易者自认为已从观察到的均衡价格中获知了其他交易者的所有私人信息，从这个意义上说，这是一种信息完全揭示的理性预期均衡。

2. 信息不完全揭示的竞争性理性预期均衡

信息完全揭示的竞争性理性预期均衡理论弥补了瓦尔拉斯均衡在信息不对称市场中的缺陷，但随后的研究又发现它存在两个问题：格罗斯曼—斯蒂格利茨悖论和精神分裂症现象。格罗斯曼和斯蒂格利茨（Grossman & Stiglitz，1980）提出格罗斯曼—斯蒂格利茨悖论，具体表现为市场有效性和信息搜寻之间的矛盾：如果价格完全揭示私人信息，交易者就不会花成本去收集信息，而若是所有交易者都不收集信息，那么价格就不可能反映所有信息，也不会有稳定的均衡存在。[①]精神分裂症现象最早由赫尔维格（Hellwig，1980）提出，大意是指由于竞争性理性预期均衡中假定交易者都是价格接受者，各交易者私人信息不会对均衡价格产生影响，因此交易者不会搜寻私人信息，但是另一方面均衡价格又是交易者们搜寻、汇总和利用信息而形成的结

---

① Grossman, S. J., Stiglitz, J. E. On the impossibility of informationally efficient markets. *American Economic Revies*, 1980, 70 (3): 393 –408.

果，这一矛盾加诸在每位交易者身上，导致他们像是患了精神分裂症。为了解决这两个问题，理性预期均衡理论的进一步拓展，找到的解决途径之一就是通过引进"噪声"而使价格不能完全反映信息，这就是"带噪声的理性预期均衡"或称"信息不完全揭示的竞争性理性预期均衡"。

带噪声的理性预期均衡保留了完全竞争性条件，通过引进"噪声"来干扰价格系统，使均衡价格不能完全揭示私人信息。进行这方面研究的典型代表有格罗斯曼和斯蒂格利茨（1980）、赫尔维格（1980）和阿德马蒂（1985）等。证券市场上资产的价格与价值之间存在一个偏差，即"噪声"。投资者可分为信息交易者和噪声交易者，从认知心理学的角度来看，也可不做严格区分，而认为投资者有时表现为信息交易者，有时表现为噪声交易者。信息交易者相信基本面，根据信息来进行交易，并预期从中获利，也可称之为理性交易者或套利交易者。噪声交易者不能区分信息与噪声，会犯各种认知偏差错误，并自认为自己拥有正确的信息，这种错觉使市场价值发生扭曲，他们的交易使证券资产的价格偏离价值。两类交易者相互影响，共同决定资产价格。格罗斯曼和斯蒂格利茨（1980）构建了一个证券市场两时期带噪声的单一风险资产理性预期均衡模型，该模型在把交易者区分为知情者和不知情者的同时通过引入噪声交易者，使证券供给变得不确定，理性交易者不能完全由价格推断信息，并考察知情者的私人信息如何被汇总并传递给不知情者，在此条件下解释了交易者偏好、后验信念和信息的精确程度等因素对证券价格信息有效性的影响。赫尔维格（1980）在一个动态模型中假设价格是私人信息和证券供给（噪声源）的线性函数，在市场上只存在一种风险资产和一种无风险资产、交易者风险偏好和拥有的风险证券未来收益的信息各不相同的情况下，求出带噪声的理性预期均衡，考察了风险偏好和信息的精确性如何影响证券均衡价格。阿德马蒂（1985）则在赫尔维格（1980）的基础上拓展了存在多种风险资产的情况。

二、多资产噪声理性预期模型

赫尔维格（1980）构建噪声理性预期模型，分析了一个竞争性市场上所有参与者的信息交流，认为均衡价格向市场参与者们反映了市场上所有可获取的信息。阿德马蒂（1985）将噪声理性预期模型拓展至多资产，构建多资产噪声理性预期模型。

（一）模型简介及推演

阿德马蒂（1985）构建的多资产噪声理性预期模型探讨了具有多风险资产的经济在封闭形式下的一个噪声理性预期均衡，系统地分析了资产价格与资产供给、不同资产之间的相互关系。该模型在存在大量风险资产的情况下考察了金融资产之间的各种交互作用，为噪声理性预期均衡模型提供闭式解。

当交易者在投机市场拥有多样的不对称信息，均衡价格通常包含超过各交易者初始拥有的信息。阿德马蒂（1985）结合这个观察结果，基于交易者根据拥有的所有信息（包括现价）一起进行统计推断的假设，推导出理性预期均衡概念，均衡价格通过进入交易者预算约束以及影响交易者信心和预期来影响交易者行为。

第一步，考虑一个有限数目代理人经济，假设有 N 个经济主体和两个时期。经济主体在第一期交易并在第二期消费。交易在一个投机市场中进行，每个经济主体 a 在无风险资产和 n 种风险资产间投资他的初始财富 W_{0a}。无风险资产支付 R 个单位，风险资产 i 支付 $\tilde{F}_i$ 个单位。R 被假定为外生给定的。以无风险资产计价，令 P 为风险资产的价格向量，D_a 为主体 a 持有的风险资产向量。主体 a 最终财富为：

$$W_{1a} = W_{0a}R + D_a'(\tilde{F} - RP) \tag{2.1}$$

这里 $\tilde{F} = (\tilde{F}_1, \cdots, \tilde{F}_n)'$。每位经济主体 a 将最大化他的消费预期效用 $E_a u_a(\tilde{W}_{1a})$。期望算子 E_a 基于主体 a 的信息。这些信息包

括均衡价格向量和私人信息信号 $\tilde{Y}_a$ 的实现，$\tilde{Y}_a$ 与 $\tilde{F}$ 相关。

因为私人信息通常会影响主体的需求，市场结算价格向量是所有经济主体可获得的私人信息的一般函数。当这个信息是多样化的，均衡价格可提供一些超过理性经济人的私人信号的信息。理性预期假说使得这种见解生效。它声称，每个主体 a 知晓 $\tilde{F}$，$\tilde{Y}_a$ 和 $\tilde{P}$ 的实际联合分布，那么 E_a 就是给定 $\tilde{Y}_a$ 和 $\tilde{P}$ 的条件预期算子。这个假设在投机市场模型中已经变成标准，它代表一个均衡条件，因为均衡价格需要使市场出清，同时传递信息给经济主体。经济主体的信心成为内生的，需求函数被定义为均衡价格的函数。

该模型的另一个要素是噪声，以风险资产的随机供给（或相当于随机需求）的形式存在。具体而言，风险资产的人均供给被假定通过一个随机向量 $\tilde{Z}$ 体现。这增加了随机性，它可以非常小，可通过多种方式解释。例如，它可能由一些非投机性质（例如生命周期或流动性原因）的交易引起，或者归因于交易者缺乏对市场架构的完全了解，抑或是经济主体从自己的信息禀赋而了解到一些关于总供给的信息。

假设效用函数 $u_a(\cdot)$ 显示出常数绝对风险厌恶，即 $u_a(w) = -exp\left(\dfrac{w}{\rho_a}\right)$，且以上所有随机向量具有联合正态分布。更具体来说，私人信号 $\tilde{Y}_a$ 由 $\tilde{Y}_a = \tilde{F} + \tilde{\varepsilon}_a$ 决定，这里 $\tilde{\varepsilon}_a$ 和 $\tilde{F}$ 是相互独立的，$\tilde{\varepsilon}_a$ 作为交易者信息误差，均值为零，且独立于 $\tilde{\varepsilon}_k$，$k \neq a$。因此 $\tilde{Y}_a$ 是被单独影响主体 a 的信息误差向量扰动下的收益向量 $\tilde{F}$。为简单起见，假定人均供应 $\tilde{Z}$ 与 $\tilde{F}$ 和 $\tilde{\varepsilon}_a$ 相互独立，$a = 1, \cdots, N$。

以 $\bar{F}$ 和 $\bar{Z}$ 分别代表 $\tilde{F}$ 和 $\tilde{Z}$ 的均值向量，V，U，S_a 分别代表 $\tilde{F}$，$\tilde{Z}$ 和 $\tilde{\varepsilon}_a$ 的方差—协方差矩阵。假定每个 V，U，S_a 均为正定。以下是标准定义：

定义 2.1 有限经济的理性预期均衡是一个价格向量 $\tilde{P}$ 和分配函数 $\{D_a(\tilde{Y}_a, \tilde{P})\}_{a=1,\cdots,N}$，有：

（a）$\tilde{P}$ 是关于 $(\tilde{Y}_1, \cdots, \tilde{Y}_n, \tilde{Z})$ 可测度的

(b) $D_a(\widetilde{Y}_a, \widetilde{P}) \in \mathrm{argmax}_{D_a} E(u_a(\widetilde{W}_{1a}) \mid \widetilde{Y}_a, \widetilde{P})$

(c) $(1/N) \sum_{a=1}^{N} D_a(\widetilde{Y}_a, \widetilde{P}) = \widetilde{Z}$

均衡价格函数是信号和供应的线性函数，即

$$\widetilde{P} = A_0 + \sum_{a=1}^{N} A_{1a} \widetilde{Y}_a - A_2 \widetilde{Z} \qquad (2.2)$$

这里 $A_0 \in R^n$，且与 A_2，A_{1a}，$a = 1$，…，N 为 $n \times n$ 矩阵。如果式 (2.2) 是平衡关系，那么 $\widetilde{P}$ 与模型其他变量存在多元联合正态分布。在这种情况下，所有条件分布均为正态，以至于需求函数 $D_a(\cdot)$ 成为简单形式，它们是 $\widetilde{Y}_a$ 和 $\widetilde{P}$ 的线性函数。

第二步，考虑大型经济（有连续代理人），假设让上述模型的经济主体数量增长到无穷大。有限代理人经济的线性理性预期均衡价格的每一序列依概率收敛到一个单一价格函数形式：

$$\widetilde{P} = A_0 + A_1 \widetilde{F} - A_2 \widetilde{Z} \qquad (2.3)$$

假定可通过 $a \in [0, 1]$ 来索引连续代理人。这种经济通过一个可度量函数来定义：(ρ, S^{-1})：$[0, 1] \to R_+ \times R^{n \times n}$，这里 (ρ, S^{-1}) 函数在 $a \in [0, 1]$ 的取值，被解释为风险承受能力和交易者 a 的私人信息精度矩阵。如前所述，每一个主体 $a \in [0, 1]$，观察到信号 $\widetilde{Y}_a = \widetilde{F} + \widetilde{\varepsilon}_a$，随机过程 $\{\widetilde{\varepsilon}_a\}_{a \in [0,1]}$ 是独立的，而且每个 $\widetilde{\varepsilon}_a$ 都是零均值的正态分布，方差－协方差为 S_a。S_a^{-1} 意味着私人信息的精确程度，若为零，则代表交易者 a 为不知情交易者；若无界（即 S_a 为零），则代表交易者 a 为内幕人。假设每一个 ρ_a 和每一个 S_a^{-1} 的所有元素是均匀有界的，这一假设是为了排除风险承受能力很强或内幕信息主体，如果不被排除，将出现结果的失真，因为他们对自己的信号反应强烈，由此可能影响到经济中的竞争力。

有两个参数将在求解中起到重要作用。第一个是市场风险容度，定义为：

$$\overline{\rho} = \int_0^1 \rho_a \mathrm{d}a \qquad (2.4)$$

第二个是精度矩阵的加权平均，权重是风险承担系数，即交易者风险容度加权的信息精确度：

$$Q = \int_0^1 \rho_a S_a^{-1} \mathrm{d}a \qquad (2.5)$$

第三步，求解理性预期均衡的闭式解。在一类关于 $\widetilde{F}$ 和 $\widetilde{Z}$ 的线性函数中，存在一个唯一理性预期均衡价格。这个价格和经济主体信心以及均衡中的需求函数将被明确计算出来。这个解依赖于市场总体的 $\bar{\rho}$（市场风险容度）和 Q（交易者风险容度加权的信息精确度）。通过求解，可得到：

定理 2.1　在如下形式的函数中存在一个唯一理性预期均衡价格

$$\widetilde{P} = A_0 + A_1 \widetilde{F} - A_2 \widetilde{Z} \qquad (2.6)$$

其中，A_2 是非奇异的。这个价格中有：

$$A_0 = \frac{\bar{\rho}}{R}(\bar{\rho} V^{-1} + \bar{\rho} Q U^{-1} Q + Q)^{-1}(V^{-1}\bar{F} + Q U^{-1}\bar{Z}) \qquad (2.7)$$

$$A_1 = \frac{1}{R}(\bar{\rho} V^{-1} + \bar{\rho} Q U^{-1} Q + Q)^{-1}(Q + \bar{\rho} Q U^{-1} Q) \qquad (2.8)$$

$$A_2 = \frac{1}{R}(\bar{\rho} V^{-1} + \bar{\rho} Q U^{-1} Q + Q)^{-1}(I + \bar{\rho} Q U^{-1}) \qquad (2.9)$$

由于竞争性假设，均衡价格中并没有体现单个交易者的行为，而是整个经济总体集体行为的结果。

推论 2.1　经济主体 a 观察到私人信号 $\widetilde{Y}_a$ 和均衡价格向量 $\widetilde{P}$，他的均衡需求函数为：

$$D_a(\widetilde{Y}_a, \widetilde{P}) = G_{0a} + G_{1a}\widetilde{Y}_a - G_{2a}\widetilde{P} \qquad (2.10)$$

其中有：

$$G_{1a} = \rho_a S_a^{-1} \qquad (2.11)$$

$$G_{2a} = \rho_a(K + S_a^{-1}), \quad K = A_2^{-1} - R\bar{\rho} Q \qquad (2.12)$$

$$G_{0a} = \rho_a G_0 = \rho_a(I - (U Q^{-1} + \bar{\rho} I)^{-1})(V^{-1}\bar{F} + Q U^{-1}\bar{Z}) \quad (2.13)$$

这个需求函数表现出以下特征：第一，常数项 G_{0a} 仅通过 ρ_a 依赖于 a，风险承担系数，并不依赖于私人信息精度。第二，私人信息信号的系数 G_{1a} 独立于市场其他量（比如 U、V、Q 和 $\bar{\rho}$），而仅依赖于

ρ_a 和 S_a。第三，尽管均衡价格的系数 G_{2a} 包含一个复杂表达式，却有一个简单形式。矩阵 K 并不依赖特定主体，由此是（类似 G_0）经济整体的一个参数。由市场出清，我们知道经济中所有矩阵 G_{2a} 的平均等于 A_2^{-1}。但是，每一个经济主体根据他的风险态度以及私人信号的精确度来调整他对价格的反应。如果所有经济主体有 i.i.d 独立同分布信号（$S_a \equiv S$），那么 $G_{2a} = \rho_a A_2^{-1}$。第四，对于一个不掌握信息的主体（$S_a^{-1} = 0$）的特殊情况，需求函数简单的由 $D_a(\widetilde{P}) = \rho_a(G_0 + K\widetilde{P})$ 给定。均衡需求函数的参数都包含交易者 a 的风险承担系数 ρ_a，由此可知，若其他参数不变，交易者的风险承受能力越强，则对证券的需求越大。

（二）模型结论及评价

阿德马蒂（1985）探讨了具有多风险资产经济在封闭形式下的一个噪声理性预期均衡模型，并分析了这种均衡的性质。这个模型有以下特征：有大量交易者拥有多种不对称的私人信息。这种信息集合在一起并部分反映在均衡价格上，均衡价格和私人信息共同造就了交易者的信心。交易者们的风险态度和私人信息精确性各不相同。相对于单风险资产模型而言，多资产噪声理性预期模型根据交易者的私人信息精确度将他们划分为对某种风险资产的知情交易者和不知情交易者，考虑了无风险资产和风险资产的组合投资，与现实情况比较符合；模型关注交易者之间和资产之间的关联，某种资产的信息或噪声变化可能影响其他资产。此外，由于交易者对价格信息的运用，相对静态分析来说，这种均衡与瓦尔拉斯模型的性质不同，在瓦尔拉斯模型中信息独立于均衡。

三、理性预期模型框架下突然中断的形成机理

突然中断作为一种交易现象的事实特征表明，其只有在包含总资

本流和信息不对称的模型框架下才能被较好地分析。布鲁南和曹（1997）对阿德马蒂（1985）的多资产噪音理性预期模型进行动态一般化，很适合描述总资本流角度下的突然中断类型。虽然布鲁南和曹（1997）讨论的焦点不是突然中断，而是美国投资者的追逐收益最大化行为，我们仍可以运用他们的模型来分析总资本流动突然中断的形成机理。

（一）多资产噪声理性预期模型的动态一般化

布鲁南和曹（1997）对多资产噪声理性预期模型进行动态一般化，拓展并检验信息不对称假说在国家间投资组合资本流动中的含义。基于外国和国内投资者之间的信息禀赋差异，构建了一个国际组合证券投资资本流动模型。

1. 模型假设

假设一：国内投资者比境外投资者更好地了解国内市场的回报率。

为了聚焦于外国和本国投资者之间的信息不对称问题，布鲁南和曹（1997）的国际组合证券投资资本流动模型提炼出投资壁垒、货币及政治风险、购买力平价偏离及利差等要素，模型的基本假设与罗（1992）、格里格（1993）和康和斯图尔兹（1994）相似，即假定国内投资者比境外投资者更好地了解国内市场的回报率。毫无疑问这种不对称存在于绝大多数的两两国家之间。然而，国际证券组合投资的主体主要是金融机构、养老基金等，对这些机构投资者来说，似乎信息不对称的情况要弱化很多。虽然这些机构往往会有分配到不同国家进行监测的人员，但是这些知情人士全权负责外国投资分配的情况是极少见的。所以，信息不对称广泛存在于国内外机构投资者和个人投资者之间。相对信息同质化的模型来说，信息不对称假设意味着投资组合的本土偏好，外国投资组合较国内更高的换手率，以及国际组合证券投资资本流动与投资回报的密切相关性。

假设二：国内投资者的信息优势随时间推移而逐步积累。

模型假设国内投资者的信息优势是随时间推移通过仔细观察国内经济而逐步积累的。因为境外投资者行为的发展趋势，依赖于他们在交易期初始时刻的相对信息优势。如果国内投资者比境外投资者收到更精确的信号，他们将比境外投资者修改更多先验，而这会使他们在平均私人信号利好以至于价格上涨时成为净买方（境外投资者成为净卖方）。投资者会依据信号实现的情况修订他们的预期分配的方案。最重要的是，信息不够灵通的投资者（如境外投资者）比信息灵通的投资者（如本国投资者）更频繁地修订他们的资本配置方法。这意味着如果公共信号传达的是关于国内市场投资组合收益的利好消息，境外投资者会比信息灵通的国内投资者更迅速的加大他们对预期收益的估计值，作为结果，价格将升高以使市场出清；如果信息利空并且价格下跌，则情况相反。

2. 模型推演

假设一国有大量经济主体，市场上有 M 种风险资产。时间跨度为两个时期，经济主体在第一期（时点 0）交易并在第二期（时点 1）消费。每种风险资产在时点 1 有最终回报，为符合正态分布的随机 $M \times 1$ 向量 $\widetilde{F}$，均值为 $\bar{F}$，精度矩阵为 H。每位投资者均可选择无风险利率（为 0）。假设每位投资者 a（$a \in [0, 1]$）在时点 0 被赋予大量风险资产，表示为向量 Z^a。投资者的指数效用函数为根据时点 1 的最终消费来定义的绝对风险厌恶效用函数 $CARA$（风险容忍系数为 ρ_a，绝对风险厌恶系数为 $\frac{1}{\rho_a}$）。总人均风险资产供给向量 $\widetilde{Z}_0$ 符合独立正态分布，均值为 $\bar{Z}_0$，精度矩阵为 Φ_0，令 U 代表 $\widetilde{Z}_0$ 的方差—协方差矩阵。对多资产噪声理性预期模型动态一般化，将阿德马蒂（1985）考虑的单一交易期改为：允许交易在 T 个交易期进行，交易在 T 个交易期$\left(\tau_t = \frac{t}{T},\ t = 0,\ \cdots,\ T - 1\right)$进行，并在最后一期交易之后的时点 1 实现资产回报并进行消费。在交易期 t 之前的即刻，每位投资者 a 得到关于资产回报的私人信号，为 $M \times 1$ 的向量 $\widetilde{Y}_t^a$：

$$\widetilde{Y}_t^a = \widetilde{F} + \widetilde{\varepsilon}_t^a \tag{2.14}$$

式中，$\widetilde{\varepsilon}_t^a$ 是独立于 $\widetilde{F}$ 的正态分布，均值为 0，并且独立于 $\widetilde{\varepsilon}_j^k$，$k \neq a$ 或 $j \neq t$。V 和 S_t^a 分别代表 $\widetilde{F}$ 和 $\widetilde{\varepsilon}_t^a$ 的方差—协方差矩阵。投资者 a 在 t 期前接收到的私人信号的精度矩阵用 $(S_t^a)^{-1}$ 表示。除了私人信号之外，公共信号向量也在交易期 t（$t = 0$，$\cdots$，$T - 1$）前的即刻被投资者发现，可表示为 $M \times 1$ 的向量 $\widetilde{R}_t$：

$$\widetilde{R}_t = \widetilde{U} + \widetilde{\eta}_t \tag{2.15}$$

式中，$\widetilde{\eta}_t$ 是均值为 0 的正态分布，精度矩阵为 N_t。假设 $N_0 = N_T^{-1} = O$，此处 O 为一个零矩阵，以此反映在时点 0 没有公共信息（$\widetilde{R}_0^a = 0$），以及所有风险资产回报在 T 期实现的假设。假设新的流动性交易者在初始期之后的每个交易期 t（$t = 1$，$\cdots$，$T - 1$）进入市场，这些流动性交易者的新增净供给量为正态分布随机向量 $\widetilde{Z}_t$，均值为 $\bar{Z}_t$ 且精度矩阵为 Φ_t。当 $t > 0$ 时，令 $\bar{Z}_t = 0$。假设总交易量对交易者来说是不可观测的[①]。

假定意味着私人信息精确程度的精度矩阵 $(S_t^a)^{-1}$ 的元素是均匀有界的，并且交易期 t 精度矩阵的总体平均为 S_t，有

$$S_t \equiv \int_0^1 (S_t^a)^{-1} \mathrm{d}a \tag{2.16}$$

遵照阿德马蒂（1985）对有多重风险资产的连续经济中随机变量积分定义的界定。如果 $(\widetilde{V}^i)_{i \in [0,1]}$ 是一个零均值有限方差的独立随机变量过程，$(\widetilde{W}^i)_{i \in [0,1]}$ 是可积分的，那么 $\int_0^1 (\widetilde{V}^i + \widetilde{W}^i) \mathrm{d}i = \int_0^1 \widetilde{W}^i \mathrm{d}i$。例如，这种界定意味着 $\int_0^1 \widetilde{Y}_t^a = \widetilde{F}$，且 $\int_0^1 (S_t^a)^{-1} \widetilde{Y}_t^a = S_t \widetilde{F}$。令 $\widetilde{P}_t$ 代表风险资产均衡价格向量，$\widetilde{D}_t^a$ 代表投资者 a 在 t 交易期的风险资产需求向量。那么由阿德马蒂（1985）的多资产噪声理性预期模型，可推断出以下定理，以描述噪声理性预期均衡中各个市场交易期的投资者资产需求。

---

① 这是为了保持理性预期均衡的信息不完全揭示性。

定理 2.2　在 T 个交易期中投资者 a 的最优交易策略：

$$\Delta \tilde{D}_t^a \equiv \tilde{D}_t^a - \tilde{D}_{t-1}^a = \rho_a \left[(S_t^a)^{-1} (\tilde{Y}_t^a - \tilde{P}_t) - S_t (\tilde{F} - \tilde{P}_t) \right.$$

$$\left. + \frac{\tilde{Z}_t}{\rho_a} - \sum_{j=0}^{t-1} ((S_t^a)^{-1} - S_t) \Delta \tilde{P}_t \right] \qquad (2.17)$$

也就是说，投资者 i 的交易策略依赖于：

（1）$(S_t^a)^{-1} (\tilde{Y}_t^a - \tilde{P}_t)$：投资者 a 在 t 期的私人信号向量与价格向量之差，以他的私人信号精度矩阵为权重；

（2）$-S_t (\tilde{F} - \tilde{P}_t)$：私人信号均值向量与价格向量之差，以平均私人信号精度矩阵为权重；

（3）新的流动性交易带来的供给冲击向量；

（4）$-\sum_{j=0}^{t-1} ((S_t^a)^{-1} - S_t) \Delta \tilde{P}_t$：价格变化向量的负值，以投资者私人信号精度矩阵和市场均值精度矩阵之差为权重（从开始累积到 $t-1$ 期）。

（1）和（2）相加生成 $(S_t^a)^{-1} (\tilde{Y}_t^a - \tilde{P}_t) - S_t (\tilde{F} - \tilde{P}_t)$，表明若投资者 a 接收到的私人信号（只要他的信号足够精确）强于投资者平均私人信号，他将在市场上买进。（4）表明当投资者在一国有信息积累劣势，就会遵循动量交易策略；若 $(S_t^a)^{-1} < S_t$，则投资者 a 将追逐价格变动，上涨时购买而下跌时抛售。

这一模型表明，外国和本国投资者在国内股票市场的资产头寸基于他们的过往私人信息信号、过往公共信号以及他们能从噪声理性预期模型的价格中收集到的他人获取的私人信号信息。投资者会依据信号实现的情况修订他们的预期投资分配方案。当国内投资者相比境外投资者拥有关于其国内市场的累积信息优势时，境外投资者倾向于在资产回报率高时购买，并在回报率低时卖出。

（二）模型框架下的突然中断形成机理

接下来基于布鲁南和曹（1997）对多资产噪声理性预期模型进行动态一般化形成的国际组合证券投资资本流动模型，分析特定的新兴市场国和其他国家的投资者交易行为。

1. 流入驱动型突然中断的形成

假设有特定新兴市场国家 e 国,该国具有一定的金融开放程度,金融市场上有国际投资者 r。从流动性交易来看,交易新兴市场资产的国际投资者受到信息交易和收益——追逐的支配。由布鲁南和曹(1997)国际组合证券投资资本流动模型可推导得出,投资者 r 在 t 期的最优交易策略为:

$$\Delta \tilde{D}_{e,t}^{r} \equiv \tilde{D}_{e,t}^{r} - \tilde{D}_{e,t-1}^{r} = \rho_r \left[S_{e,t}^{r} (\tilde{Y}_{e,t}^{r} - \tilde{P}_{e,t}) - S_{e,t} (\tilde{F}_e - \tilde{P}_{e,t}) \right.$$

$$\left. + \frac{\tilde{Z}_t}{P_r} - \sum_{j=0}^{t-1} (S_{e,t}^{r}, - S_{e,t}) \Delta \tilde{P}_{e,t} \right] \qquad (2.18)$$

式中:

$$\Delta \tilde{P}_{e,t} = \tilde{P}_{e,t} - \tilde{P}_{e,t-1} \qquad (2.19)$$

$\tilde{D}_{e,t}^{r}$——t 期国际投资者 r 在新兴市场上的资产需求;

ρ_r——国际投资者 r 的风险承受能力;

$S_{e,t}^{r}$——国际投资者 r 在交易期 t 前接收到的有关新兴市场资产回报的私人信号精度矩阵;

$\tilde{Y}_{e,t}^{r}$——国际投资者 r 在交易期 t 前接收到的有关新兴市场资产回报的私人信号向量;

$\tilde{P}_{e,t}$——t 期新兴市场风险资产价格向量;

$S_{e,t}$——交易期 t 有关新兴市场资产回报的平均私人信号精度矩阵,$S_{e,t} \equiv \int_0^1 S_{e,t}^{i} di$;

$\tilde{F}_e$——新兴市场风险资产最终回报的均值向量;

$\tilde{Z}_t$——新的流动性交易者带来的新增净供给量。

由此可知,投资者 r 的交易策略依赖于以下 4 个表达式:

(1) $S_{e,t}^{r} (\tilde{Y}_{e,t}^{r} - \tilde{P}_{e,t})$:国际投资者 r 在 t 期有关新兴市场资产回报的私人信号向量与价格向量之差,以他的私人信号精度矩阵为权重;

(2) $-S_{e,t} (\tilde{F}_e - \tilde{P}_{e,t})$:有关新兴市场资产回报的私人信号均

值向量与价格向量之差，以私人信号精度矩阵的总体平均矩阵为权重；

（3）$\widetilde{Z}_t$：新的流动性交易带来的供给冲击向量；

（4）$-\sum_{j=0}^{t-1}(S_{e,t}^r - S_{e,t})\Delta\widetilde{P}_{e,t}$：价格变化向量的负值，以国际投资者私人信号精度矩阵和市场精度矩阵均值之差为权重（从开始累积到 $t-1$ 期）。

这种情况下（1）和（2）联合生成的信息交易为：

$$S_{e,t}^r(\widetilde{Y}_{e,t}^r - \widetilde{P}_{e,t}) - S_{e,t}(\widetilde{F}_e - \widetilde{P}_{e,t})$$

由此可知，国际投资者若接收到了关于新兴市场 e 国的比平均正面信号更强劲的信息，就会购买新兴市场资产。这种正面信号可归因于 e 国较好的经济基本面，比如通胀率降低、资产回报率上升和投资壁垒减小等，或者因为其他国家强劲而精确的负面信号。如果国际投资者接收到关于新兴市场的负面消息，他们将出售新兴市场资产。这也可能如阿尔布奎尔克等（Albuquerque et al.，2009）所说，源于有关其他国家的国际投资者可能性行为的信息。由式（3）$\widetilde{Z}_t$ 可知，投资者 r 的交易策略同时受到其他国际投资者交易行为的影响，这些信息可看做国际私人信号。投资是十足国际化的活动，如美国的基金不可能不知道其他全球投资者可能的行动。他们如果收到其他国际投资者将抛售新兴市场 e 国资产的国际私人信号，会跟着出售新兴市场资产，反之则跟随购买。

在式（4）中，$(S_{e,t}^r - S_{e,t})$ 代表投资者 r 在 t 时点接收到的私人信号产生的边际信息优（劣）势，而 $\sum_{j=0}^{t-1}(S_{e,j}^r - S_{e,j})$ 表示投资者 r 从截止到 t 时点前即刻的所有私人信号产生的累积信息优（劣）势。如果本地投资者有累积信息优势，收益—追逐行为仍然存在：

$$-\sum_{j=0}^{t-1}(S_{e,t}^r - S_{e,t})\Delta\widetilde{P}_{e,t}$$

在收益—追逐情况下，如果国际投资者 r 就新兴市场 e 有累积信息劣势（$\sum_{j=0}^{t-1}(S_{e,t}^r - S_{e,t}) < 0$），那么他会在价格上涨时购买 e 国资产（考虑到有人必定有关于 e 的强正面私人信息），并且在价格下跌时出售 e 国资产。在累积信息劣势条件下，境外投资者将倾向于在一个给定市场表现为趋势追随者，在行情上升的期间购买，行情下跌时抛售。由于市场出清的需要，如果境外投资者当国内指数上升的时候购买，那么国内投资者必须卖出。由此可推断，在国际牛市将有更多分散投资，在国际熊市将有更多的本土偏好。

因此，当国际投资者由于有关国际市场的负面（私人）信号而退出所有市场，或者国际投资者对感知到的有关新兴市场的负面（公共）信号曲解并且反应过度，都会使新兴市场的外资流入大幅减少，从而形成新兴市场国流入驱动型突然中断。

2. 流出驱动型突然中断的形成

与式（2.18）类似的式子可推导至新兴市场投资者在国际市场上的交易。假设新兴市场国 e 国的投资者 i 在其他国家 g 国投资，那么，他在 t 期的最优交易策略为：

$$\Delta \tilde{D}_{g,t}^i \equiv \tilde{D}_{g,t}^i - \tilde{D}_{g,t-1}^i = \rho_i \left[S_{g,t}^i (\tilde{Y}_{g,t}^i - \tilde{P}_{g,t}) - S_{g,t}(\tilde{F}_g - \tilde{P}_{g,t}) \right.$$

$$\left. + \frac{\tilde{Z}_t}{\rho_i} - \sum_{j=0}^{t-1}(S_{g,t}^i - S_{g,t})\Delta \tilde{P}_{g,t} \right] \qquad (2.20)$$

式中：

$$\Delta \tilde{P}_{g,t} = \tilde{P}_{g,t} - \tilde{P}_{g,t-1} \qquad (2.21)$$

$\tilde{D}_{g,t}^i$——t 期新兴市场国投资者 i 在 g 国市场上的资产需求；

ρ_i——新兴市场国投资者 i 的风险承受能力；

$S_{g,t}^i$——新兴市场国投资者 i 在交易期 t 前接收到的有关 g 国市场上资产回报的私人信号精度矩阵；

$\tilde{Y}_{g,t}^i$——新兴市场国投资者 i 在交易期 t 前接收到的有关 g 国市场上资产回报的私人信号向量；

$\tilde{P}_{g,t}$——t 期 g 国市场的风险资产价格向量；

$S_{g,t}$——交易期 t 有关 g 国市场上资产回报的平均私人信号精度矩阵，$S_{g,t} \equiv \int_0^1 S_{g,t}^j \mathrm{d}j$；

$\widetilde{F}_g$——g 国市场风险资产最终回报的均值向量；

$\widetilde{Z}_t$——新的流动性交易者带来的新增净供给量。

由此可知，新兴市场投资者 i 在国际市场的投资同样受信息交易和收益—追逐行为的影响。信息交易为：

$$S_{g,t}^i(\widetilde{Y}_{g,t}^i - \widetilde{P}_{g,t}) - S_{g,t}(\widetilde{F}_g - \widetilde{P}_{g,t})$$

当一个新兴市场投资者 i 接收到了关于国际市场 g 国的比平均正面信号更强劲的私人信息，就会购买国际市场资产。这种正面信号可归因于 g 国较好的经济基本面，或者因为本土市场强劲而精确的负面信号。卡明斯基（1999）指出 1982 年墨西哥债务危机前夕，由于政府通过外国借款来缓解巨额财政赤字，墨西哥国内投资者高度质疑政府兑现债务的能力，从而急速扩张海外投资，大量国内资本外逃。同理投资者 i 的交易策略同时受到其他投资者的交易行为影响，如果收到其他国际投资者将抛售 g 国资产的国际私人信号，会跟着出售，反之则跟随购买。

新兴市场国投资者的收益—追逐行为仍然存在：

$$-\sum_{j=0}^{t-1}(S_{g,t}^i - S_{g,t})\Delta \widetilde{P}_{g,t}$$

在收益—追逐情况下，如果新兴市场投资者 i 就国际市场 g 国有累积信息劣势（$\sum_{j=0}^{t-1}(S_{g,t}^i - S_{g,t}) < 0$），那么他会在价格上涨时购买 g 国资产（考虑到有人必定有关于 g 的强劲正面私人信息），并且在价格下跌时出售 g 国资产。在累积信息劣势条件下，新兴市场投资者将倾向于在一个给定国际市场表现为趋势追随者，在行情上升的期间购买，行情下跌时抛售。信息交易或收益—追逐，谁是新兴市场国投资者投资决策的主导影响因素，取决于边际信息优（劣）势和累积信息优（劣）势的相对大小。

因此，本国投资者由于有关本国经济的负面（私人）信号而退出本土市场，或者感知到有关国际市场的正面（公共）信号，都会使本国国内资本大幅外流，从而形成新兴市场国流出驱动型突然中断。

（三）模型分析的基本结论

综上所述，总资本流动突然中断的形成源于国内外投资者之间的信息不对称和资本的逐利性，使资本在不同的信号下有不同的流向。对新兴市场国家而言，当境外投资者接收到国际市场的负面私人信号，或者该新兴市场国的负面公共信号（这种信号很可能源于其他国际投资者的行为），就会撤离在新兴市场国的投资，或者减少投资计划，造成外资流入大幅下降。当新兴市场国信息灵通的国内投资者优先获取负面私人信号并预见和预感本土市场的负面冲击，将会抛售本国资产并转移资金至国际市场，从而发生内资大量外流。所以，在信息不对称情况下，新兴市场国家流入驱动型突然中断的形成归因于国际投资者接收到关于国际市场的负面（私人）信号，或感知到关于新兴市场的负面（公共）信号而退出新兴市场；流出驱动型突然中断归因于本国投资者接收到有关本国经济的负面（私人）信号，或感知到关于其他国家的强劲正面（公共）信号而投向国际市场。

国际和国内投资者常常会相互影响，当国际资本撤离，国内资本可能会追随外国投资者而转移资本至国外市场，促使资本进一步外流；若国内投资者抛售本国资产的行为引起资产价格下降，跨境资本由于逐利性质也会卖出，从而加剧资本外流。当外资流入的降幅和内资流出的增幅基本相当时，则容易引发混合型突然中断。

总之，突然中断是投资者交易现象，可置于交易模型的框架下来分析。对多资产噪声理性预期模型动态一般化，形成的基于信息不对称和总资本流动的国际组合证券投资资本流动模型与总资本流动突然中断的事实特征相符合。从这一点来看，它是目前分析突然中断的多种模型的有益替代。

本 章 小 结

本章首先基于金融经济学理论和债务—通缩理论，分析信用约束下净资本流动突然中断的形成机理，其次基于信息经济学理论，分析信息不对称下总资本流突然中断的形成机理，最后将总资本流动突然中断的形成机理置于包含信息不对称和总资本流的模型框架下进行分析。结论如下：

第一，一个经济体在稳定的国内政策和竞争、开放的市场环境下，不可避免出现杠杆率攀升至高点的情况，此时，一个外生冲击将导致信用约束不断收紧，资产价格在费雪的债务—通缩机制作用下下降，经济主体做出不对称的放大反应，资产价格下降伴随消费萎缩，资本净流入和经常账户逆转，由此形成突然中断。

第二，在信息不对称影响下，从中长期来看，伴随发达国家财富的增加和资本市场有效性的提高，投资资本将从新兴市场国家流向发达国家；从短期来看，国际和国内投资者分别由于接收到关于国际市场和新兴市场的负面信息而改变投资决策，从而形成总资本流角度下的不同类型突然中断。

第三，在信息不对称情况下，新兴市场国家流入驱动型突然中断的形成归因于国际投资者接收到关于国际市场的负面（私人）信号，或感知到关于新兴市场的负面（公共）信号而退出新兴市场；流出驱动型突然中断归因于本国投资者接收到有关本国经济的负面（私人）信号，或感知到关于其他国家的强劲正面（公共）信号而投向国际市场。当国际投资者撤离资本和国内投资者资本外流的力度相当时，则容易形成混合型突然中断。

第三章

新兴市场国家国际资本流动突然中断驱动因素的实证研究

国际资本流动突然中断一直是威胁新兴经济体金融安全的突出因素，而突然中断的产生有非常复杂的动因，既有国内因素，也有国际因素。系统研究新兴市场国家突然中断的驱动因素及其影响作用，有利于科学制定突然中断的预警和防范对策，降低金融风险，发展安全高效的开放型经济体系。本章基于新兴市场国家的样本数据，分别对国际净资本流动突然中断、流入驱动型和流出驱动型突然中断的驱动因素进行实证分析。

第一节 国际净资本流动突然中断驱动因素的实证研究

国际资本流动突然中断概念由卡尔沃（1998）正式提出，将其界定为一国国际资本净流入的突然大幅减少。因而通常所称的突然中断意指净资本流动突然中断，它是划分流入驱动型、流出驱动型和混合型突然中断的基础。本节基于新兴市场国家的样本数据实证研究国际净资本流动突然中断的驱动因素。

一、净资本流动突然中断驱动因素的相关文献述评

已有文献从理论和实证两方面研究了净资本流动突然中断的动因，对它们进行梳理，可为本节的实证研究提供参考和指导，也便于发现该领域待完善之处，体现本节内容的研究价值。

（一）关于净资本流动突然中断动因的理论研究

国际资本流动突然中断在 20 世纪 90 年代末以前被称为资本项目逆转（capital account reversal）。对突然中断动因的理论研究，始于 20 世纪 70 年代末对国际资本流动突发逆转的研究。克鲁格曼（Krugman，1979）的国际收支危机模型，提出不恰当的扩张性财政和货币政策使投资者预期汇率波动，进而抢兑外汇导致政府外汇储备减少，随后只要有突发的投机冲击，国际资本就会大规模逆转；奥伯斯特菲尔德（Obstfeld，1995）在国际收支危机模型基础上，构建货币危机预期模型，认为投资者由于对货币贬值的预期而从事的投机行为是引起国际资本流动逆转的因素之一；戴蒙德和戴伯维格（Diamond & Dybvig，1983）构建金融恐慌模型，指出由于国际金融市场的存款保险制度和最后贷款人机制难以生效，容易引起金融恐慌及其"羊群效应"，当投资者发现或预期他人将要撤离资本，也会迅速撤离，从而导致突发逆转；哈克—敏金（1999）建立国际资本流动交易成本模型，认为国际资本流动同时受到国内外利差和国内外投资的交易成本的影响。

21 世纪以来的理论研究从真实经济周期（RBC）模型到债务—通缩模型，大多强调信贷摩擦在触发突然中断时的中心作用（Izquierdo，2000；Caballero & Krishnamurthy，2001）。众多学者将金融摩擦加入小型开放经济的均衡经济周期模型并求解数值均衡解，将突然中断解释为对生产率冲击的内生反应。阿里拉诺和门多萨（Arellano & Mendoza，

2002）将金融摩擦融入小型开放经济的 RBC 模型解释突然中断的形成，指出由于高债务的经济受到产出、利率或税收冲击，导致借款约束收紧，从而使经济主体改变投资、消费等行为而引发突然中断。

（二）关于净资本流动突然中断驱动因素的实证研究

关于国际净资本流动突然中断的驱动因素的实证研究，有三种基本思路：

第一种思路关注经济基本面因素，如经济增长、通货膨胀、经常账户、外部失衡和财政赤字等。莱西克等（Lensink et al.，2000）通过对 45 个发展中国家 16 年的数据进行实证分析，发现弱增长、不合理的宏观经济政策框架（如币值高估、高通胀）会推动资本外逃；卡尔沃等（2004）基于 32 个发达国家和发展中国家的数据分析突然中断和资产负债表效应的关联性，认为外部失衡以及债务美元化为突然中断创造了条件；卡瓦罗和弗兰科尔（2008）基于 141 个国家 1970 ~ 2002 年的样本数据分析贸易开放对突然中断的影响，发现贸易开放有助于减少一国受到外部冲击的影响，在其他条件相等的情况下，贸易占 GDP 的比率上升 10%，发生突然中断的可能性减少 1%；阿泽曼和诺伊（Aizenman & Noy，2004）认为贸易开放度的提高会增大国际资本流动调控的难度，使一国更容易遭受外部冲击而发生突然中断；邹炜等（2009）通过分析东欧新兴市场国家的现实数据，认为新兴国家国内经济形势恶化（经济增长放缓、经常账户恶化、财政赤字增大等）是加速国际资本流出这些国家的原因。

第二种思路关注金融因素，如金融开放、金融脆弱性等。卡巴勒罗（Caballero，2004）通过对比分析智利和澳大利亚对外部冲击的反应，指出突然中断源于不当的金融自由化速度、金融基础设施不完善及金融脆弱性；马丁和雷恩（Martin & Rey，2002）通过对比分析金融开放国和金融封闭国是否更容易发生危机，发现金融全球化使新兴市场国家更容易遭受突然中断冲击；爱德华兹（2005）基于多国数据分析资本流动管制和外部危机的关系，发现没有系统性证据可表明高资本流动性国家比低资本流动性国家更易遭受突然中断型危机；苏拉（2010）基于38个新兴市场国家1990~2003年的数据分析资本流动激增与突然中断的关系，发现先期资本过度流入是导致突然中断最直接的原因。

第三种思路关注国际因素，如全球流动性、国际利率水平、全球增长和传染性等。爱德华兹（2009）基于全球113国1970~2004年的数据分析贸易和金融开放对外部危机的影响，发现由于全球流动性下降，世界实际利率水平上升，提高了新兴市场国家发生突然中断的可能性；福布斯和沃诺克（2012）基于58个国家1980~2009年的数据分析国际资本流动周期性波动的影响因素，认为全球风险、全球增长和传染性是引起突然中断的主要原因；胡尔和昆多（2011）发现全球债务延期风险的增加可以解释20世纪90年代末资本流动突然中断的爆发。

综上所述，已有文献对突然中断驱动因素的研究取得一些进展，但仍然存在待完善之处：一是大多从单一角度来分析某一类因素对突然中断的影响，立足点各有不同，缺乏系统性；二是关于金融开放和贸易开放对突然中断是否存在影响及影响的方向，存在一定争议；三是研究对象并不特别针对新兴经济体，且样本年份大多处于本轮国际金融危机前；四是多数研究基于发达国家和发展中国家样本数据，缺乏对新兴市场国家内部根据经济发展水平进行细分对比的研究。为解决以上问题，本节综合选择宏观经济因素、金融因素和国际因素，分别实证研究它们对高收入和低收入新兴市场国家净资本流动突然中断的驱动作用。

二、净资本流动突然中断驱动因素的实证研究设计

（一）研究假设

基于上述关于净资本流动突然中断动因的文献研究成果及前文分

析的突然中断事实特征和形成机理，本节提出如下实证研究假设：

假设3.1　国内外经济金融因素是净资本流动突然中断的重要驱动因素。

假设3.2　一国净资本流动突然中断发生概率与国内经济金融环境成负相关关系，国内经济金融环境越好，突然中断发生概率越低。

考虑到新兴市场国家经济发展水平的差异性，可根据人均国民收入对其进行分组。一般而言，低收入新兴市场国的经济金融发展欠成熟和完善，经济体系更易遭受国内外不稳定因素的冲击，由此可作如下假设：

假设3.3　相对而言，低收入新兴市场国净资本流动突然中断的驱动因素更复杂多元化。

（二）样本和数据

同第一章所述，本节选取1986～2012年26个新兴市场国家的季度数据作为研究对象，样本国家分布于欧洲（11国）、亚洲（8国）、拉丁美洲（6国）和非洲（1国）。关于突然中断的部分文献对比研究了发达国家和发展中国家的突然中断现象及其经济效应的差异性（Calvo et al.，2004；Reinhart & Reinhart，2008），由此体现出不同经济发展水平国家的突然中断具有不同特征。为了更好地体现新兴市场国家之间的差异，本书参照世界银行对世界各国分类的方式，对样本国家进行分组。世界银行按照人均国民总收入对世界各国的经济发展水平进行分类①，通常分成四组，即低收入国家、中等偏下收入国家、中等偏上收入国家和高收入国家。参照这一标准，本书所选样本26个新兴市场国家可归结为三类：中等偏下收入国家2个、中等偏上收入国家14个和高收入国家10个，从实证分析的科学合理性出发，本书将

---

① 根据世界银行公布的数据，最新收入分类标准为：人均国民总收入低于975美元为低收入国家，在976～3 855美元之间为中等偏下收入国家，在3 856～11 905美元之间为中等偏上收入国家，高于11 906美元为高收入国家。

样本国分为两组，前两类选作低收入新兴市场国样本，第三类选作高收入新兴市场国样本，两组样本国的具体信息如表3－1所示。

表3－1　　　　　　　　　　　新兴市场国样本分组

样本分组	低收入新兴市场国		高收入新兴市场国
世界银行分类	中等偏下收入国	中等偏上收入国	高收入国
具体国家	菲律宾、乌克兰	阿根廷、巴西、保加利亚、中国、哥伦比亚、匈牙利、印度尼西亚、马来西亚、墨西哥、秘鲁、罗马尼亚、南非、泰国、土耳其	智利、捷克、爱沙尼亚、以色列、韩国、拉脱维亚、立陶宛、波兰、俄罗斯、斯洛伐克

由于许多国家长时间跨度的各类数据在月度频率上难以获取，所以本书使用季度数据来考察净资本流动突然中断的驱动因素。各国数据主要来源于国际货币基金组织《国际收支统计（BOPS)》和《国际金融统计（IFS)》数据库。由于某些国家的部分数据有缺失，以及国家解体或经济体制转型等原因导致各国的起始观测年度不一致，所以样本数据为非平衡面板数据。

（三）计量模型和方法

离散选择模型适合于被解释变量是离散变量的情况，常被用来研究事物与其影响因素之间的关系。二元离散选择模型是研究突然中断影响因素的一种常用方式，将突然中断发生与否定义为二元离散型被解释变量"1"和"0"，考察驱动因素对其发生概率的影响。卡瓦罗和弗兰科尔（2008)、爱德华兹（2009)分别采用面板数据 Probit 模型研究贸易开放、贸易与金融自由化改革对突然中断发生概率的影响。为考察各类影响因素对突然中断的驱动作用，本书也选择面板数据 Probit 模型进行实证分析，采用极大似然方法进行估计。模型设定如下：

$$P(SS)_{i,t} = c + \beta(MAR)_{i,t} + \varphi(FIN)_{i,t} + \delta(GLO)_{i,t} + \mu_{i,t}$$

$SS_{i,t}$ 为取值 0 和 1 的离散型变量，若 i 国在 t 期发生突然中断，则取值 "1"，否则取值 "0"。$P\ (SS)_{i,t}$ 则为 i 国在 t 期发生突然中断的概率。MAR 表示宏观经济指标集；FIN 表示金融因素指标集；GLO 表示国际因素指标集。

（四）变量定义与测度

1. 被解释变量

被解释变量为某国在某时期发生净资本流动突然中断的概率。如第一章所述，参照古伊多蒂、斯图赛内格尔和威拉（2004）的研究成果，将净资本流动突然中断界定为：一国国际资本净流入占 GDP 的比重下降幅度在 1 年内超过其样本均值的 1 个标准差以上，并且资本净流入的减少量超过 GDP 的 5%。通过对数据的测算、整理，发现在 1 792 个国家/季度样本中，共发生 194 次净资本流动突然中断，其中高收入新兴市场国发生 86 次，低收入新兴市场国发生 108 次，占比分别为 44% 和 56%，说明净资本流动突然中断更多发于低收入新兴市场国。

2. 解释变量

以相关文献研究为指导，结合前文事实和理论研究结果，本节选取宏观经济、金融和国际因素三大类共 15 个指标作为模型的解释变量。具体如下：

（1）宏观经济指标。帕斯特（Pastor，1990）、莱西克（Lensink，2000）和考勒（2006）等将突然中断归因于一国经济基本面的疲软和不确定的政府政策。由此可推断，一国宏观经济形势是影响外资流动的重要因素。本节选取的宏观经济指标包括：①实际 GDP 增长率，高增长能给投资者带来高回报，在一定程度上可降低突然中断的发生概率；②通货膨胀水平，东道国高通胀意味着货币实际购买力下降，对投资者形成潜在威胁，容易引起资本流出；③经常账户收支，卡瓦罗和弗兰科尔（2008）、苏拉（2010）等认为经常账户赤字的国家更有可能发生资本流动突然中断；④政府消费支出，卡尔沃（2003）认为财政负担过重会加大突然中断发生的可能。过量的政府支出是宏观经济政策不合理的表现，易加大财政负担，增加资本流动异动风险。本书以公共消费支出占 GDP 的比重来反映；⑤贸易开放度，学术界关于贸易开放度对突然中断发生概率的驱动作用仍存分歧，一种观点认为贸易开放度的提高会增大国际资本流动调控的难度，使一国更容易遭受外部冲击而发生突然中断（Aizenman & Noy，2004；Calvo et al.，2004；Cowan et al.，2008）；另一种观点认为贸易开放能增强一国抗风险的能力，使该国对外部市场的冲击不敏感，从而降低突然中断发生概率（Edwards，2004；Cavallo，2006；Bordo et al.，2010）。本书期望通过实证分析明确贸易开放对突然中断的驱动作用。

（2）金融指标。一国金融体系运行情况将对国际资本流动施加重要影响。本节选取的金融指标包括：①金融开放水平，已有文献就金融开放对突然中断的驱动作用存在分歧，马丁和雷恩（2002）认为金融全球化使新兴市场国家更容易遭受金融冲击，而爱德华兹（2005）发现没有系统性证据可表明高资本流动性国家比低资本流动性国家更易遭受突然中断，本节期望通过实证分析明确这一问题。拉恩和弗瑞蒂（Lane & Milesi - Ferretti，2006）以总国外资产与总国外负债之和占 GDP 的百分比作为衡量金融开放的指标。参照此，本书以国际资本总流量（总流入额 + 总流出额）① 占 GDP 的比重来反映金融开放度。②国际储备规模，较大规模的国际储备有利于提升一国抵御资本流动异动冲击的能力，可降低突然中断可能性，卡瓦罗和弗兰科尔（2008）把国际储备看成防范突然中断的潜在自我保险因素。本书采用国际储备占 GDP 的比重来反映各国储备水平。③实际利率，东道国实际利率提高是吸引外资和留住内资的重要因素，本书结合通胀率将名义利率转化为实际利率。④资本流动结构，国际资本流动的

---

① 此处采用的是国际资本总流入和总流出额的绝对值。

形式主要有国际直接投资、组合证券投资及其他投资，不同的资本结构对资本稳定性的影响不一样，一般认为直接投资较稳定，而证券投资的波动性较大，对一国金融体系的风险影响较大。卡明等（Kamin et al.，2007）认为直接投资数量的增加，意味着利用外部融资所获得的资金稳定性更高，因为相对于更具波动性的组合投资，FDI 一旦流入，很难在短时间流出。本书分别引入国际直接投资资本总流量和组合证券投资资本总流量占国际资本总流量的比重作为衡量指标。

（3）国际指标。国际经济金融形势对东道国国际资本流动必然产生重要影响。本节选取的国际指标包括：①风险传染性，由第一章的事实分析可知，突然中断具有一定的集中传染性。若某国发生突然中断，基于风险事件的外部传导性，同一区域（按拉美、亚洲、欧洲和非洲划分区域）其他国家发生的概率可能提高，本书以一个二元虚拟变量来表示东道国所在区域在考察期的前一期是否有国家发生突然中断。②国际利率水平，国际利率水平提高代表国际金融市场投资环境的改善，增加对逐利资本的吸引力，加大东道国突然中断的发生概率。何帆（2008）认为决定外资流动的根本原因在于资金供给国的利率变动引起资本回流。本书以三大经济发达国（英国、美国和日本）的货币市场利率的平均值来反映这一指标。③投资者情绪，戴蒙德和戴伯维格（1983）构建金融恐慌模型，指出金融恐慌及其"羊群效应"将导致资本流动突发逆转。本书以芝加哥期权交易所的波动率指数（VXO）来表示投资者情绪。VXO 指数是衡量标准普尔100 指数期权的隐含波动率，又被称为"投资人恐慌指标"，表达了投资者对未来股市波动性的预期，指数越高，代表投资者预期后市波动程度会加剧同时也反映其不安的心理状态，反之则反，因此可以推断随着指数的攀升，国际投资将会逐步缩减。④国际经济增长，主要指发达国家经济增长率，国际经济增长良好态势会促进本国和境外投资者开展国际投资，资本流动更为活跃。⑤国际流动性水平，发达国家充裕的流动性将促进国际投资者展开对新兴市场国家的投资活动。

爱德华兹（2009）发现由于全球流动性下降意味着世界实际利率水平上升，加大了新兴市场国家发生资本流动突然中断的可能性。本书以英国、美国和日本的货币供应量总和来衡量，这一指标可在在一定程度上反映发达经济体的货币政策松紧度。表3-2为各变量的定义、数据来源及基本描述性统计量。由于样本数据为时间跨度较大的季度数据，为保证回归结果的稳健性，在做面板Probit模型估计之前，本书对存在季节变动和趋势变动性的解释变量数据做了季节性调整和趋势分解，采用Census X12季节调整方法去除季节变动要素，并用HP滤波方法分解提取出经济变量的趋势要素。

表3-2 净资本流动突然中断驱动因素分析的变量定义及统计量

变量	变量名称	变量定义	单位	数据来源	均值	标准差	最小值	最大值
SS	突然中断	发生突然中断，取值"1"，否则取值"0"		据BOPS指标测算	0.11	0.31	0	1
GDP	经济增长	实际GDP增长率	%	IFS	4.25	4.89	-19.59	39.09
CPI	通胀水平	消费价格指数通胀率	%	IFS	9.45	16.53	-3.75	17.44
CA	经常账户	经常账户余额/GDP	%	BOPS	-1.92	7.18	-110	23.57
PFC	政府消费	公共消费支出/GDP	%	IFS	15.59	5.48	5.24	37.4
FO	金融开放	国际资本总流量/GDP	%	BOPS	1.6e+03	8.3e+03	0.01	1.6e+05
TO	贸易开放	进出口总额/GDP	%	BOPS	80.05	43.76	5.23	217.86
RIR	实际利率	（1+名义存款利率）/（1+通胀率）-1	%	IFS	0.91	5.75	-49.14	38.14
FDI	直接投资占比	国际直接投资资本总流量/国际资本总流量	%	BOPS	29.82	17.19	0.99	96.54
POR	证券投资占比	国际组合证券投资资本总流量/国际资本总流量	%	BOPS	25.56	17.17	0	84.16
WIR	国际利率水平	英国、美国和日本货币市场利率的平均值	%	IFS	2.81	2.10	0.22	10.24
IR	国际储备	国际储备（黄金除外）/GDP	%	BOPS	60.94	43.18	0.36	215.14
CON	风险传染	风险传染：本地区前一期有国家发生突然中断，取值"1"，否则取值"0"		据BOPS指标测算	0.2	0.4	0	1

续表

变量	变量名称	变量定义	单位	数据来源	均值	标准差	最小值	最大值
GG	国际经济增长	发达经济体实际经济增长率	%	IFS	2.04	2.01	−5.12	10.44
GL	国际流动性	国际货币供应量（英国 M_4、美国 M_2 与日本 M_2 的总和）	百万美元	IFS	1.3e+07	3.9e+06	4.2e+06	2.1e+07
VXO	投资者情绪	芝加哥期权交易所波动率指标（VXO 指数）		芝加哥期权交易所	22.15	8.74	10.6	61.86

注：BOPS 和 IFS 分别是 IMF 编制的《国际收支统计》和《国际金融统计》数据库。

为了诊断解释变量是否存在多重共线性问题，我们在表 3 - 3 报告了主要变量间的相关系数，由相关系数矩阵表可知，所有解释变量两两之间的相关系数均小于 0.5，相关性较低[①]。

三、净资本流动突然中断驱动因素的实证结果分析

（一）模型估计结果分析

本节基于 26 个新兴市场国家 1986～2012 年的样本数据，采用面板 Probit 模型分别对新兴市场全样本国、低收入和高收入新兴市场样本国的净资本流动突然中断驱动因素做实证研究。考虑到解释变量对资本流动影响的时滞并避免内生性问题对估计结果的影响，除世界利率和风险传染以外的指标变量均进行滞后一期处理。由于利率是国际资本流动重要的短期推动因素，所以世界利率选用当期指标是为了考察利率对突然中断影响的时变效应，而风险传染指标在制定时考虑的就是前一期同一地区发生净资本流动突然中断的情况，所以无须再滞后。模型估计结果如表 3 -4 所示。

---

① 表中 L. 前缀代表将变量滞后一期。

净资本流动突然中断驱动因素分析的主要变量相关系数矩阵

表 3 - 3

	L.CPI	L.CA	L.GDP	L.RIR	WIR	L.PFC	L.TO	L.IR	L.GL	L.FO	CON	L.VXO	L.GG	L.FDI	L.POR
L.CPI	1														
L.CA	0.02	1													
L.GDP	-0.07	-0.006	1												
L.RIR	0.33	0.02	-0.17	1											
WIR	0.3	0.01	-0.10	0.22	1										
L.PFC	0.12	0.08	-0.07	0.15	0.01	1									
L.TO	0.19	0.26	-0.03	0.29	0.19	0.13	1								
L.IR	-0.26	-0.03	0.08	-0.29	-0.38	-0.0005	-0.44	1							
L.GL	-0.32	-0.05	0.03	-0.26	-0.83	-0.02	-0.19	0.40	1						
L.FO	0.06	0.03	-0.007	0.06	0.01	0.36	0.01	-0.10	-0.02	1					
CON	0.09	0.02	-0.23	0.04	0.39	0.05	0.16	-0.24	-0.37	0.0005	1				
L.VXO	0.002	0.01	0.27	0.04	0.14	0.06	0.003	-0.05	-0.04	0.01	0.09	1			
L.GG	-0.16	-0.03	-0.38	-0.06	-0.49	-0.01	-0.05	0.21	0.4	-0.003	-0.37	-0.43	1		
L.FDI	-0.05	0.02	0.02	-0.05	-0.02	-0.27	-0.01	0.09	0.04	-0.32	-0.01	-0.02	0.01	1	
L.POR	0.06	0.03	-0.004	0.05	0.04	0.306	0.01	-0.10	-0.04	0.31	0.01	0.02	-0.0003	-0.32	1

表3-4 净资本流动突然中断驱动因素的面板 Probit 模型估计结果

	全样本 SS	高收入新兴市场国家 SS	低收入新兴市场国家 SS
CPI_{t-1}	0.00323 [0.647]	0.0254 [1.413]	0.00209 [0.442]
CA_{t-1}	8.27E-05 [0.344]	-0.000816 [-0.742]	0.000269 ** [2.176]
GDP_{t-1}	-0.0662 *** [-5.950]	-0.0869 *** [-4.705]	-0.0680 *** [-3.658]
PFC_{t-1}	0.00776 [0.623]	-0.0175 [-0.936]	-0.00657 [-0.302]
RIR_{t-1}	0.0496 *** [4.245]	0.0557 * [1.741]	0.0616 *** [4.353]
WIR_t	0.102 ** [2.206]	0.215 *** [2.849]	0.0456 [0.917]
TO_{t-1}	-0.000904 [-0.560]	0.0018 [0.603]	0.00159 [0.400]
IR_{t-1}	-0.00597 *** [-4.000]	-0.0132 *** [-4.306]	-0.00111 [-0.267]
GL_{t-1}	-7.66e-08 *** [-3.203]	-8.17e-08 ** [-2.008]	-8.07e-08 * [-1.904]
FO_{t-1}	8.94e-06 * [1.705]	1.12e-05 ** [1.982]	0.000756 * [1.647]
CON_t	0.596 *** [5.109]	0.802 *** [4.372]	0.483 ** [2.337]
VXO_{t-1}	0.0196 *** [2.918]	0.00917 [0.846]	0.0263 *** [3.203]
GG_{t-1}	-0.0616 * [-1.929]	-0.0236 [-0.468]	-0.0965 ** [-1.978]
FDI_{t-1}	-0.00705 ** [-2.134]	-0.000757 [-0.149]	-0.00905 *** [-2.764]
POR_{t-1}	0.001 [0.330]	0.0101 ** [2.069]	0.00598 * [1.759]
截距项	-3.192 *** [-5.349]	-4.257 *** [-4.302]	-2.790 *** [-3.911]
样本数	1 766	718	1 048
国家数	26	10	16

注：*** 、** 、* 分别表示在1%、5%和10%统计水平上显著，表中括号内为各回归系数相应的 t 值。

由表 3-4 可知，解释变量系数基本与预期方向一致，且关键性因素对突然中断的影响显著。根据全样本估计结果中具有统计显著性的变量系数可发现，净资本流动突然中断的发生概率与一国前期实际利率、当期世界利率水平、金融开放、风险传染和投资者恐慌指标呈正相关关系；与 GDP 增长率、国际储备水平、国际流动性水平、国际经济增长和直接投资占比成负相关关系。下面按指标来分析：

1. 宏观经济指标

（1）经济增长。三组不同样本模型估计结果中，实际 GDP 增长率指标（GDP）均在 1% 的统计水平上显著，说明经济增长对突然中断发生概率具有重要影响，经济增长率的提高有利于吸引国际资本流入以及国内资本停留，而经济增长率下滑是净资本流动突然中断的重要驱动因素之一。

（2）经常账户。经常账户占比指标（CA）的系数仅在低收入新兴市场国样本模型估计结果中显著为正，系数符号与相关文献研究不一致，卡瓦罗和弗兰科尔（2008）、苏拉（2010）等认为经常账户赤字的国家更有可能发生资本流动突然中断。究其原因，大致是低收入新兴市场国经常账户失衡对突然中断的驱动作用不同于其他国家，经常账户盈余国资本回流成为维持盈余国和赤字国双方国际收支均衡的主要渠道，经常账户盈余越大，资本流出的可能性越大。这一结果也与卡尔德松和库布托（2013）提出的本国投资者在经常账户盈余时会倾向于对外投资的观点相符合。

通胀率（CPI）、政府消费指标（PFC）和贸易开放（TO）指标在三组样本估计结果中均不显著，说明这三个变量对净资本流动突然中断发生概率的影响不明确。

2. 金融指标

（1）金融开放。金融开放指标（FO）的系数在三组不同样本模型估计结果中均显著为正，反映金融开放度增大是净资本流动突然中断的重要驱动因素，前期开放度越大的国家越容易遭受金融冲击，而新兴市场国家普遍存在的金融脆弱性会放大冲击，增加突然中断发生的可能性。

（2）实际利率。实际利率指标（RIR）的系数在三组不同样本模型估计结果中均显著为正，反映实际利率是净资本流动突然中断发生概率的重要影响因素，前期实际利率的提高吸引资本大量流入，而当期国际利率水平上升导致资本逆转，从而使突然中断可能性增大，这与苏拉（2010）认为先期资本过度流入是导致突然中断的最直接原因的结论一致。

（3）国际储备。国际储备指标（IR）的系数在三组不同样本模型估计结果中均显著为负，反映国际储备水平是净资本流动突然中断发生概率的重要影响因素。作为对外借款的信用保证，一国国际储备的增加，可提高国际投资者对其偿付能力和币值稳定的信心，刺激投资，从而减小净资本流动突然中断的可能。

（4）资本结构。国际直接投资占比指标（FDI）的系数在全样本和低收入新兴市场国样本模型估计结果中显著为负，说明直接投资资本比较稳定，其占比的提高在一定程度上会减小突然中断的发生概率。相对而言，低收入新兴市场国更易遭受国际直接投资异动的冲击。国际证券投资占比指标（POR）的系数在低收入和高收入新兴市场国样本模型估计结果中显著为正，说明国际证券投资相比直接投资而言更为活跃，易变性更强，其在总流动资本中占比的提高是净资本流动突然中断的重要驱动因素。

3. 国际指标

（1）国际利率水平。当期国际利率指标（WIR）的系数在全样本和高收入新兴市场国样本模型估计结果中显著为正，说明当期国际利率水平的提高是引发资本逆转，从而驱动净资本流动突然中断的重要因素，相对而言，高收入新兴市场国的突然中断受此指标的影响更显著。

（2）国际流动性。国际流动性指标（GL）的系数在三组不同样本模型估计结果中均显著为负，说明新兴经济体容易受发达经济体货币政策的影响，国际流动性降低是净资本流动突然中断的重要驱动因素。

（3）国际经济增长。国际经济增长指标（GG）的系数在全样本和低收入新兴市场国样本模型估计结果中显著为负，说明国际经济增长势头越好，突然中断风险越小，低收入新兴市场国更易受国际经济形势的影响。

（4）国际投资者情绪。投资者情绪指标（VXO）的系数在全样本和低收入新兴市场国样本模型估计结果中显著为正，说明投资者越缺乏信心，恐慌情绪越严重，则突然中断风险越大，低收入新兴市场国更易受国际投资者情绪的影响。

（5）风险传染。突然中断风险传染指标（CON）的系数在全样本和低收入新兴市场国样本模型估计结果中显著为正，说明低收入新兴市场国的突然中断传染效应更大，有更明显的地域集中发生趋势。

由此可见，一国净资本流动突然中断的发生概率同时受到国内宏观经济因素、金融因素和国际因素的影响，宏观经济因素中的经济增长指标影响力最显著，金融指标和国际指标的影响作用非常突出。相对而言，低收入新兴市场国净资本流动突然中断的驱动因素更为复杂多元化。

（二）稳健性检验

回归模型的稳健性是每一个运用于实际预测和分析的模型所应具备的性质，因为样本数据的搜集和整理不可避免地存在误差，如果模型不具备稳健性或稳健性很弱，则可能导致失之毫厘、谬以千里的严重后果。一般根据模型具体情况，可选择调整数据、变量或计量方法来检验模型结果的性质是否改变，本节采用替换实际利率变量和改用面板 Logit 模型估计的方法，检验模型的稳健性。

1. 替换实际利率变量的稳健性检验

接下来本书用国内外利差（IRS）代替国内实际利率水平（RIR）

来实证考察其对净资本流动突然中断的驱动作用。东道国实际利率的提高，相当于该国与国际金融市场间利差的扩大，会提高对逐利资本的吸引力，前期大量资本流入和汇集在一定程度上增大了资本逆转的可能性。本书以东道国实际利率和英国货币市场实际利率之差来代表国内外利差。替换后的 Probit 模型的估计结果如表 3-5 所示，分析发现主要统计结果的符号和显著性与前文基本一致，结果比较稳健。

表 3-5　　净资本流动突然中断驱动因素分析之替换变量的稳健性检验

	全样本 SS	高收入新兴市场国家 SS	低收入新兴市场国家 SS
CPI_{t-1}	0.0393 *** [3.940]	0.0148 [0.863]	0.0510 *** [4.028]
CA_{t-1}	8.24E-05 [0.344]	-0.000733 [-0.665]	0.000268 [0.838]
GDP_{t-1}	-0.0671 *** [-6.020]	-0.0852 *** [-4.627]	-0.0690 *** [-4.461]
PFC_{t-1}	0.00769 [0.619]	-0.0195 [-1.021]	-0.00484 [-0.231]
IRS_{t-1}	0.0412 *** [4.088]	0.0583 * [1.948]	0.0503 *** [4.095]
WIR_t	0.143 *** [2.993]	0.247 *** [3.144]	0.0984 [1.514]
TO_{t-1}	-0.00106 [-0.661]	0.00222 [0.730]	0.00138 [0.480]
IR_{t-1}	-0.00590 *** [-3.957]	-0.0131 *** [-4.291]	-0.00103 [-0.403]
GL_{t-1}	-7.34e-08 *** [-3.086]	-7.75e-08 * [-1.929]	-7.67e-08 ** [-2.368]
FO_{t-1}	8.96e-06 * [1.707]	1.20e-05 ** [2.105]	0.000467 [1.193]
CON_t	0.595 *** [5.101]	0.806 *** [4.389]	0.487 *** [2.985]

续表

	全样本 SS	高收入新兴市场国家 SS	低收入新兴市场国家 SS
VXO_{t-1}	0. 0199 *** [2. 956]	0. 00851 [0. 786]	0. 0265 *** [2. 898]
GG_{t-1}	-0. 0638 ** [-1. 983]	-0. 025 [-0. 498]	-0. 0991 ** [-2. 277]
FDI_{t-1}	-0. 00698 ** [-2. 118]	-0. 000697 [-0. 136]	-0. 00906 ** [-1. 998]
POR_{t-1}	0. 00105 [0. 346]	0. 0101 ** [2. 065]	0. 00603 [1. 440]
截距项	-3. 100 *** [-5. 238]	-4. 212 *** [-4. 317]	-2. 685 *** [-3. 316]
样本数	1 766	718	1 048
国家数	26	10	16

注：***、**、*分别表示在1%、5%和10%统计水平上显著，表中括号内为各回归系数相应的 t 值。

2. 采用面板 Logit 模型估计的稳健性检验

Logit 模型和 Probit 模型均是离散选择模型，都适用于对离散型被解释变量发生概率的影响因素估计。所不同的是，前者假定事件发生概率为逻辑分布的累积分布函数，后者假定为标准正态的累积分布函数，二者的图形比较相似。本书接下来用面板 logit 模型估计净资本流动突然中断的驱动因素，样本数据同前，所得结果如表 3 - 6 所示，分析发现主要统计结果的符号和显著性与前文基本一致，结果比较稳健。

表 3 - 6　　　　　　净资本流动突然中断驱动因素分析之

改用 Logit 模型的稳健性检验

	全样本 SS	高收入新兴市场国家 SS	低收入新兴市场国家 SS
CPI_{t-1}	0. 00555 [0. 523]	0. 0463 [1. 376]	0. 00502 [0. 365]
CA_{t-1}	0. 00024 [0. 477]	-0. 00135 [-0. 668]	0. 000802 [1. 128]

续表

	全样本 SS	高收入新兴市场国家 SS	低收入新兴市场国家 SS
GDP_{t-1}	−0.128 ***	−0.148 ***	−0.155 ***
	[−5.840]	[−4.365]	[−4.641]
PFC_{t-1}	0.0195	−0.0286	0.00218
	[0.726]	[−0.830]	[0.0418]
RIR_{t-1}	0.0928 ***	0.0988 *	0.117 ***
	[4.017]	[1.661]	[3.830]
WIR_t	0.190 *	0.387 ***	0.0646
	[1.944]	[2.660]	[0.439]
TO_{t-1}	−0.00137	0.0043	0.00763
	[−0.397]	[0.779]	[1.105]
IR_{t-1}	−0.0125 ***	−0.0249 ***	−0.00127
	[−3.946]	[−4.277]	[−0.209]
GL_{t-1}	−1.40e−07 ***	−1.28e−07 *	−1.82e−07 **
	[−2.903]	[−1.689]	[−2.550]
FO_{t-1}	1.71E−05 *	2.08e−05 **	0.00153 *
	[1.840]	[2.121]	[1.755]
CON_t	1.144 ***	1.501 ***	0.927 ***
	[5.006]	[4.389]	[2.824]
VXO_{t-1}	0.0389 ***	0.0179	0.0552 ***
	[2.977]	[0.885]	[3.019]
GG_{t-1}	−0.0939 *	−0.0401	−0.160 *
	[−1.820]	[−0.425]	[−1.847]
FDI_{t-1}	−0.0125 *	−0.00163	−0.0155 *
	[−1.909]	[−0.169]	[−1.648]
POR_{t-1}	0.00334	0.0173 *	0.0132
	[0.548]	[1.933]	[1.513]
截距项	−6.227 ***	−7.668 ***	−6.307 ***
	[−5.054]	[−4.115]	[−3.419]
样本数	1 766	718	1 048
国家数	26	10	16

注: ***、**、*分别表示在1%、5%和10%统计水平上显著,表中括号内为各回归系数相应的 t 值。

从综合变量替换和估计方法替换的稳健性检验来看,净资本流动突然中断驱动因素的面板 Probit 模型的稳健性较好。

（三）基本结论

通过上述实证研究发现，净资本流动突然中断的重要驱动因素有：各国 GDP 增长率、经常账户盈余、金融开放度、实际利率、世界利率、突然中断风险传染、国际储备、直接投资和证券投资资本占总流动资本的比重、投资者情绪、世界经济增长和流动性水平。高收入新兴市场国净资本流动突然中断的发生概率与国内前期实际利率、当期世界利率、金融开放度、风险传染及证券投资资本占总流动资本的比重显著正相关；与国内 GDP 增长率、国际储备占 GDP 的比重及国际流动性水平显著负相关。低收入新兴市场国净资本流动突然中断的发生概率与经常账户余额占 GDP 的比重、前期实际利率、金融开放度、风险传染、国际投资者恐慌情绪及证券投资资本占总流动资本的比重显著正相关；与国内 GDP 增长率、直接投资资本占总流动资本的比重、国际流动性水平、国际经济增长水平显著负相关。

综上所述，一国净资本流动突然中断的发生概率受国际国内众多经济金融因素的影响，呈现一定复杂性，低收入新兴市场国突然中断的驱动因素更为复杂多元化。

第二节 流入驱动型与流出驱动型突然中断驱动因素的实证研究

从总资本流动角度区别研究流入驱动型和流出驱动型突然中断的驱动因素，有利于我们深入细致的分析国内投资者和国际投资者的投资决策影响因素的差异，① 以此制定更具针对性的防范对策。本节分

---

① 由于混合型突然中断的主导驱动因素并不明确，通常是由国际和国内投资者共同行为引起，且在突然中断总次数中占比较小，所以本书并不专门对其进行分析，而将其纳入净资本流动突然中断中一并考察。

别基于新兴市场全样本国、低收入和高收入样本国数据，实证研究流入驱动型和流出驱动突然中断的驱动因素。

一、流入/流出驱动型突然中断驱动因素的相关文献述评

近几年来，学术界对国际资本流动突然中断研究的新动向就是从总资本流动角度出发，分别根据其主要由外资流入大幅减少、内资流出大幅增加或二者共同作用引起，将其区分为流入驱动型、流出驱动型和混合型突然中断。科恩等（2008）、福布斯和沃诺克（2012）指出基于净资本流量的研究无法区分由本国投资者资本外流和外国投资者投资减少引起的突然中断，不能给出更有针对性的政策建议，由此形成突然中断的总资本流动角度研究，即从总流入和总流出的不同变化来进行区分研究。

由于从总资本流量角度研究突然中断是该领域的新动向，所以对流入驱动和流出驱动型突然中断驱动因素的相关研究并不多见。罗森伯格和沃诺克（2006）将突然中断区分为真实突然中断和资本突然外流（总资本流出的增幅大于总资本流入的降幅），认为真实突然中断的发生源于境外投资者了解到国际市场或新兴市场的负面信息而退出新兴市场；而资本突然外流源于本国投资者因为本国经济的负面信息而对外投资。科恩等（2008）通过分析53个发达国家和新兴市场国家1975～2004年的数据，发现国内金融体系越发达、贸易开放度越高，则发生流出驱动型突然中断的可能性更大。福布斯和沃诺克（2012）基于58个国家1980～2009年的数据，将国际资本流动极端事件划分为激增、中断、外流和紧缩，指出国际风险是这些事件的重要决定因素，东道国和国际经济增长、国际利率水平和风险传染会影响境外投资者引起的激增和中断事件，而外流事件显示出较难解释的异质性。卡尔德松和库布托（2013）通过分析99个工业化国家和发展中国家1975～2010年的数据，发现东道国经济增长及国际经济环

境良好会减小境外投资者停止投资的可能性；而本国投资者在经常账户盈余时会倾向于对外投资，在国际资本市场风险加大时会减少对外投资；较高的金融开放程度会同时增加流入驱动型和流出驱动型突然中断的可能性。

综上所述，基于总资本流量角度下的流入驱动型和流出驱动型突然中断的研究不多，对其驱动因素研究的立足点较为分散，研究对象并不特别针对新兴经济体。因此，本节以新兴市场国家的季度数据为样本，综合考察国内和国际经济金融因素对流入驱动型和流出驱动型突然中断的驱动影响作用。

二、流入/流出驱动型突然中断驱动因素的实证研究设计

（一）研究假设

由第二章的理论分析可知，在信息不对称情况下，新兴市场国家流入驱动型突然中断的形成归因于国际投资者接收到关于国际市场的负面（私人）信号，或感知到关于新兴市场的负面（公共）信号而退出新兴市场；流出驱动型突然中断归因于本国投资者接收到有关本国经济的负面（私人）信号，或感知到关于其他国家的强劲正面（公共）信号而投向国际市场。在已有文献相关研究成果的基础上，根据前文对两种类型突然中断的事实特征和形成机理的研究结论，本节提出如下实证研究假设：

假设 3.4　流入驱动型和流出驱动型资本流动突然中断的驱动因素呈现差异。

假设 3.5　一国流入驱动型资本流动突然中断发生概率受国际经济金融环境的影响较大，二者成负相关关系，国际经济金融环境越好，流入驱动型突然中断发生概率越小；

假设 3.6　一国流出驱动型资本流动突然中断发生概率受国内经

济金融环境的影响较大，二者呈负相关关系，国内经济金融环境越好，流出驱动型突然中断发生概率越小。

（二）样本和数据

与上一节相同，本节选取 1986～2012 年 26 个新兴市场国家的季度数据作为研究对象，并参照世界银行的划分方式，将样本国分为两组：低收入新兴市场国和高收入新兴市场国。数据频度方面，仍然使用各国季度数据，主要来源于国际货币基金组织《国际收支统计（BOPS）》和《国际金融统计（IFS）》数据库。由于数据可得性及国家解体或经济体制转型等原因导致各国的起始观测年度不一致，所以样本数据为非平衡面板数据，缺漏严重的样本国数据至少有 10 个连续年份的季度数据。

（三）计量模型和方法

本节选择面板数据 Probit 模型分别对流入驱动型和流出驱动型突然中断的驱动因素进行实证分析，采用极大似然方法进行估计。模型设定如下：

$$P(ISS)_{i,t} = c + \alpha(DOM)_{i,t-1} + \beta(GLO)_{i,t-1} + \mu_{i,t}$$
$$P(OSS)_{i,t} = c + \alpha(DOM)_{i,t-1} + \beta(GLO)_{i,t-1} + \mu_{i,t}$$

$ISS_{i,t}$ 为取值 0 和 1 的离散型变量，若 i 国在 t 期（季度）发生流入驱动型突然中断，则取值 "1"，否则取值 "0"。同理，$OSS_{i,t}$ 也是取值 0 和 1 的离散型变量，若 i 国在 t 期（季度）发生流出驱动型突然中断，则取值 "1"，否则取值 "0"。$P(ISS)_{i,t}$ 和 $P(OSS)_{i,t}$ 则分别为 i 国在 t 期发生流入驱动型和流出驱动型突然中断的概率。DOM 表示国内因素指标集，GLO 表示国际因素指标集。

（四）变量定义与测度

1. 被解释变量

被解释变量为某国在某年发生流入驱动型（流出驱动型）突然

中断的概率。同第一章所述，参照科恩等（2008）的界定方式将流入驱动型突然中断界定为国际资本总流入减少量占净流入减少量的比值达到75%以上的突然中断；流出驱动型突然中断是总流入减少量占净流入减少量的比值小于25%的突然中断。其中总流入资本是境外投资者投资本国资产引起的资本流入，由本国金融账户中的负债来反映，包含国际直接投资、组合证券投资和其他投资的负债项下资本流动；相对而言，总流出资本是本国投资者投资外国资产引起的资本流出，由本国金融账户中的资产来反映，包含国际直接投资、组合证券投资和其他投资的资产项下资本流动。通过对数据的测算、整理，发现在194次突然中断中流入驱动型和流出驱动型突然中断分别有126次和30次，其余为混合型突然中断。高收入和低收入新兴市场国发生的流入驱动型突然中断分别为50次和76次，分别占总次数的40%和60%；流出驱动型突然中断分别为19次和11次，分别占总次数的63%和37%。可见，流入驱动型突然中断多发于低收入新兴市场国，而流出驱动型突然中断多发于高收入新兴市场国。

2. 解释变量

为更好地体现分别由境外投资者和本国投资者主导引起的流入驱动型和流出驱动型突然中断驱动因素的差异，本节在上一节净资本流动突然中断驱动因素研究的基础上，分别考察国内和国际两大类因素对两种类型突然中断的驱动作用。

（1）国内因素指标。不论对内资还是外资而言，一国经济和金融形势都是影响其流动的重要因素，因此本书主要选取宏观经济和金融因素进行分析，具体包括：①实际GDP增长率，一般认为，高增长能给投资者带来高回报，在一定程度上可降低突然中断的发生概率；②通货膨胀水平，高通胀意味着实际购买力下降，对投资者形成潜在威胁，容易引起资本流出；③经常账户收支，由于实体经济与金融经济关系密切，经常账户失衡往往引起国际资本流动；

④贸易开放度，一般认为贸易开放程度高的国家更容易受到外部冲击，本书以进出口总额占 GDP 的比重来表示；⑤政府消费支出，过量的政府支出是宏观经济政策不合理的表现，易遭受资本流动异动风险，本书以公共消费支出占 GDP 的比重来反映；⑥国际储备水平，较大规模的国际储备有利于提升一国抵御资本流动异动冲击的能力；⑦金融开放度，一般认为金融开放度高的国家资本流动易变性更大，在经济波动时更易发生资本逆转，本书以国际资本总流入量与总流出量之和占 GDP 的比重来反映；⑧实际利率，东道国实际利率提高是吸引外资和留住内资的重要因素，本书结合通胀率将名义利率转化为实际利率；⑨资本结构，资本流动的具体形式可划分为国际直接投资、组合证券投及其他投资，不同的资本流动结构意味着不同的波动性，一般认为直接投资较稳定，而证券投资的波动性较大，本书分别引入国际资本总流量中直接投资和证券投资资本的占比作为解释变量。以上各项指标中，经常账户、金融开放度及资本结构数据来源于国际货币基金组织编制的《国际收支统计（BOPS)》数据库，其他均来源于国际货币基金组织编制的《国际金融统计（IFS)》数据库。

（2）国际因素指标。国际经济金融形势是跨境投资者拟定投资决策的重要依据，是影响国际资本流动的重要因素，本书选取以下国际经济金融指标来进行分析：①国际经济增长，主要指发达国家经济增长率，国际经济增长的良好态势会促进本国和境外投资者开展国际投资，资本流动更为活跃；②国际流动性水平，充裕的国际流动性将推动国际投资者对新兴市场的投资，同时意味着国际利率水平下降，在一定程度上抑制新兴市场国国内投资者对外投资，本书以三大经济发达国（英国、美国和日本）的货币供应量总和的增长率来反映该指标；③国际利率水平，利差是资本的重要驱动因素，本书以英国、美国和日本三国的货币市场利率的平均值来表示该指标；④风险传染，由第一章的事实特征分析可知，突然中断具有一定的集中传染性，本节以两个二元虚拟变量来分别表示东道国所在地区（按洲划分）前一期是否有国家发生流入驱动型和流出驱动型突然中断；⑤投资者情绪，本节仍以芝加哥期权交易所的波动率指数（VXO）来表示，投资人恐慌指标 VXO 指数越高，代表投资者越为不安的心理状态，反之则反，因此可以推断随着指数的攀升，国际投资将会逐步缩减。以上前三个指标数据来源于 IMF《国际金融统计（IFS）》数据库，风险传染指标根据 IMF《国际收支统计（BOPS)》数据库数据计算而得，VXO 指标数据来源于芝加哥期权交易所。表 3 - 7 为各变量的定义及基本描述性统计量。同前文所述，本书对存在季节变动和趋势变动性的解释变量数据做了季节性调整和趋势分解，采用 Census X12 季节调整方法去除季节变动要素，并用 HP 滤波方法分解提取出经济变量的趋势要素。

表 3 - 7　　流入/流出驱动型突然中断驱动因素分析的变量定义及统计量

变量	变量名称	变量定义	单位	均值	标准差	最小值	最大值
ISS	流入驱动型突然中断	发生流入驱动型突然中断，取值"1"，否则取值"0"		0.04	0.20	0	1
OSS	流出驱动型突然中断	发生流出驱动型突然中断，取值"1"，否则取值"0"		0.02	0.15	0	1
GDP	经济增长	实际 GDP 增长率	%	4.25	4.89	- 19.59	39.09
CPI	通胀水平	消费价格指数通胀率	%	9.45	16.53	- 3.75	17.44
CA	经常账户	经常账户余额/GDP	%	- 1.92	7.18	- 110	23.57
PFC	政府消费	公共消费支出/GDP	%	15.59	5.48	5.24	37.4
FO	金融开放	国际资本总流量/GDP	%	1.6e + 03	8.3e + 03	0.01	1.6e + 05
TO	贸易开放	进出口总额/GDP	%	80.05	43.76	5.23	217.86
RIR	实际利率	(1 + 名义存款利率)/(1 + 通胀率) - 1	%	0.91	5.75	- 49.14	38.14

续表

变量	变量名称	变量定义	单位	均值	标准差	最小值	最大值
FDI	直接投资	国际直接投资资本总流量/ 国际资本总流量	%	29.82	17.19	0.99	96.54
POR	证券投资	国际组合证券投资资本总流量/ 国际资本总流量	%	25.56	17.17	0	84.16
WIR	国际利率	英国、美国和日本货币市场 利率的平均值	%	2.81	2.10	0.22	10.24
IR	国际储备	国际储备（黄金除外）/GDP	%	60.94	43.18	0.36	215.14
ISC	流入驱动型中断风险传染	本地区前一期有国家发生流入驱动型突然中断，取值"1"，否则取值"0"		0.20	0.40	0	1
OSC	流出驱动型中断风险传染	本地区前一期有国家发生流出驱动型突然中断，取值"1"，否则取值"0"		0.14	0.35	0	1
GG	国际经济增长	发达经济体实际经济增长率	%	2.04	2.01	−5.12	10.44
GL	国际流动性	国际货币供应量（英国 M_4、美国 M_2 与日本 M_2 的总和）	百万美元	1.3e+07	3.9e+06	4.2e+06	2.1e+07
VXO	投资者情绪	芝加哥期权交易所波动率指标（VXO 指数）		22.15	8.74	10.60	61.86

为了诊断解释变量是否存在多重共线性问题，我们在表 3 - 8 报告了流入驱动型和流出驱动型突然中断驱动因素模型的主要变量间的相关系数，由相关系数矩阵表可知，两个模型的所有解释变量两两之间的相关系数均小于 0.5，相关性较低①。

---

① 两个模型的解释变量除了流入驱动型中断风险传染（ISC）和流出驱动型中断风险传染指标（OSC）以外，大体一致，所以对相关系数进行统一分析。表中 L. 前缀代表将变量滞后一期。

表3－8　流入／流出驱动型突然中断驱动因素分析的主要变量相关系数矩阵

	L.CPI	L.CA	L.GDP	L.RIR	WIR	L.PFC	L.TO	L.IR	L.GL	L.FO	L.VXO	L.GG	L.FDI	L.POR
L.CPI	1													
L.CA	-0.02	1												
L.GDP	-0.07	0.01	1											
L.RIR	0.45	-0.01	-0.15	1										
WIR	0.33	-0.01	-0.1	0.005	1									
L.PFC	-0.12	0.08	0.08	-0.02	-0.01	1								
L.TO	0.19	-0.26	-0.03	0.2	0.19	-0.13	1							
L.IR	-0.26	0.03	0.08	-0.11	-0.39	0.0005	-0.44	1						
L.GL	-0.32	0.05	0.04	-0.05	-0.33	0.03	-0.2	0.41	1					
L.FO	0.06	-0.04	-0.01	0.03	0.01	-0.37	0.02	-0.11	-0.03	1				
L.VXO	0.003	-0.02	-0.28	0.04	0.15	-0.06	0.004	-0.05	-0.05	0.02	1			
L.GG	-0.16	0.04	0.38	-0.04	-0.49	0.01	-0.05	0.22	0.46	-0.003	-0.43	1		
L.FDI	-0.21	0.11	0.08	-0.02	-0.15	0.05	-0.002	0.17	0.18	-0.03	-0.04	0.03	1	
L.POR	0.07	-0.02	-0.05	0.11	0.14	-0.05	0.07	-0.11	-0.08	0.02	0.08	-0.05	-0.3	1

三、流入/流出驱动型突然中断驱动因素的实证结果及对比分析

（一）流入驱动型突然中断驱动因素的实证结果分析

1. 面板数据 Probit 模型的估计结果

本节基于 26 个新兴市场国家 1986～2012 年的样本数据，采用面板 Probit 模型分别对全样本国、低收入和高收入新兴市场样本国的流入驱动型突然中断驱动因素做实证研究。考虑到宏观变量对资本流动影响的时滞并避免内生性问题对估计结果的影响，除世界利率和流入驱动型中断风险传染以外的指标变量均进行滞后一期处理。同前所述，世界利率选用当期指标是为了考察利率对突然中断影响的时变效应，而流入驱动型中断风险传染指标在制定时考虑的就是前一期同一地区发生流入驱动型突然中断的情况，所以无须再滞后。模型估计结果如表 3 - 9 所示。

表 3 - 9　　流入驱动型突然中断驱动因素的面板 Probit 模型估计结果

	全样本 ISS	高收入新兴市场国家 ISS	低收入新兴市场国家 ISS
CPI_{t-1}	0.00317	0.0278	0.00288
	[0.538]	[1.283]	[0.393]
CA_{t-1}	- 5.44E - 05	- 0.000204	0.000237
	[- 0.233]	[- 0.162]	[0.836]
GDP_{t-1}	- 0.0731 ***	- 0.0834 ***	- 0.0806 ***
	[- 6.105]	[- 4.007]	[- 4.571]
PFC_{t-1}	0.0104	- 0.0199	- 0.00445
	[0.735]	[- 0.883]	[- 0.168]
RIR_{t-1}	0.0512 ***	0.0679 *	0.0644 ***
	[3.978]	[1.761]	[3.924]
WIR_t	0.114 **	0.371 ***	0.0499
	[2.246]	[4.318]	[0.657]

续表

	全样本 ISS	高收入新兴市场国家 ISS	低收入新兴市场国家 ISS
TO_{t-1}	0.000641 [0.349]	0.00839 ** [2.329]	0.0034 [0.961]
IR_{t-1}	−0.00689 *** [−4.102]	−0.0147 *** [−3.891]	−0.000265 [−0.0848]
GL_{t-1}	−8.36e−08 *** [−3.262]	−9.85e−08 * [−1.929]	−9.73e−08 *** [−2.596]
FO_{t-1}	8.92E−06 [1.544]	3.37E−06 [0.380]	0.000756 * [1.647]
ISC_t	0.607 *** [5.044]	0.728 *** [3.067]	0.476 *** [2.732]
VXO_{t-1}	0.0204 *** [2.933]	0.0168 [1.256]	0.0277 *** [2.871]
GG_{t-1}	−0.0613 * [−1.897]	−0.107 * [−1.715]	−0.101 ** [−2.230]
FDI_{t-1}	−0.00680 * [−1.958]	−0.00512 [−0.820]	−0.00847 * [−1.734]
POR_{t-1}	1.36E−03 [0.420]	0.00344 [0.587]	0.00648 [1.423]
截距项	−3.536 *** [−5.439]	−5.733 *** [−4.499]	−3.315 *** [−3.459]
样本数	1 766	718	1 048
国家数	26	10	16

注：***、**、*分别表示在1%、5%和10%统计水平上显著，表中括号内为各回归系数相应的t值。

由表3−9的估计结果发现，流入驱动型突然中断的发生概率主要受经济增长、实际利率、世界利率、国际储备、国际流动性水平、风险传染、投资者情绪、国际经济增长和直接投资占比的影响。具体的指标分析如下：

（1）国内因素

①经济增长。三组不同样本模型估计结果中，实际 GDP 增长率

指标（GDP）均在1%的统计水平上显著，说明经济增长是流入驱动型突然中断发生概率的重要影响因素，增长率的提高有利于吸引国际资本流入，因而经济增长率下滑是流入驱动型突然中断的重要驱动因素之一。

②实际利率。实际利率指标（RIR）的系数在三组不同样本模型估计结果中均显著为正，反映实际利率是流入驱动型突然中断发生概率的重要影响因素，前期实际利率的提高吸引资本大量流入，加大了资本受到冲击后突然逆转的可能性。

③贸易开放。贸易开放指标（TO）的系数仅在高收入新兴市场国样本模型估计结果中显著为正，说明高收入新兴市场国贸易开放度的提高，使之更容易受到外部冲击，发生流入驱动型突然中断的概率更大。

④金融开放。金融开放指标（FO）的系数仅在低收入新兴市场国样本模型估计结果中显著为正，说明低收入新兴市场国在促进金融开放的进程中，容易遭受资本流动异动冲击，而其普遍存在的金融脆弱性会放大冲击，增大流入驱动型突然中断发生的可能性。

⑤国际储备。国际储备指标（IR）的系数在全样本和高收入新兴市场国样本模型估计结果中显著为负，说明国际储备水平的提高有利于增强国际投资者信心，提升一国金融体系抗风险的能力，相对而言，高收入新兴市场国受此影响更显著。

⑥直接投资。国际直接投资占比指标（FDI）的系数在全样本和低收入新兴市场国样本模型估计结果中显著为负，说明低收入新兴市场国更易遭受国际直接投资撤离的冲击，一般而言，低收入新兴市场国的金融市场不够发达，且开放程度不高，因而直接投资是外资进入的主要形式。

此外，通胀率（CPI）、经常账户（CA）、政府消费指标（PFC）和证券投资占比（POR）四个指标在三组样本估计结果中均不显著，说明这四个变量对流入驱动型突然中断发生概率的影响不明确。

（2）国际因素

①国际利率水平。当期国际利率指标（WIR）的系数在全样本和高收入新兴市场国样本模型估计结果中显著为正，说明当期国际利率水平的提高是引发资本回流，从而导致流入驱动型突然中断的重要因素。相对而言，高收入新兴市场国受国际利率水平变动的影响更显著。

②国际流动性。国际流动性指标（GL）的系数在三组不同样本模型估计结果中均显著为负，说明新兴经济体容易受发达经济体货币政策的影响，国际流动性降低是外资流入大幅减少的重要动因。

③国际经济增长。国际经济增长指标（GG）的系数在三组不同样本模型估计结果中均显著为负，说明国际经济形势恶化是引发外资逆转，形成流入驱动型突然中断的重要驱动因素。

④国际投资者情绪。投资者恐慌情绪指标（VXO）的系数在全样本和低收入新兴市场国样本模型估计结果中显著为正，说明当国际投资者预期后市波动性加剧，避险情绪上升时，会加大从东道国撤离资本从而引发流入驱动型突然中断的可能性。相对而言，低收入新兴市场国更易受国际投资者情绪的影响。

⑤风险传染。流入驱动型突然中断风险传染指标（ISC）的系数在三组不同样本模型估计结果中均显著为正，说明流入驱动型突然中断的传染效应较大，有显著的地域集中发生趋势，由此也印证了国际投资者对新兴市场国家投资行为的"羊群效应"。

由三组模型的估计结果来看，10 个国内因素指标中仅 4 个在两组以上模型结果中表现为显著（GDP、RIR、IR 和 FDI），而 5 个国际因素指标全都在两组以上模型结果中表现为显著（WIR、GL、ISC、VXO 和 GG）。由此可见，一国流入驱动型突然中断的发生概率同时受到国内和国际经济金融因素的影响，相对而言，国际因素的影响作用更大。这一结果与第二章理论分析的结论一致，即当国际投资者感知到有关国际市场的负面（私人）信号或有关新兴市场的负面

（公共）信号，都会使新兴市场的外资流入大幅减少，从而形成新兴市场国流入驱动型突然中断。

2. 稳健性检验

本节依然采用替换实际利率变量和改用面板 Logit 模型估计的方法，检验模型的稳健性。

（1）替换实际利率变量的稳健性检验

接下来本书用国内外利差（IRS）代替国内实际利率水平（RIR）来实证考察其对流入驱动型突然中断的驱动作用。东道国前期实际利率的提高，相当于该国利率与国际金融市场利率间的利差扩大，会吸引外资流入，前期大量流入的外资若遭遇负面冲击，可能发生大规模撤离，从而发生流入驱动型突然中断。本书以东道国实际利率和英国货币市场实际利率之差来代表国内外利差。替换后的 Probit 模型估计结果如表 3 – 10 所示，分析发现主要统计结果的符号和显著性与原模型基本一致，结果比较稳健。

表 3 – 10　　流入驱动型突然中断驱动因素分析之替换变量的稳健性检验

	全样本 ISS	高收入新兴市场国家 ISS	低收入新兴市场国家 ISS
CPI_{t-1}	0.00446	0.0171	0.00184
	[0.494]	[0.813]	[0.285]
CA_{t-1}	0.000411	0.000391	0.000234
	[1.010]	[0.314]	[0.619]
GDP_{t-1}	− 0.0578 ***	− 0.0853 ***	− 0.0863 ***
	[− 4.227]	[− 4.172]	[− 4.929]
PFC_{t-1}	0.00373	− 0.0201	0.00881
	[0.222]	[− 0.892]	[0.363]
IRS_{t-1}	0.00611 *	0.0474 *	0.0671 ***
	[1.876]	[1.883]	[4.216]
WIR_t	− 0.116 *	0.263 ***	− 0.0524
	[− 1.750]	[3.814]	[− 0.882]

续表

	全样本 ISS	高收入新兴市场国家 ISS	低收入新兴市场国家 ISS
TO_{t-1}	0.00227 [1.094]	0.00934 *** [2.602]	− 0.00112 [− 0.314]
IR_{t-1}	− 0.00234 [− 1.246]	− 0.0151 *** [− 4.018]	− 0.00467 [− 1.458]
GL_{t-1}	− 0.0437 ** [− 2.399]	− 0.00367 * [− 1.950]	− 0.0364 ** [− 2.154]
FO_{t-1}	1.58E − 06 [0.179]	4.69E − 06 [0.556]	− 0.00078 [− 1.130]
ISC_t	0.499 *** [3.170]	0.728 *** [3.090]	0.374 * [1.818]
VXO_{t-1}	0.0208 ** [2.250]	0.00887 [0.676]	0.0373 *** [3.495]
GG_{t-1}	− 0.0643 * [− 1.834]	− 0.132 ** [− 2.194]	− 0.0937 * [− 1.792]
FDI_{t-1}	− 0.00196 [− 0.9449]	− 0.00391 [− 0.636]	− 0.0116 ** [− 2.110]
POR_{t-1}	0.00137 [0.321]	0.0029 [0.491]	− 0.00668 [− 1.343]
截距项	− 2.158 *** [− 4.043]	− 4.003 *** [− 4.598]	− 1.886 *** [− 3.070]
样本数	1 766	718	1 048
国家数	26	10	16

注：*** 、** 、* 分别表示在1% 、5% 和10% 统计水平上显著，表中括号内为各回归系数相应的 t 值。

（2）采用面板 Logit 模型估计的稳健性检验

接下来我们用面板 Logit 模型估计流入驱动型突然中断的驱动因素，样本数据同前，所得结果如表 3 – 11 所示，分析发现主要统计结果的符号和显著性与原模型基本一致，结果比较稳健。

表 3－11　　　　　　　流入驱动型突然中断驱动因素分析之

改用 Logit 模型的稳健性检验

	全样本 ISS	高收入新兴市场国家 ISS	低收入新兴市场国家 ISS
CPI_{t-1}	0.000487	0.0561	0.000359
	[0.0485]	[1.362]	[0.0383]
CA_{t-1}	0.000819	− 0.00064	0.000775 **
	[0.702]	[− 0.256]	[2.148]
GDP_{t-1}	− 0.101 ***	− 0.148 ***	− 0.149 ***
	[− 3.804]	[− 3.670]	[− 3.934]
PFC_{t-1}	0.000516	− 0.0409	0.0276
	[0.0145]	[− 0.912]	[0.591]
RIR_{t-1}	0.0223 *	0.127 *	0.115 ***
	[1.772]	[1.662]	[4.755]
WIR_t	− 0.0784	0.700 ***	− 0.174
	[− 0.412]	[4.117]	[− 1.070]
TO_{t-1}	0.00317	0.0171 **	− 0.00317
	[0.476]	[2.344]	[− 0.311]
IR_{t-1}	− 0.00349	− 0.0295 ***	− 0.00719
	[− 0.596]	[− 3.897]	[− 0.649]
GL_{t-1}	− 4.31E − 08 *	− 1.60E − 07 *	− 6.70E − 08 *
	[− 1.780]	[− 1.873]	[− 1.825]
FO_{t-1}	7.00E − 06	1.22E − 05	− 0.00126 *
	[0.791]	[0.726]	[− 1.825]
ISC_t	1.286 ***	1.540 ***	0.973 ***
	[2.910]	[3.191]	[2.624]
VXO_{t-1}	0.0354 **	0.0281	0.0633 ***
	[2.163]	[1.075]	[3.226]
GG_{t-1}	− 0.0613 *	− 0.217 *	− 0.119 *
	[− 1.914]	[− 1.725]	[− 1.845]
FDI_{t-1}	− 0.00143	− 0.0109	− 0.0248 **
	[− 0.192]	[− 0.869]	[− 2.561]
POR_{t-1}	0.00174	0.00426	− 0.0122
	[0.325]	[0.374]	[− 1.429]

续表

	全样本 ISS	高收入新兴市场国家 ISS	低收入新兴市场国家 ISS
截距项	− 5.233 *** ［− 4.642］	− 10.56 *** ［− 4.147］	− 2.652 ［− 1.523］
样本数	1 766	718	1 048
国家数	26	10	16

注：*** 、** 、* 分别表示在 1% 、5% 和 10% 统计水平上显著，表中括号内为各回归系数相应的 t 值。

综合变量替换和估计方法替换的稳健性检验来看，流入驱动型突然中断驱动因素的面板 Probit 模型的稳健性较好。

（二）流出驱动型突然中断驱动因素的实证结果分析

1. 面板数据 Probit 模型的估计结果

本节基于 26 个新兴市场国家 1986 ~ 2012 年的样本数据，采用面板 Probit 模型分别对全样本国、低收入和高收入新兴市场样本国的流出驱动型突然中断驱动因素做实证研究。同前所述，除世界利率和流入驱动型中断风险传染以外的指标变量均进行滞后一期处理。模型估计结果如表 3 − 12 所示。

表 3 − 12　　流出驱动型突然中断驱动因素的面板 Probit 模型估计结果

	全样本 OSS	高收入新兴市场国家 OSS	低收入新兴市场国家 OSS
CPI_{t-1}	− 0.0052 ［− 0.470］	0.0315 ［0.651］	− 0.01 ［− 0.527］
CA_{t-1}	0.000216 ［0.610］	0.00282 ［0.876］	− 9.70E − 05 ［− 0.375］
GDP_{t-1}	− 0.0276 * ［− 1.860］	− 0.0149 ［− 0.700］	− 0.0085 ［− 0.269］

续表

	全样本 OSS	高收入新兴市场国家 OSS	低收入新兴市场国家 OSS
PFC_{t-1}	0.00621 [0.429]	−0.0293 [−0.841]	−0.0572 [−1.418]
RIR_{t-1}	0.0275* [1.745]	0.104*** [3.403]	−0.013 [−0.503]
WIR_t	0.174** [2.566]	0.283*** [2.720]	0.319* [1.713]
TO_{t-1}	0.00124 [0.610]	−0.00715 [−0.818]	0.0091 [1.309]
IR_{t-1}	0.0022 [1.134]	0.0008 [0.177]	0.00834** [2.050]
GL_{t-1}	−9.16e−08** [−2.361]	−4.28E−08 [−0.817]	−2.46e−07* [−1.700]
FO_{t-1}	1.73e−05** [2.034]	2.15e−05*** [6.959]	0.000193 [0.687]
OSC_t	0.511*** [3.134]	0.183 [0.395]	0.135 [0.730]
VXO_{t-1}	−0.000317 [−0.0314]	−0.0173*** [−2.922]	−0.0152 [−0.972]
GG_{t-1}	−0.0352 [−0.756]	0.0959** [2.142]	−0.0229 [−0.268]
FDI_{t-1}	−4.76E−05* [−1.829]	−5.01e−05*** [−31.32]	−0.00756* [−1.693]
POR_{t-1}	3.45E−05* [1.820]	4.91e−05*** [3.325]	0.0104** [2.454]
截距项	−4.045*** [−4.780]	−0.91 [−0.576]	−6.284** [−2.457]
样本数	1 766	718	1 048
国家数	26	10	16

注：***、**、*分别表示在1%、5%和10%统计水平上显著，表中括号内为各回归系数相应的 t 值。

由表3−12的估计结果发现，流出驱动型突然中断的发生概率主要受经济增长、实际利率、金融开放、世界利率、资本结构、国际流动性水平、国际经济增长和风险传染的影响。具体的指标分析如下：

（1）国内因素

①经济增长。实际 GDP 增长率指标（GDP）系数仅在全样本模型估计结果中显著为负，说明经济增长有利于吸引国内资本在境内投资，减小内资外流的可能性。

②实际利率。前期实际利率指标（RIR）系数在全样本和高收入新兴市场国样本模型估计结果中均显著为正，反映实际利率是流出驱动型突然中断发生概率的重要影响因素，前期实际利率的提高吸引内资大量汇集，加大了流出驱动型突然中断的发生概率。

③金融开放。金融开放指标（FO）的系数全样本和高收入新兴市场国样本模型估计结果中均显著为正，说明本国开放程度的提高，促成内资外流，增大流出驱动型突然中断发生的可能性，在高收入新兴市场国尤为明显。罗森伯格和沃诺克（2006）指出开放度很可能对流入驱动型突然中断和流出驱动型突然中断有不同的影响，此处论证了这一观点，其对流出驱动型突然中断的影响更大。

④国际储备。国际储备占比指标（IR）系数仅在低收入新兴市场国样本模型估计结果中显著为正，这一影响方向不同于传统观点和前文研究结果，说明低收入新兴市场国国际储备的形成大多是货币当局为了维护汇率稳定而进行货币干预的结果，由此导致国内流动性增大，加大通货膨胀压力，推动内资外流。

⑤直接投资。国际直接投资占比指标（FDI）系数在三组样本模型估计结果中显著为负，说明直接投资占总投资的比重越大，资本流动越稳定，发生流出驱动型突然中断的概率越小。

⑥证券投资。国际证券组合投资占比指标（POR）系数在三组样本模型估计结果中显著为正，说明证券组合投资占总投资的比重越大，资本流动波动性越强，发生流出驱动型突然中断的概率越大。

此外，通胀率（CPI）、经常账户（CA）、政府消费指标（PFC）

和贸易开放（TO）指标在三组样本估计结果中均不显著，说明这四个变量对流出驱动型突然中断发生概率的影响不明确。

（2）国际因素

①国际利率水平。当期国际利率指标（WIR）的系数在三组样本模型估计结果中显著为正，说明当期国际利率水平的提高是吸引内资外流，进而引发流出驱动型突然中断的重要因素。

②国际流动性。国际流动性指标（GL）的系数在全样本和低收入新兴市场国样本模型估计结果中均显著为负，说明新兴经济体容易受发达经济体货币政策的影响，国际流动性降低意味着实际利率提高，可为内资对外投资提供高回报，促使流出驱动型突然中断的形成。相对而言，低收入新兴市场国受国际流动性的影响更显著。

③国际投资者情绪。投资者恐慌情绪指标（VXO）的系数仅在高收入新兴市场国样本模型估计结果中显著为负，说明高收入新兴市场国的国内投资者更易受国际投资者情绪的影响，国际投资者的恐慌情绪传染给国内投资者，则会降低后者对外投资的积极性，从而减小流出驱动型突然中断发生的可能性。

④国际经济增长。国际经济增长指标（GG）的系数仅在高收入新兴市场国样本模型估计结果中显著为正，说明发达经济体经济增长势头良好会吸引高收入新兴经济体内资外流，加大流出驱动型突然中断的发生概率。

⑤风险传染。流出驱动型突然中断风险传染指标（OSC）的系数仅在全样本模型估计结果中显著为正，说明流出驱动型突然中断在新兴市场国家内部具有一定传染效应，但其在高收入和低收入新兴市场国细分样本中却不明显。

三组模型估计结果中，在两组以上表现为显著的国内因素指标有4个（RIR、FO、POR和FDI），而国际因素指标仅2个（WIR和GL）。由此可见，一国流出驱动型突然中断的发生概率同时受到国内和国际经济金融因素的影响，相对而言，国内经济金融环境的影响作用更大。这一结果与第二章理论分析的结论一致，即本国投资者由于有关本国经济的负面（私人）信号而退出本土市场，使本国国内资本大幅外流，从而形成新兴市场国流出驱动型突然中断。

2. 稳健性检验

同前所述，本节采用替换金融开放变量和改用面板 Logit 模型估计的方法，检验模型的稳健性。

（1）替换金融开放变量的稳健性检验

拉恩和弗瑞蒂（2006）设计了几个衡量金融开放的指标，除了总国外资产与总国外负债之和占 GDP 的百分比，还可以用国际直接投资资产负债与国际证券投资资产负债之和占 GDP 的百分比，即权益类投资资产和负债占 GDP 的百分比（EFO）。接下来本书用替代性金融开放指标（EFO）代替之前的金融开放指标（FO）来实证考察其对流入驱动型突然中断的驱动作用，并检验原模型的稳健性。替换后模型的估计结果如表 3 - 13 所示，分析发现主要统计结果的符号和显著性与原模型基本一致，结果比较稳健。

表 3 - 13　流出驱动型突然中断驱动因素分析之替换变量的稳健性检验

	全样本 OSS	高收入新兴市场国家 OSS	低收入新兴市场国家 OSS
CPI_{t-1}	- 0.00657 [- 0.558]	0.0297 [0.594]	- 0.00976 [- 0.334]
CA_{t-1}	0.000217 [0.597]	0.00317 [0.989]	- 8.21E - 05 [- 0.224]
GDP_{t-1}	- 0.0270 * [- 1.794]	- 0.0113 [- 0.521]	- 0.00929 [- 0.322]
PFC_{t-1}	0.0156 [1.094]	- 0.0205 [- 0.590]	- 0.0582 [- 1.442]
IRS_{t-1}	0.0267 * [1.685]	0.102 *** [3.279]	- 0.0131 [- 0.339]
WIR_t	0.171 ** [2.535]	- 0.280 *** [- 2.792]	0.265 * [1.658]

续表

	全样本 OSS	高收入新兴市场国家 OSS	低收入新兴市场国家 OSS
TO_{t-1}	0.000803 [0.400]	−0.00747 [−0.846]	0.00917 [1.602]
IR_{t-1}	0.00257 [1.348]	−0.000749 [−0.169]	0.00856 * [1.730]
GL_{t-1}	−8.75e−08 ** [−2.278]	−3.80E−08 [−0.683]	−2.45e−07 *** [−2.880]
EFO_{t-1}	1.77e−05 *** [2.654]	2.42e−05 *** [12.10]	0.0011 [0.639]
OSC_t	0.483 *** [2.969]	0.202 [0.422]	0.123 [0.357]
VXO_{t-1}	−0.00169 [−0.167]	−0.0177 *** [−3.093]	0.0154 [0.791]
GG_{t-1}	−0.0432 [−0.925]	0.0807 * [1.919]	−0.0237 [−0.223]
FDI_{t-1}	−2.91e−05 *** [−6.278]	−4.68e−05 *** [−34.19]	−0.00772 * [−1.875]
POR_{t-1}	7.34e−05 ** [1.961]	5.35e−05 *** [2.982]	0.00956 ** [2.294]
截距项	−4.013 *** [−4.760]	−0.915 [−0.577]	−6.253 *** [−3.323]
样本数	1 766	718	1 048
国家数	26	10	16

注：***、**、*分别表示在1%、5%和10%统计水平上显著，表中括号内为各回归系数相应的 t 值。

（2）采用面板 Logit 模型估计的稳健性检验

接下来用面板 Logit 模型估计流出驱动型突然中断的驱动因素，样本数据同上，所得结果如表3－14所示，分析发现主要统计结果的符号和显著性与原模型基本一致，结果比较稳健。

表3－14　　　　　　　流出驱动型突然中断驱动因素分析之

改用 **Logit** 模型的稳健性检验

	全样本 OSS	高收入新兴市场国家 OSS	低收入新兴市场国家 OSS
CPI_{t-1}	－ 0. 0158	0. 028	－ 0. 0232
	［ － 0. 812］	［0. 205］	［ － 0. 478］
CA_{t-1}	0. 000747	0. 00705	－ 0. 000486
	［0. 472］	［0. 769］	［ － 0. 721］
GDP_{t-1}	－ 0. 0607 *	－ 0. 0344	－ 0. 00521
	［ － 1. 864］	［ － 0. 699］	［ － 0. 0813］
PFC_{t-1}	0. 0222	－ 0. 0752	－ 0. 13
	［0. 854］	［ － 0. 965］	［ － 1. 397］
RIR_{t-1}	0. 071 *	0. 183 **	－ 0. 0374
	［1. 800］	［2. 456］	［ － 0. 614］
WIR_t	0. 398 **	0. 639 ***	0. 755
	［2. 571］	［4. 123］	［1. 435］
TO_{t-1}	0. 00332	－ 0. 0194	0. 02
	［0. 985］	［ － 0. 961］	［1. 161］
IR_{t-1}	0. 00504	0. 00446	0. 0164 *
	［1. 196］	［0. 551］	［1. 763］
GL_{t-1}	2. 03e － 07 **	7. 52E － 08	6. 61e － 07 **
	［2. 038］	［0. 747］	［1. 971］
FO_{t-1}	3. 35e － 05 ***	4. 14e － 05 ***	0. 000204
	［10. 59］	［5. 740］	［0. 124］
OSC_t	1. 161 ***	0. 221	0. 212
	［3. 585］	［0. 243］	［0. 478］
VXO_{t-1}	0. 00114	－ 0. 0342 *	0. 0271
	［0. 0504］	［ － 1. 810］	［0. 651］
GG_{t-1}	－ 0. 0718	0. 208 **	－ 0. 121
	［ － 0. 406］	［2. 079］	［ － 0. 564］
FDI_{t-1}	－ 8. 69e － 05 ***	－ 9. 49e － 05 ***	－ 0. 0182 **
	［ － 10. 82］	［ － 22. 87］	［ － 2. 268］
POR_{t-1}	6. 08e － 05 ***	0. 000100 ***	0. 0241 **
	［4. 245］	［2. 896］	［2. 410］

	全样本 OSS	高收入新兴市场国家 OSS	低收入新兴市场国家 OSS
截距项	− 8. 598 *** [− 3. 707]	− 0. 221 [− 0. 0743]	− 15. 41 ** [− 2. 453]
样本数	1 766	718	1 048
国家数	26	10	16

注：***、**、*分别表示在1%、5%和10%统计水平上显著，表中括号内为各回归系数相应的 t 值。

综合变量替换和估计方法替换的稳健性检验来看，流出驱动型突然中断驱动因素的面板 Probit 模型的稳健性较好。

（三）实证结果对比分析

由上述结果可知，流入驱动型和流出驱动型突然中断的驱动因素存在差异，且高收入和低收入新兴市场国突然中断的驱动因素也有不同。以下根据面板 Probit 模型估计结果中系数显著的变量，做出三组样本国的两类型突然中断发生概率与驱动因素的相关关系对比表，如表 3 - 15 所示。

1. 发生概率对比分析

在本书中国家/季度样本共发生 194 次突然中断，其中流入驱动型和流出驱动型突然中断分别有 126 次和 30 次，占比分别为 65% 和 15%。高收入和低收入新兴市场国发生的流入驱动型突然中断分别为 50 次和 76 次，分别占总次数的 40% 和 60%，流出驱动型突然中断分别为 19 次和 11 次，分别占总次数的 63% 和 37%。由此可推断，流入驱动型突然中断更常见，且多发于低收入新兴市场国；流出驱动型突然中断多发于高收入新兴市场国，说明与这些国家的经济发展水平相适应，国内资本倾向于外流，追求国际投资收益。

表 3－15　　　　　　　　　　　实证结果对比分析

驱动因素		流入驱动型突然中断			流出驱动型突然中断		
		全样本国	高收入新兴国	低收入新兴国	全样本国	高收入新兴国	低收入新兴国
国内因素	经济增长	负相关	负相关	负相关	负相关		
	前期实际利率	正相关	正相关	正相关	正相关	正相关	
	贸易开放度		正相关				
	金融开放度			正相关	正相关	正相关	
	国际储备占比	负相关	负相关				正相关
	直接投资占比	负相关		负相关	负相关	负相关	负相关
	证券投资占比				正相关	正相关	正相关
国际因素	当期国际利率水平	正相关	正相关		正相关	正相关	正相关
	国际流动性水平	负相关	负相关	负相关	负相关		负相关
	国际经济增长	负相关	负相关	负相关		正相关	
	国际投资者恐慌情绪	正相关		正相关		负相关	
	风险传染	正相关	正相关	正相关	正相关		
显著相关指标数（个）		9	8	8	8	7	5

2. 两类型突然中断的驱动因素对比分析

对比流入驱动型和流出驱动型突然中断的驱动因素，可发现区别主要体现在以下几方面：

（1）复杂度。相对而言，流入驱动型突然中断发生概率的影响因子更多元化，说明其驱动因素更复杂；而流出驱动型突然中断的驱动因素相对较少，说明它的发生具有更大的不确定性。

（2）相关方向。两种类型突然中断的发生概率与驱动因素的变动方向基本一致，但国际储备占比、国际经济增长和国际投资者恐慌情绪三个指标对两种类型突然中断的驱动方向截然相反，当国际储备占比越小、国际经济增长率越低和国际投资者情绪越恐慌不安，流入驱动型突然中断发生概率越大，而流出驱动型突然中断发生概率越小。这一结果说明：第一，一国国际储备规模越大，国际投资者入境投资信心越强，同时由于国内流动性增大使得国内投资者跨境投资积极性提高；第二，国际经济增长势头良好，有利于促进国际投资活动的开展，国际投资者积极投资于新兴市场，减小了流入驱动型突然中断的发生概率，同时新兴市场国家国内投资者也积极对外投资以谋取高收益，不论内资还是外资都更为活跃；第三，投资者信心与投资积极性正相关，国际投资者恐慌情绪的加重将促使国际资本撤离新兴市场，同时抑制新兴市场国国内投资者对外投资。

（3）指标显著性。各驱动因素指标对两种类型突然中断的驱动作用的显著性基本一致，但贸易开放度与证券投资占比两个指标有所不同，两者仅对流入驱动型突然中断的驱动作用显著，而对流出驱动型突然中断的驱动作用不显著。这说明相对国内投资者而言，国际投资者在贸易开放度较高的东道国投资更为活跃，波动性更人；且他们进行组合证券投资的比重更大，在一定程度上说明国际投资者综合投资素质较高。

（4）国内外影响。对比国内外驱动因素对两种类型突然中断的驱动作用，发现流入驱动型突然中断发生概率更易受国际因素影响，而流出驱动型突然中断发生概率更易受国内因素影响，这与第二章理论分析的结论一致，其主要原因是国内外投资者之间的信息不对称。

3. 两类型国家突然中断的驱动因素对比分析

对比高收入和低收入新兴市场国突然中断的驱动因素，可发现区别主要体现在以下几方面：

（1）复杂度。相对而言，高收入新兴市场国的流出驱动型突然中断驱动因素更复杂多元化，在一定程度上可解释流出驱动型突然中断多发于高收入新兴市场国的现象。

（2）指标显著性。就流入驱动型突然中断而言，贸易开放度、国际储备占比和当期国际利率水平的驱动作用在高收入新兴市场国显著，在低收入新兴市场国不显著，而金融开放度、直接投资占比和国际投资者恐慌情绪指标则相反。这说明相对而言，国际投资者在高收入新兴市场国的投资受其贸易开放度、国际储备规模和国际利率水平的影响较大，而在低收入新兴市场国的投资受其金融开放度、投资形式（以直接投资还是间接投资为主）和投资者心理因素影响较大。这在一定程度上反映了低收入新兴市场国的投资环境不够完善，比如，金融开放程度不高、制度建设不健全等，因而国际投资者对其进行投资较谨慎，且投资者信心易波动。就流出驱动型突然中断而言，前期实际利率、金融开放度、国际经济增长和国际投资者恐慌情绪的驱动作用在高收入新兴市场国显著，在低收入新兴市场国不显著，而国际储备和国际流动性指标则相反，说明高收入新兴市场国国内投资者的对外投资决策受国内利率、金融开放度、国际经济增长和国际市场投资者情绪的影响较大，而低收入新兴市场国国内投资者的对外投资决策则受该国国际储备规模和发达经济体货币政策的影响较大。这在一定程度上反映出高收入新兴市场国的投资者素质更高，对外投资更积极活跃，因而流出驱动型突然中断多发于这类国家。

（四）基本结论

根据模型的估计结果，可以得出以下结论：（1）国际因素对流入驱动型突然中断的驱动作用较大，当一国国内经济增长率下滑、贸易与金融开放度提高、前期实际利率提高和国际直接投资资本占总流动资本比重降低，同时国际上经济增长率下降、流动性减小、当期利率升高、投资者恐慌情绪加重以及前一期本地区有他国发生流入驱动型突然中断时，该国流入驱动型突然中断的发生概率增大；（2）国内因素对流出驱动型突然中断的驱动作用较大，当一国国内经济增长放缓、金融开放度提高、前期实际利率提高、国际储备规模增大，国际直接投资资本占总流动资本比重降低而证券投资比重升高，同时国际市场当期利率提高、流动性减小、投资者恐慌情绪缓解以及前一期本地区有他国发生流出驱动型突然中断时，该国流出驱动型突然中断的发生概率增大。

本 章 小 结

本章以 26 个新兴市场国家 1986～2012 年的季度数据为样本，构建面板数据 Probit 模型，分别考察了高收入和低收入新兴市场国净资本流动突然中断、流入驱动型和流出驱动型突然中断的驱动因素。实证研究结论如下：

第一，高收入新兴市场国净资本流动突然中断的发生概率与国内前期实际利率、当期世界利率、金融开放度、风险传染及证券投资资本占总流动资本的比重显著正相关；与国内 GDP 增长率、国际储备占 GDP 的比重及国际流动性水平显著负相关。

第二，低收入新兴市场国净资本流动突然中断的发生概率与经常账户余额占 GDP 的比重、前期实际利率、金融开放度、风险传染、国际投资者恐慌情绪及证券投资资本占总流动资本的比重显著正相关；与国内 GDP 增长率、直接投资资本占总流动资本的比重、国际流动性水平、国际经济增长水平显著负相关。相对而言，低收入新兴市场国突然中断的驱动因素更为复杂多元化。

第三，高收入新兴市场国流入驱动型突然中断的发生概率与前期实际利率、当期世界利率、贸易开放度和流入驱动型突然中断风险传染显著正相关；与国内 GDP 增长率、国际储备占 GDP 的比重、国际流动性水平和国际经济增长水平显著负相关。

第四，低收入新兴市场国流入驱动型突然中断的发生概率与前期实际利率、金融开放度、流入驱动型突然中断风险传染和国际投资者恐慌情绪显著正相关；与国内 GDP 增长率、直接投资资本占总流动资本的比重、国际流动性水平和国际经济增长水平显著负相关。

第五，高收入新兴市场国流出驱动型突然中断的发生概率与前期实际利率、当期世界利率、金融开放度、证券投资资本占总流动资本的比重和国际经济增长显著正相关；与直接投资资本占总流动资本的比重和国际投资者恐慌情绪显著负相关。

第六，低收入新兴市场国流出驱动型突然中断的发生概率与当期世界利率、国际储备占 GDP 的比重和证券投资资本占总流动资本的比重显著正相关；与直接投资资本占总流动资本的比重和国际流动性水平显著负相关。

第七，流入驱动型和流出驱动型突然中断驱动因素的差异表现在：（1）多发国。前者多发于低收入新兴市场国，后者多发于高收入新兴市场国；（2）复杂度。相对而言，前者的驱动因素更复杂多元化；（3）相关方向。国际储备占 GDP 的比重和国际经济增长指标与前者发生概率负相关，与后者发生概率正相关，而国际投资者恐慌情绪指标则相反；（4）影响显著性。贸易开放度和证券投资占比指标仅对前者的驱动作用显著，对后者不显著。

第八，高收入和低收入新兴市场国突然中断的驱动因素的差异表现在：（1）复杂度。高收入新兴市场国的流出驱动型突然中断驱动因素更复杂多元化；（2）影响显著性。国际投资者在高收入新兴市场国的投资受其贸易开放度、国际储备占 GDP 的比重和国际利率水平的影响较大，在低收入新兴市场国的投资受其金融开放度、投资形式和投资者心理因素影响较大，在一定程度上反映出低收入新兴市场国的投资环境不够完善。高收入新兴市场国国内投资者的对外投资受国内利率、金融开放度、国际经济增长和国际投资者情绪的影响较大，而低收入新兴市场国国内投资者的对外投资则受该国国际储备规模和国际流动性水平的影响较大，在一定程度上反映出高收入新兴市场国的投资者素质更高，对外投资更积极活跃。

第四章

新兴市场国家国际资本流动
突然中断的预警研究

由于国际资本流动突然中断的突发性对一国政府当局的应对措施形成极大挑战，所以突然中断的提前预警可帮助我们发现危机征兆，并提前采取防范和应对措施，以减小资本流动异动对经济的冲击。鉴于不论是流入驱动型、流出驱动型还是混合型突然中断，都对一国经济有重大负面影响，而且考虑到新兴市场国家内部存在的差异性，本章分别对高收入和低收入新兴市场国的国际净资本流动突然中断进行预警研究。

第一节　国际资本流动突然中断预警
指标体系的构建

构建预警指标体系是预警研究的关键性基础工作，指标体系越科学合理，预警效果则越好。本节在已有的货币危机预警模型基础上分析选取突然中断预警方法，并参照货币危机预警指标体系和前文研究结果，构建突然中断预警指标体系。

一、国际资本流动突然中断的预警方法选择

卡明斯基（2006）认为突然中断是一种特殊形式的货币危机，因而货币危机的预警模型和方法可指导突然中断的预警研究。

（一）货币危机预警模型和方法的相关文献

由于金融危机对发生国乃至全球造成极高的经济成本和社会成本，所以，国内外有许多关于金融危机预警的研究，尤其是对货币危机的预警。卡明斯基（2006）指出，货币危机包含六种不同类型，分别是债务危机、主权债务危机、经常账户危机、金融过度危机、自我促成危机以及突然中断型危机（sudden stop crisis）。由此可知，突然中断是一种特殊形式的货币危机，货币危机的预警模型可指导突然中断的预警分析。对金融危机预警的研究始于 20 世纪 70 年代，90 年代欧洲和亚洲先后爆发金融危机，进一步引发了对该领域的研究热潮。

国际性金融组织（如 IMF）、外国中央银行（如美联储）和国外专家学者为危机预警系统进行了深入创造性的研究，形成了一些危机预警的主体思想和重要模型，总结来看，主要有以下几种：

1. FR 概率模型

弗兰科尔和罗斯（Frankel & Rose，1996）以 105 个发展中国家 1971～1992 年的年度数据为样本，建立了预测货币危机发生可能性的 Probit 模型和 Logit 模型（简称"FR 模型"）。该模型实质是受限因变量模型，研究的基本思路是通过对样本数据进行最大对数似然估计，得出货币危机的各个驱动因素的参数值，并根据驱动因素的联合概率分布来衡量某国在未来某一年发生货币危机的可能性大小，这些驱动因素被当作预警指标，包括国内宏观因素、外向型因素、债务因素以及国外因素。FR 模型的参数稳定，在预测危机方面许多变量表

现显著，但用于预测样本外的危机时精确度欠佳。

总体来看，该模型简单易行，可以判断各预警指标对货币危机发生概率的影响力大小，具有一定生命力；但是，在指标设计和危机定义方面未考虑国别差异，而且估计联合分布概率时要考虑的因素较多，同时，统计样本数据多次估计造成误差累积，在一定程度上降低了预测的准确性。

2. STV 横截面回归模型

萨克斯、托奈尔和维拉斯科（Sachs，Tornell & Velasco，1996）采用 20 个新兴市场国家的截面数据分析了 1994 年年末墨西哥货币危机引发的金融危机对 1995 年其他新兴市场国家的影响，检验了横截面国家在 1995 年金融危机严重程度的决定因素。他们建立了一个三变量线性回归模型（STV 模型），通过分析发现：实际汇率、贷款增长率和国际储备与广义货币供应量的比率的变动是一国发生货币危机的重要驱动因素，当一国外汇储备规模较小且经济基本面欠佳时，汇率的高估和银行体系脆弱都会加大一国货币危机的发生概率。

STV 模型以危机成因近似的新兴市场国家为研究对象，考虑了国别差异，不仅分析了货币危机，还分析了银行危机和债务危机，且验证了金融危机的传染性，简单易操作；然而该模型也存在缺陷，主要表现在考虑的危机影响因素过少和线性回归模型较简单两方面。

3. KLR 信号分析模型

卡明斯基、利佐多和雷恩哈特（Kaminsky，Lizondo & Reinhart，1998）提出了目前应用最为广泛的货币危机预警模型——KLR 信号分析模型。他们以 1970 ~ 1995 年间 15 个发展中国家和 5 个发达国家的月度数据为样本，从有关货币危机文献涉及的 103 个预警指标中筛选出 15 个较显著的指标，根据单个预警指标是否超过临界值将其转换为取值"0"或"1"的二元信号，并且在单个指标的基础上合成了 4 个预测危机的综合指标，通过监测指标是否超出临界值范围来预测货币危机的发生概率。该模型的研究思路是：首先构建影响货币危机的指标体系，并根据历史数据确定相应的临界值，在某个时间段如果该指标突破其临界值，就意味着该指标发出了一个危机信号，信号发出越多，表明该国发生货币危机的概率越大。

KLR 模型较 FR 和 STV 模型更加完善，预测准确性更高。该模型的优点在于：在指标的选择上具有一定广泛性，用数理方法确定与货币危机的发生有显著关联的变量作为货币危机发生的先行指标，计算出该指标的临界值，并按一定权重合成综合指标，可以更好地反映单个指标对危机发生的"贡献度"。当然，该模型也不可避免地存在一些局限性，主要体现在指标选取未考虑外债因素和政治因素以及不能预测危机发生的具体时间。

4. ANN 人工神经网络模型

纳格和密特拉（Nag & Mitra，1999）利用人工神经网络建立了货币危机预警模型（ANN 模型），以印度尼西亚、马来西亚和泰国 1980 ~ 1998 年的月度数据为样本，对各个国家估计不同的人工神经网络模型。该模型是人工智能领域的研究成果，是模拟生物神经网络系统特征进行分布式并行信息处理的数学模型，包含多个神经元，网络单元的输入输出特性和网络拓扑结构决定了模型的信息处理能力。该模型通过一系列例子的输入输出作为演练样本，根据一定的演练算法来训练神经网络，使它在演练完后可求解类似问题。

ANN 模型突破了传统货币危机预警系统的理念和方法，具有灵活的规则和捕捉变量间复杂关系的能力，将演练后的神经网络用作危机预警，可提高预测的准确性；但其缺点表现在规则上的灵活性以及"黑箱"特性，模型中没有对变量指标进行系数估计，很难观测单个变量的预警能力。

5. 马尔科夫区制转移模型

马丁内斯—佩里亚（Martinez – Peria，2002）运用区制转移模型研究了欧洲货币危机，发现该模型能较好地确认危机事件。阿比阿德

（Abiad，2003）基于 5 个亚洲金融危机国家 1972～1999 年的月度数据，以包含宏观经济指标、资本流动指标和金融脆弱性三类的 22 个备选预警指标为基础，就各国选取了影响最显著的几个指标用时变转移概率的马尔科夫模型预测危机。该模型将结构性的变化视作一种机制向另一种机制的转移，视金融危机为金融运行指标体系的显著大幅变化，包括资本流动中断、汇率急剧下跌和经济增长趋势逆转等，然后将结构变化内生化进行估计。

马尔科夫区制转移模型在估计过程中将结构变化内生化，充分利用因变量自身的动态变化信息，直接使用投机压力指标预测危机，规避了与阈值设置相关的各类问题。该模型可避免连续变量转换为离散变量所造成的信息损失，弥补了 FR 和 KLR 模型的缺陷。但是，马尔科夫区制转移模型的计算复杂度较大：似然面可能存在几个局部最优解，而有时它们的性态表现并不好，且由于大量的微分计算，t 检验对选择步骤的多寡比较敏感。

由于 1997～1998 年亚洲金融危机的爆发对亚洲乃至全球经济造成巨大冲击，引起我国政策当局的高度警醒，国内学者开始研究金融风险预警的模型方法，试图建立符合我国国情的预警指标体系。郑振龙（1998）以 1970～1999 年间全球 25 个国家发生的货币危机和银行危机为研究对象，运用 KLR 方法构建金融预警体系。张元萍和孙刚（2003）利用 STV 横截面回归模型和 KLR 信号分析法研究中国的金融危机预警。石柱鲜和牟晓云（2005）运用三元 Logit 模型实证分析我国外汇风险预警。陈守东等（2009）利用马尔科夫区制转移模型构建了中国货币危机、银行危机和资产泡沫危机预警系统。

综合来看，关于货币危机的预警模型方法的研究取得了很多成果。国外学者致力于创造性的预警模型研究，构建了早期的经典模型，主要包括 FR 模型、STV 模型和 KLR 模型三大类，随着数量经济学的发展，预警模型得到创新，出现了如 ANN 模型、马尔科夫区制转移模型等。国内学者的研究着重于对现有预警模型方法的修正完善，并基于中国的样本数据分析中国的金融风险和危机预警。危机预警体系的发展，基本上沿着 KLR 模型和 Probit/Logit 模型两条研究主线展开，这两种模型的思想，大体都沿袭了金融危机界定、预警指标选取、预警模型分析的基本思路。

（二）突然中断预警模型方法的选择

货币危机预警领域自 20 世纪 70 年代至今并未有公认的完美无缺的预警模型，各种模型各有优缺点，必须权衡选择。由于 KLR 信号分析模型具备能用数理方法选定较广泛的货币危机发生的先行指标、合成指标能反映单个指标对危机发生概率的作用力等优点，加之学者专家对它的不断修正完善，使它成为使用最广泛的货币危机预警模型。相对而言，KLR 信号分析模型较为完善，预警准确性也较高。伯格和帕蒂罗（Berg & Pattillo，2000）运用东南亚金融危机的数据对 FR 概率模型、STV 横截面模型和 KLR 信号分析法模型进行实证检验，结果显示，预警效果最好的是 KLR 信号分析法模型。伯格、伯恩斯坦和帕蒂罗（Berg，Borensztein & Pattillo，2005）分别运用 KLR 模型和 DCSD 模型对样本外数据进行检验，发现 KLR 模型的预警效果更好。所以，KLR 信号分析模型是主流金融危机预警模型中预警效果相对较好的。该模型能根据多个变量发出的信号估计货币危机发生概率，识别风险来源，从而为各国政府与国际组织提供监测和防范的政策依据。虽然国内外众多学者从多个角度对危机预警模型进行补充和发展，出现了如 ANN 神经网络模型、马尔科夫区制转移模型等，但这些模型在弥补经典模型的某些缺点的同时，也失去了经典模型的简便实用性，而且国际资本流动数据的低频特性也限制了这些方法的使用。由于 KLR 信号分析模型广泛的应用性和良好的预警效果，本书采用该模型对突然中断进行预警研究。

专门对突然中断进行预警研究的文献甚少，我国学者关益众等

（2013）以 1980～2010 年 25 个新兴市场国为研究对象，采用 KLR 信号法构建突然中断预警指标体系，并考察了其预警能力。由于 KLR 模型根据各指标变量自身的历史分布确定最优阈值，意味着在样本期内总有一些时刻的指标值突破阈值，这可能会夸大各指标的预警能力，对此，本书参照关益众等（2013）的方法，首先采用单变量 Probit 模型进行预警指标的筛选，修正 KLR 模型可能存在的缺陷；其次据此构建综合预警指标，采用 KLR 信号分析法评估各指标的预警能力；最后检验模型的样本外预警效果。

（三）KLR 信号分析模型原理及思路

1. KLR 信号分析模型核心原理

卡明斯基、利佐多和雷恩哈特（1998）创建了信号分析法，即 KLR 模型。卡明斯基（1999）进一步完善 KLR 模型，使其成为当前最受重视的早期危机预警模型之一。该模型的核心原理是：基于以往货币危机的事实特征，选取与危机爆发有显著关联的指标作为预测危机的先行指标，根据历史数据确定指标临界值，当某一指标在某个时间点或者某个时间段超过了临界值，就认为该指标发出了一个危机信号。如果一国在某一时间段发出危机信号的指标越多，则意味着该国在下一时间段爆发危机的可能性越大。

2. KLR 模型分析思路

KLR 信号分析法的基本思路是：（1）对危机进行界定；（2）选取预警指标变量；（3）确定预警区间及指标阈值；（4）单项指标预警分析；（5）综合指标预警分析；（6）预测危机发生概率。

卡明斯基、利佐多和雷恩哈特（1998）在危机理论指导下，参考月度数据的可得性来选择预警指标，然后根据两条检验标准对其进行评价：一是预警指标能够提前预警的时间，二是预警指标从提前发出报警信号到危机发生之间时段发出报警信号的持续性。预警区间是预警指标在第一次发出危机信号到金融危机爆发之间的时间间隔，一般被选定为危机前的 24 个月。模型的关键在于信号的识别，而信号识别的关键又在于阈值的设定。指标阈值的确定是在产生多少错误信号以及漏报多少危机之间做出权衡，将实际发出的伪信号（噪声）的份额除以实际发出的好信号的份额定义为噪音信号比，阈值则是令噪音信号比最小化的数值（见表 4 − 1）。

表 4 − 1　　　　　　　　KLR 信号分析模型的预警指标表现

	24 个月内发生危机	24 个月内未发生危机
发出信号	A	B
未发出信号	C	D

其中，A 表示指标发出报警信号，且在 24 个月内确实发生危机的月份数；B 表示指标发出报警信号，但在随后 24 个月内并没有发生危机的月份数；C 表示指标未发出报警信号，但在随后的 24 个月内却发生了危机的月份数；D 表示指标未发出报警信号，且在随后的 24 个月也确实没有发生危机的月份数。如果在随后的 24 个月中，某一指标发出的报警信号得到了验证，即预测结果与事实相符，那么就认为这个信号是一个好信号；否则就认为是一个伪信号。因此，一个完美的预警指标应该满足 A，D > 0 且 B，C = 0 的标准，但是，在现实中不可能有如此完美的预警指标，只能尽量选择接近这一标准的指标。卡明斯基、利佐多和雷恩哈特（1998）采用噪音信号比最小化的方法来确定各个指标的阈值[①]。A/（A + C）表示指标发出有效信号的概率，B/（B + D）表示指标发出噪音信号的概率，将［B/（B + D）］/［A/（A + C）］定义为噪音信号比，令这一比率最小就可以得到每个指标的最佳阈值。

假定有 n 个预警指标，$X_{i,t}$ 代表第 i 个预警指标在第 t 期的取值，

---

① 　各指标阈值以临界值在其历史分布中对应的百分位数来表示。考虑到各国指标表现的差异性，同一指标的阈值一致，但是阈值对应的临界值会有所不同。

$p(X_{i,t})$ 表示 $X_{i,t}$ 的累积概率分布值，其取值范围为 $[0, 1]$，$p(X_i)$ 表示 $X_{i,t}$ 发出报警信号的阈值，其对应的 $X_{i,t}$ 值为 X_i。$S_{i,t}$ 为 $X_{i,t}$ 的危机信号指标，如果 $p(X_{i,t}) > p(X_i)$，$S_{i,t} = 1$，表示发出一个危机信号，相反，$S_{i,t} = 0$。用公式可以表示为：

$$\{S_{i,t} = 1\} = \{S_{i,t}, \ p(X_{i,t}) > p(X_i)\} \tag{4.1}$$

$$\{S_{i,t} = 0\} = \{S_{i,t}, \ p(X_{i,t}) \leqslant p(X_i)\} \tag{4.2}$$

二、国际资本流动突然中断的预警指标选择

预警指标选取越科学合理，预警系统的预警能力和效果就越好。国际资本流动突然中断是一种特殊形式的货币危机（Kaminsky，2006），对它构建预警指标体系，一方面需要借鉴货币危机经典文献的研究成果，另一方面需要结合突然中断的形成机理和驱动因素，以此确立更加科学合理的突然中断预警指标体系。

（一）货币危机预警经典文献的预警指标体系

由于突然中断是一种特殊形式的货币危机，为更好地选择突然中断预警指标，本书首先对现有经典的货币危机预警文献中选取的预警指标予以归纳整理，并进行比较分析，得到各文献选取预警指标的基本原则和思路，从而为本书的预警指标选取提供参考和指导。本书选取了参数和非参数预警分析法的几篇经典文献进行对比分析。

1. 经典文献预警指标的简要介绍

卡明斯基、利佐多和雷恩哈特（1998）将有关货币危机的 15 篇文献所涉及的 103 个预警指标分为六大类：外部变量、金融变量、实体变量、公共财政、结构变量以及政治变量，认为一个有效的预警系统应包含广泛的指标。他们采用 KLR 信号分析法评估货币危机潜在预警指标的有效性和可靠性，从准确性、提前性和持续性三个基准出发，筛选出货币危机预警的 15 个先行指标；实证研究发现：政治和

制度因素对危机有一定预测能力；市场变量（如利差）以及与外债相关的指标变量在模型中的预警能力欠佳。

弗兰科尔和罗斯（1996）构建 FR 概率模型对货币危机进行预警，他们选取的货币危机预警指标变量包括三类：国内宏观变量、外部变量和债务相关变量。通过图形分析、回归分析以及敏感性分析发现：外国利率、实际货币汇率和国内信贷增长率指标在危机前有显著变化；债务构成变量、经常账户以及预算赤字对危机影响较弱，债务规模和增长率、外汇储备、经济衰退等国内宏观经济变量的变动对危机影响很强。

阿比阿德（2003）采用宏观经济不平衡指标、资本流动性指标和金融脆弱性指标共 22 个指标变量，用时变转移概率的马尔科夫模型研究受亚洲金融危机冲击的五个国家，得到了良好的危机预测结果。

卡明、赛希德勒兹和萨缪尔森（Kamin，Sehindlerz & Samuel，2007）在有关货币危机预警文献分析的基础上选取了包括国内变量、外部冲击变量和外部平衡变量的三大类变量作为预警指标。国内变量是反映一国经济和政策环境的变量，外部变量是外生性的外部冲击变量，外部平衡变量包含那些难以归类的其他变量。他们通过对 26 个新兴市场国家进行实证分析，结果发现：国内因素、外部平衡因素以及外部冲击因素同时对货币危机产生影响。财政赤字、货币创造和过度借贷等国内因素对货币危机的发生有相对稳定的贡献，而外部冲击以及外部平衡变量随时间推移表现出较大波动性，当这些变量朝不利方向变动时会加大危机发生的概率，并且相对于国内因素而言，影响更强烈。

2. 经典文献预警指标对比分析

本书将以上经典文献中选取的预警指标归纳划分为对外变量、金融变量、实体变量和国际变量四大类，具体对比分析情况见表 4 - 2。

表 4 – 2　　　　　经典文献的货币危机预警指标体系比较

	卡明斯基等 （1998）	弗兰科尔和罗斯 （1996）	阿比阿德 （2003）	卡明等 （2007）
对外 变量	国际储备 贸易余额 出口 进口 贸易条件 M_2/外汇储备 实际汇率偏离程度	债务/GNP 经常账户余额/GDP FDI/总流入资本 投资组合/总流入 资本 长期债务/总债务 资本 短期债务/总债务 外汇储备/进口 实际汇率	经常账户余额/GDP 出口增长率 短期外债/储备 非 FDI 的股票 投资/GDP 证券资本流入/ 总流入资本 M_2/外汇储备 外汇储备增长率 实际汇率	外债/出口 储备/短期外债 出口增长率 经常账户余额/GDP FDI/GDP 贸易条件 M_2/外汇储备 实际汇率
金融 变量	信贷增长率 公共部门贷款 货币增长 实际利率	信贷增长 货币高估程度	信贷增长率 实际利率 股指变动率 银行资产/GDP 银行储备/银行总 资产 央行对银行信贷/ 银行负债 银行存款/M_2 银行贷款/银行存款	信贷增长率
实体 变量	通货膨胀 实际 GDP 增长率 财政赤字	政府预算/GDP	工业产量增长率 实际 GDP 增长率	GDP 增长率变化 财政赤字/GDP
国际 变量	国内外存款利差	北美国家利率 OECD 实际产出 增长率	3 个月 LIBOR	美国实际利率 工业国家 GDP

　　对外变量是反映一国对外贸易和投资等经济交易活动变化的变量，主要包括国际收支平衡表中的经常账户和资本账户变量。金融变量是反映一国金融体系运行状况的变量，主要包括金融市场和金融机构的运行指标。实体变量是反映一国实体经济运行的变量，主要包括经济增长、物价水平和财政状况等方面。国际变量是反映一国国外的经济金融环境的指标变量。由表 4 – 2 可知，经典文献的金融危机预警指标都包括宏观经济基本面变量，这说明宏观经济基本面在一国金

融危机起到的决定性影响作用。此外，国际储备、对外贸易、利率、汇率、货币量、国际利率等变量在这些文献的预警指标体系中均有涉及，反映出这些指标与货币危机发生概率的重要关联性。不同的是，预警指标的表达形式有所差异，有些以绝对（原始数据或者原始数据的变化）形式出现，有些以相对变化（比率）形式出现。

由此可见，即使各种前期研究采用的预警方法或研究角度不同，但都基于经济合理性和数据可得性选取了一些共同的危机预警指标。在实证过程中，这些预警指标有些表现良好，有些由于不能很好量化而使预警能力遭到损失。因此，构建一套科学合理的预警指标体系，需要在借鉴已有研究成果的基础上，结合现有的实际条件进行优化选择。

（二）国际资本流动突然中断的预警指标体系

由于国际资本流动突然中断是一种特殊形式的危机，所以其预警指标体系不能直接照搬现有的危机预警指标。接下来，我们基于前文理论和实证研究结果，确立与净资本流动突然中断相关联的重要指标并明确相关关系，分析这些指标的变动诱发突然中断的途径。

1. 国内经济金融变量

由上一章实证分析的结果可知，国内经济金融因素是突然中断的重要驱动因素。本书从以下 4 个方面选取指标：

（1）实体经济。宏观经济指标如经济增长率、通胀率和财政收支等，是影响突然中断发生概率的重要因素，莱西克等（2000）通过对 45 个发展中国家 16 年的数据进行实证分析，发现弱增长、不合理的宏观经济政策框架（如高通胀）会推动资本流出；卡尔沃（2003）的理论模型表明，财政负担过重会推动突然中断的形成。

（2）资本账户。资本账户动态是突然中断发生概率的直接影响因素，一是国际资本流动结构，国际投资的形式主要包括直接投资、证券投资和其他投资，一般而言，直接投资相对稳定，而证券投资相对活跃，此观点从已由上文的实证研究得到验证，所以本书分别选取国际直接投资和国际组合证券投资的流入流出总额占总资本流动额比重来衡量流动资本的稳定性；二是广义货币（M_2）对外汇储备的比率，戈德斯坦因和特纳（Goldstein & Turner，2004）认为这一比率是预测会否发生货币危机的一个有价值的先行指标，可以测度货币错配程度；三是金融开放度，可以资本总流动额占 GDP 比重来表示，马丁和雷恩（2006）通过对比分析金融开放国和金融封闭国发生危机的情况，认为金融全球化使新兴市场国家更容易遭受突然中断冲击。

（3）经常账户。作为国际收支平衡表的重要组成部分，经常账户对资本变动有重要影响，经常账户失衡往往是引起资本流动的重要因素。卡尔沃等（2004）基于 32 个发展国家和发展中国家的数据分析突然中断和资产负债表效应的关联性，认为外部失衡为突然中断创造了条件。此外，贸易开放程度对资本流动波动性也有一定影响，科恩等（2008）指出，国内金融体系越发达、贸易开放程度越高，则发生突然中断的概率越高。

（4）金融体系。一国货币量的多少反映货币政策的宽松程度和金融市场流动性水平，因而是影响金融市场资本收益率的重要指标，流动性越大，则收益率越低。国内外利差和股市收益是驱动国际逐利资本运动的重要因素，马歇尔（1923）认为，一国利率降低会推动国内资本的输出，阻碍国外资本流入。一国汇率变动对国际资本流动的影响在一定程度上与该国实施的汇率制度和国际资本流动结构等因素有关，存在一定的不确定性，因而本书采用实际汇率①对时间趋势的偏离程度来代表实际汇率波动性，考察其对突然中断的预警作用，一般而言，实际汇率的高波动性会影响投资者信心，从而加大突然中断发生概率。

---

① 名义汇率是美元兑各国货币的双边汇率，实际汇率是将名义汇率经过美国与各国相对物价指数调整后的汇率。

2. 国际经济金融变量

国际经济金融变量是影响新兴市场国家突然中断风险的重要指标。（1）国际金融市场收益率和国际利率水平是驱动国际资本流动的重要因素，何帆（2008）认为决定外资流动的根本原因在于资金供给国的利率变动引起资本回流。本书分别以标准普尔指数同英国、美国和日本三国货币市场利率的平均值来分别表示这两个指标。（2）国际流动性水平也通过影响资本收益率而影响突然中断的发生概率，本书以英国、美国和日本三国货币供应量总和增长率来代表。爱德华兹（2009）发现由于全球流动性下降意味着的世界实际利率水平上升，提高了新兴市场国家发生资本流动突然中断的可能性。（3）投资者情绪指标也可预警突然中断，投资者风险厌恶程度提高会加大突然中断发生概率。本章依然以芝加哥期权交易所波动率指标（VXO 指数）来反映。（4）国际经济增长也是影响突然中断发生可能性的重要因素，本书以发达经济体实际经济增长率来代表。福布斯和沃诺克（2011）认为全球风险、全球增长和传染性是引起突然中断的主要原因。

根据上述分析及各变量数据的可得性[①]，本书选择国际和国内两大块经济金融因素共 20 个指标变量作为预警指标，具体描述如表 4 - 3 所示。数据主要来源于 IMF《国际收支统计（BOPS）》和《国际金融统计（IFS)》等数据库。

表 4 - 3　　　　　国际资本流动突然中断的预警指标选择

类别	子类	变量	指标	说明
国内经济金融变量（15 个）	经常账户（4 个）	CA	经常账户占比	经常账户余额/GDP
		TO	贸易开放度	进出口总额/GDP
		IGR	进口增长	进口同比增长率
		EGR	出口增长	出口同比增长率

① 由于外部债务、财政赤字、贸易条件和国内信贷这四个指标的多国长时间跨度的季度数据存在严重缺失，为了不影响预警能力和效果，未纳入考察范畴。

类别	子类	变量	指标	说明
国内经济金融变量（15个）	资本账户（4个）	FDI	直接投资占比	国际直接投资资本流总额/总流动资本
		POR	证券投资占比	国际组合证券投资资本流总额/总流动资本
		MRE	广义货币/外汇储备	M_2/外汇储备
		FO	金融开放度	国际资本总流动/GDP
	金融体系（4个）	MGP	广义货币占比	M_2/GDP
		RIR	实际利率	（1 + 名义存款利率）/（1 + 通胀率）− 1
		SPC	股票价格增长	股价同比增速
		ERD	实际汇率	实际汇率对时间趋势的偏离
	实体经济（3个）	CPI	通货膨胀率	CPI同比增速
		GDP	GDP增长率	实际GDP季度同比增长率
		PFC	公共消费支出	公共消费支出/GDP
国际经济金融变量（5个）	国际金融市场（4个）	VXO	投资者情绪	芝加哥期权交易所波动率指标（VXO指数）
		SP	S&P指数	标准普尔500指数
		WIR	国际利率水平	英国、美国和日本货币市场利率的平均值
		GLG	国际流动性增长	国际货币供应量（英国M_4、美国M_2与日本M_2的总和）增长率
	国际经济（1个）	GG	国际经济增长	发达经济体实际经济增长率

第二节　低收入新兴市场国家的
突然中断预警研究

　　参照上文构建的突然中断预警指标体系，本节以低收入新兴市场国样本数据为研究对象，对单项指标和综合指标的预警能力进行分析，并对预警效果进行检验，由此得出低收入新兴市场国防范突然中断的对策建议。

一、低收入新兴市场国家突然中断的单项指标预警研究

对单项指标的预警分析是建立预警机制的关键，也是综合指标预警分析的重要基础。首先筛选出对突然中断有预测能力的预警指标，其次分析单项指标的预警能力，并对预警效果进行检验。

（一）预警指标的筛选

1. 对突然中断的判断及样本数据

不论是流入驱动型、流出驱动型还是混合型突然中断，都对一国经济有重大负面影响（Hutchison & Noy，2006；Calvo et al.，2004），这一点在本书第一章的分析中也得到论证，因而本文针对国际净资本流动突然中断进行预警研究。参照第一章根据季度数据对突然中断的识别方法，将突然中断界定为：一国国际资本净流入占 GDP 的比重下降幅度在 1 年内超过其样本均值的 1 个标准差以上，并且资本净流入的减少量超过 GDP 的 5%。

在前文所选 26 个新兴市场国的样本数据的基础上，本节的预警分析需从中剔除未曾发生过突然中断的哥伦比亚样本国，此外由于部分数据不可得，剔除以色列和罗马尼亚两国样本，所以本书以 23 个新兴市场国 1986~2012 年的样本数据为预警研究对象。与第三章相同，参照世界银行按人均国民总收入对国家分类的方式，将新兴市场国分为高收入和低收入两类，本节研究的低收入新兴市场国有 14 国[①]，在 1 016 个国家/季度样本中，共发生突然中断 102 次。

2. 预警区间

KLR 模型根据指标发出的报警信号来判断未来时段发生危机的

---

① 分别是阿根廷、巴西、保加利亚、中国、匈牙利、印度尼西亚、马来西亚、墨西哥、秘鲁、菲律宾、南非、泰国、土耳其和乌克兰。

可能性。如果发出一个报警信号后的一定时段内发生了危机，就认为这是一个好信号，如果该时段没有发生危机，则认为是一个错误信号或噪音，这个未来时段就是信号的预警区间，即指标能预测到未来会发生危机的时间范围。卡明斯基等（1998）将模型中的预警区间设置为24个月，这一时长标准得到了广泛的认可和运用。关益众等（2013）在对突然中断预警指标体系的研究中选择的预警窗口期为8个季度。本书也以此为参照，将突然中断的预警区间设为2年，即8个季度。

3. 预警指标的显著性及筛选

为了避免不同指标的相互干扰，本书参照关益众等（2013）的方法，采用单变量Probit模型分别考察各指标对突然中断的预测是否具有统计显著性。模型被解释变量为突然中断领先指标（LSS），针对8个季度的预警区间，该指标如此界定：对于某一季度 t，若随后的8个季度内发生突然中断，则突然中断领先指标哑变量$LSS_t = 1$，否则$LSS_t = 0$。解释变量即上一节表4-3所示的预警指标。模型回归结果如表4-4所示。

表4-4　　低收入新兴市场国突然中断预警指标的预测能力分析

变量	指标	回归系数	P 值	变量	指标	回归系数	P 值
CA	经常账户占比	0.0004 **	0.025	FO	金融开放度	0.000	1.000
TO	贸易开放度	0.009 ***	0.000	CPI	通货膨胀率	− 0.013 ***	0.000
ERD	实际汇率	0.006 **	0.027	GDP	GDP 增长率	− 0.026 ***	0.001
FDI	直接投资占比	− 0.0004	0.861	VXO	投资者情绪	0.0196 ***	0.000
POR	证券投资占比	0.004	0.103	WIR	国际利率水平	0.117 ***	0.000
MGP	广义货币占比	0.000	1.000	GLG	国际流动性增长	0.002	0.759
RIR	实际利率	0.0168 **	0.017	GG	国际经济增长	− 0.134 ***	0.000
PFC	公共消费支出	0.003	0.859	SPC	股票价格增长	− 0.002 ***	0.002
IGR	进口增长	− 0.008 ***	0.000	MRE	广义货币/外汇储备	− 0.001 **	0.000
EGR	出口增长	− 0.001	0.225	SP	S&P 指数	0.013 ***	0.000

注：*** 、** 、* 分别表示指标在1%、5%和10%统计水平上显著。

　　由表4－4可见，对低收入新兴市场国而言，广义货币占比和出口增速等7个指标对突然中断的预测作用不显著，因而无法对突然中断提前预警。造成这一结果的原因大致是：（1）突然中断是资本流动短时间大幅下降的突发性事件，某些解释变量具有短期稳定性（如国际流动性增长）或者具有高波动性（如国际资本流动规模和结构），因而对突然中断领先指标的影响作用不显著，即意味着对突然中断的预测作用不强。（2）金融开放指标预测能力不显著，大致与低收入新兴市场国家资本流动总额的高波动性有关，也有学者认为金融开放对突然中断的影响不明确，爱德华兹（2005）通过分析发现，没有系统性证据表明高资本流动性国家比低资本流动性国家更易遭受突然中断。（3）公共消费支出这一指标并不能完全反映财政负担，对财政收支的影响力有限。究其原因，大致是政府的隐性财政赤字导致这一指标失去良好的预警能力。（4）低收入新兴市场国普遍由于内部金融服务水平和信用水平不高、法规制度不健全等因素，外部面临贸易壁垒等限制性障碍，制约了贸易出口的发展，因而出口对突然中断领先指标的影响不显著。（5）低收入新兴市场国货币当局对广义货币的定义口径有较大差异①，导致广义货币占GDP比重指标对突然中断领先指标的影响作用不显著。

　　经常账户、贸易开放和国内外利差等13个指标对突然中断的预测作用具有统计显著性，且影响方向与已有文献研究和上一章实证研究的结果基本一致②。实际汇率对历史平均趋势的偏离越大，波动性越强，将影响投资者信心，因而对突然中断领先指标具有正向影响作用。进口增长率降低不利于低收入新兴市场国家引进先进设备和技术，影响外商直接投资效率，减小了一国对资本的吸引力，从而加大突然中断发生概率。通货膨胀指标和广义货币/外汇储备指标系数显

---

　　①　杨丽、张浩：《货币供应量统计口径变化的国际比较及对中国的启示》，载于《统计与决策》，2010年第23期。
　　②　指标显著性和影响方向与第三章实证研究结果基本一致的指标此处不再赘述。

著为负，对突然中断领先指标的影响方向与预期方向相反，究其原因，大致是二者对突然中断发生概率的影响具有时变效应（郑璇，2013），在突然中断发生之前，广义货币对外汇储备比率的升高反映过量的国内信贷创造，促成通货膨胀，影响国际资本流入的同时减少国内资本汇集的可能，从而降低了外资突然大幅撤离和内资突然大幅出逃的可能性；抑或是由于低收入国家粗放型的经济增长方式，使得经济高增长的同时往往伴生通货膨胀，此外，广义货币占外汇储备的比率越小说明国内货币的发行量相对于该国拥有的外汇储备来说越少，该国货币的地位越弱，且过高的外汇储备影响货币政策的独立性，加大外部依存度等外部失衡，从而增大突然中断风险，减小金融稳定性。综合来看，由于 GDP 增长率、贸易开放度等 13 个指标具有显著预测能力，且回归系数符合经济意义，因此本书基于这些指标构建了低收入新兴市场国突然中断预警指标阵。

（二）单项指标的预警能力分析

1. 单项指标阈值的确定方式

KLR 模型的关键在于识别突然中断信号，而识别信号的关键在于确定指标合适的阈值。KLR 模型根据各指标的历史数据确定阈值，当预警指标值超过阈值时认为该指标发出报警信号；预警指标阵发出的报警信号越多，未来发生突然中断的可能性越大。具体的机制说明见表 4 - 5。

表 4 - 5　　　预警指标信号与窗口期内发生突然中断的关系

	8 个季度内发生突然中断	8 个季度内未发生突然中断
发出报警信号	A	B
未发出报警信号	C	D

其中，A 表示指标发出突然中断报警信号，且在 8 个季度内确实

发生突然中断的季度数；B 表示该指标发出突然中断报警信号，但在随后 8 个季度内并没有发生突然中断的季度数；C 表示指标未发出突然中断报警信号，但在随后的 8 个季度内却发生了突然中断的季度数；D 表示指标未发出突然中断报警信号，且在随后的 8 个季度也确实没有发生突然中断的季度数。如果在随后的 8 个季度中，某一指标发出的突然中断报警信号得到了验证，即该指标的预测结果与事实相符，那么我们就认为该指标发出的信号是一个好信号；相反，若某一指标发出的信号与事实不符，那么本文就认为该指标发出的信号是一个伪信号。由前文分析的 KLR 信号分析模型的基本原理可知：

噪音信号比 = $[B/(B+D)]/[A/(A+C)]$

令噪音信号比（Noise to Signal Ratio，NSR）达到最小就可以得到每个指标的最佳阈值；噪音信号比是判断各指标预警能力的常用指标，取值在 $[0，1]$ 区间，该比率越小，指标的预警准确性越高。

确定合适的预警指标阈值之前，应先弄清楚指标取值与突然中断之间的相关关系。我们可以根据 Probit 模型结果，得知这一相关性：结果中指标系数显著为正，说明其与突然中断发生概率正相关，其取值越大，突然中断发生的可能性就越大；结果中指标系数显著为负，说明其与突然中断发生概率负相关，其取值越小，突然中断发生的可能性就越大；结果中系数不显著的指标则默认为与突然中断发生概率的相关性不明确，无法对突然中断提前预警。

2. 单项指标预警结果分析

为了保留部分数据做样本外检验，预警分析的样本数据为 1986～2006 年低收入新兴市场国的季度数据。为获得最小噪音信号比，本书使用格子搜索的方法来确定指标的阈值。一般而言，阈值所处位置与指标和突然中断发生概率的相关关系有关，若为正相关，则阈值位于其样本分布的 $[70，100]$ 百分位数之间，反之则位于 $[0，30]$ 百分位数之间。基于最优阈值，我们还计算了各指标的平均预警提前时间，以及在突然中断发生前的平均持续信号。预警分析结果如表 4-6 所示。

表4-6　　　　低收入新兴市场国突然中断单项指标的预警能力分析

类别	变量	指标	噪音-信号比 $\dfrac{B/(B+D)}{A/(A+C)}$	阈值	平均预警提前	平均持续信号	条件概率（%）$\dfrac{A}{A+B}$	正确预测率（%）$\dfrac{A+D}{A+B+C+D}$
经常账户	CA	经常账户占比	0.32	86.4	3.66	3.34	71.43	61.41
	TO	贸易开放度	0.09	85	5.39	3.69	90.91	63.17
	IGR	进口增长	0.58	26	7.29	5.17	59.38	58.98
金融体系	ERD	实际汇率	0.12	91	3.04	1.91	88.00	59.85
	MRE	广义货币/外汇储备	0.21	9	5.69	3.56	81.82	58.41
	RIR	实际利率	0.17	93	5.48	3.50	85.71	55.03
	SPC	股票价格增长	0.07	4	3.22	1.63	92.31	58.98
实体经济	CPI	通货膨胀率	0.85	22	5.22	2.97	51.43	53.41
	GDP	GDP增长率	0.22	3	1.42	1.50	80.00	54.92
国际经济金融	VXO	投资者情绪	0.35	79	5.88	3.38	68.75	65.37
	WIR	国际利率	0.66	73	6.78	5.25	58.59	57.14
	SP	S&P指数	0.34	77	3.97	3.01	75.00	60.00
	GG	国际经济增长	0.26	6	4.00	3.96	77.78	56.44

注：表中列出的阈值是各指标的最优临界值在其历史分布中对应的百分位数。

由表4-6可见，从准确性、先导性和持续性三方面来看，本节的预警指标体系总体具有良好的预警能力。各指标的噪音信号比均小于1，危机预警条件概率平均约为75.5%，表明单项预警指标序列具有较高的预警准确性；各指标平均可提前4.7个季度发出报警信号，表明所有单项指标都具有先导性；各指标在突然中断前的平均持续信号为3.3个，说明这些信号并非随机结果。以下从各项性能来分析指标的预警能力：

（1）预警准确性。从各指标预警的噪音信号比来看，除通胀率指标较高外（0.85），其余指标的噪音信号比均低于0.8；贸易开放度和股票价格增长率两个指标的预警准确性最高，噪音信号比均小于0.1；其次是实际汇率和实际利率两个指标，噪音信号比处于0.1～

0.2 之间。条件概率（A／（A＋B））代表指标发出信号之后 8 个季度内发生突然中断的概率，也可衡量指标预警准确性。贸易开放度和股票价格增长率两个指标的条件概率均在 90% 以上，说明这两个指标的预警准确性很高。（A＋D）／（A＋B＋C＋D）表示正确预测率，所有指标正确预测率的均值达 58.7%，其中投资者情绪指标的正确预测率最高，达到 65% 以上。

（2）阈值位置合理性。所有指标阈值所处的历史百分位数位置与前文预期一致。阈值百分位数在 70 以上的指标，意味着其取值与突然中断发生概率正相关，当指标取值高于阈值对应的百分位值，就发出一个报警信号；而阈值分位数在 30 以下的指标，意味着其取值与突然中断发生概率负相关，当指标取值低于阈值对应的百分位值，就发出一个报警信号。

（3）先导性。平均预警提前是指 8 个季度内从信号发出到实际发生突然中断的平均时间差。从预警提前性来看，国际利率和进口增长率指标表现最好，均在 6 个季度以上，也就是提前 1 年半以上发出报警信号。GDP 增长率指标的预警提前性最弱，约 1.42 个季度。总体而言，经常账户和国际因素指标的预警提前性较好。

（4）持续性。平均持续信号是指突然中断发生前的 8 个季度内平均持续发出的信号数，可看作是信号强度。相对而言，国际利率指标的持续性最好，信号强度最大，突然中断前 8 个季度内平均发出报警信号达 5 个，GDP 增长率指标的信号强度最弱，突然中断前 8 个季度内平均发出报警信号约 1.5 个。

对指标的类别比较可以发现：第一，金融体系指标具有较高的预警准确性，四个指标的平均噪音信号比仅 0.14，平均条件概率约 87%，说明低收入新兴市场国国内金融市场环境变化与突然中断的爆发关系密切，而且指标的预警提前性（平均 4.4 个季度）也意味着低收入新兴市场国家可提前对这些变化做出调控，以减小突然中断发生的概率。第二，国际经济金融变量在预警提前性方面表现最优，该组变量平均预警提前时间为 5.2 个季度，说明新兴市场国家可提前 1 年多对这些国际经济金融环境的变化做出应对和突然中断防范。第三，经常账户指标的信号强度较高，在突然中断发生前的 8 个季度内，平均持续发出 4 个报警信号。第四，实体经济指标也具有良好的预警能力，其中 GDP 增长率指标的预警准确性较高，通胀率指标的预警提前性较好。

（三）单项指标预警效果的样本外检验

由前可知，突然中断预警指标体系的样本内预警能力较好，但仍需要进行样本外检验来评估模型的预警效果。为了进行指标预警效果的样本外检验，本书将全样本分为两部分，1986～2006 年的季度数据用于确定单项指标的最优阈值及条件概率，2007～2012 年的季度数据用于进行预警效果的样本外检验。检验结果如表 4-7 所示。

表 4-7　低收入新兴市场国突然中断单项指标的预警效果检验

类别	变量	指标	突然中断期正确预警率（%）$\dfrac{A}{A+B}$	平稳期正确预警率（%）$\dfrac{D}{B+D}$	观测期正确预警率（%）$\dfrac{A+D}{A+B+C+D}$
经常账户	CA	经常账户占比	64.07	66.67	56.89
	TO	贸易开放度	86.38	90.15	58.70
	IGR	进口增长	55.26	81.29	52.18
金融体系	ERD	实际汇率	80.58	91.70	57.30
	MRE	广义货币/外汇储备	78.61	87.02	55.15
	RIR	实际利率	80.61	90.85	51.10
	SPC	股票价格增长	89.14	88.73	57.81
实体经济	CPI	通货膨胀率	50.21	84.89	51.76
	GDP	GDP 增长率	76.67	79.13	52.49

类别	变量	指标	突然中断期正确预警率（%）$\dfrac{A}{A+B}$	平稳期正确预警率（%）$\dfrac{D}{B+D}$	观测期正确预警率（%）$\dfrac{A+D}{A+B+C+D}$
国际经济金融	VXO	投资者情绪	65.49	87.47	60.87
	WIR	国际利率	55.30	80.43	54.51
	SP	S&P 指数	70.21	76.91	58.20
	GG	国际经济增长	74.73	83.30	53.11

从预警效果检验结果来看，预警指标体系总体的预警效果较好，突然中断期正确预警率均值达到 71.3%，平稳期正确预警率均值为 83.7%。其中贸易开放度、实际汇率、实际利率和股票价格增长四个指标的突然中断期正确预警率达 80% 以上，说明它们对突然中断的预警准确性较强。

二、低收入新兴市场国家突然中断的综合指标预警研究

突然中断的发生是国内外多个因素共同作用的结果，单个指标的报警并不一定发生突然中断，但多个指标的同时报警必然加大突然中断发生的可能性。此外，不同预警指标预测突然中断的概率不同，甚至部分指标间的预测结果可能存在矛盾，这会使得决策者受到困扰。所以需要在单项指标分析的基础上构建综合指标进行预警分析。

（一）综合指标的构建

1999 年，卡明斯基对信号分析法进行了修正，将银行危机也扩展为预警对象，同时构建了四个综合指标。指标构建的方法如下：

综合指标一：将各个指标发出的信号数简单加总

$$I_t^1 = \sum_{i=1}^{n} S_{it} \tag{4.3}$$

其中，S_{it} 表示第 i 个指标在第 t 期是否发出危机信号，如果发出，则取值为"1"，否则取值为"0"。所以 I_t^1 的取值范围是 $[0, n]$。

不过信号的多少并不能够绝对地表明危机发生的可能性大小，简单加总的合成指标并不能明确区分不同指标的分布特征。卡明斯基（1999）设定了两个阈值：弱势阈值和强势阈值。相应地，信号指标也分为弱势信号 S_{it}^m 和强势信号 S_{it}^n，然后构造了第二个综合指标。

综合指标二：强势信号被赋予弱势信号 2 倍的权重

$$I_t^2 = \sum_{i=1}^n (S_{it}^n + 2 S_{it}^m) \tag{4.4}$$

式中，I_t^2 的取值范围是 $[0, 2n]$。

各个预警指标可能并不同时发出危机信号。为了反映国内外经济金融运行中逐渐恶化的趋势，卡明斯基（1999）设计了第三个综合指标。

综合指标三：从第 $t-s$ 期至第 t 期第 i 个指标若发出报警信号，则 $S_{t-s,t}^i$ 取值为"1"，否则取值为"0"，然后将其加总。

$$I_t^3 = \sum_{i=1}^n S_{t-s,t}^i \tag{4.5}$$

上述三个综合指标都没有对不同预警能力的单项指标进行区别对待。实质上，预警能力越强的指标应该被赋予越大的权重。噪音信号比是反映指标预警能力的重要参数，所以可用噪音信号比的倒数作权重，构造第四个合成指标。

综合指标四：以噪音信号比 ω^i 的倒数为权重

$$I_t^4 = \sum_{i=1}^n \frac{S_t}{\omega^i} \tag{4.6}$$

卡明斯基（1999）通过分析发现，综合指标的预警准确性优于单项指标。在四个综合指标中，第四个指标的预警能力最好，第三个指标次之。因此，本书参照综合指标四的构造方法（如式（4.6）所示）来构造突然中断的综合预警指标。

基于卡明斯基（1999）的分析结论，本书在前述突然中断单项预警指标序列基础上，以各指标噪音信号比ω^i的倒数为权重，构造综合指标I_t：

$$I_t = \sum_{i=1}^{n} \frac{S_t^i}{\omega^i}, \quad S_t^i = \begin{cases} 1, & t \text{ 期的指标 } i \text{ 发出信号} \\ 0, & \text{其他} \end{cases} \quad (4.7)$$

可以看出，t期发出信号的指标越多，综合指标的数值越高。

（二）综合指标的预警能力

若要以综合指标来对突然中断进行预警，则需要计算相应的条件概率。为了将综合指标的值域限定在［0，1］区间，本书参照关益众等（2013）的做法，对综合指标进行标准化[①]，然后计算标准化的综合指标LNI_t对应的危机发生条件概率。

$$P(\frac{SS_{t,t+8}}{LNI_t \geq NI^*}) = \frac{\sum LNI_t \geq NI^* \text{ 且在随后 8 个季度内发生突然中断的季度数}}{\sum LNI_t \geq NI^* \text{ 的季度数}}$$

$$(4.8)$$

其中，NI^*为综合指标的不同标准值，本书分别取 ｛0，0.1，…，0.9｝，条件概率的结果见表4－8。由该表可知，基于突然中断单项预警指标集的综合指标具有良好预警能力，综合指标的取值越大，则未来8个季度内发生突然中断的概率越高。

表4－8　　低收入新兴市场国突然中断预警综合指标的条件概率

LNI_t	≥0	≥0.1	≥0.2	≥0.3	≥0.4	≥0.5	≥0.6	≥0.7	≥0.8	≥0.9
P	0.39	0.68	0.77	0.80	0.83	0.87	0.92	1	1	1

以1986～2006年的低收入新兴市场国数据为样本，通过最小化噪音信号比的方式，可以确定标准化综合指标的阈值和预警能力。结

[①]　标准化的综合指标＝（综合指标值－最小取值）/（最大取值－最小取值）。

果如表 4 - 9 所示。

表 4 - 9　低收入新兴市场国突然中断预警综合指标的预警能力

指标	噪音 - 信号比 $\dfrac{B/\ (B+D)}{A/\ (A+C)}$	阈值	条件概率（%） $\dfrac{A}{A+B}$	正确预测率（%） $\dfrac{A+D}{A+B+C+D}$
标准化综合指标	0.18	92	80.43	61.41

注：表中阈值是综合指标的最优临界值在其历史分布中对应的百分位数。

由表 4 - 9 可知，标准化综合指标的预警能力较好，噪音信号比较低，条件概率约 80.43%。

（三）综合指标的预警效果检验

接下来我们基于 2007 ～ 2012 年的季度数据，对综合指标的预警效果进行样本外检验，结果如表 4 - 10 所示。

表 4 - 10　　低收入新兴市场国突然中断的综合指标预警效果检验

指标	突然中断期正确预警率（%） $\dfrac{A}{A+B}$	平稳期正确预警率（%） $\dfrac{D}{B+D}$	观测期正确预警率（%） $\dfrac{A+D}{A+B+C+D}$
标准化综合指标	78.07	89.67	53.39

由表 4 - 10 可知，综合指标可正确预警 78.07% 的样本外突然中断期，平稳期的正确预警率较高。总的来看，综合指标的预警效果较好。我们在对低收入新兴市场国的突然中断进行预警时，应结合单项指标和综合指标进行分析，因为前者可更好地反映突然中断主要风险来源，后者可从总体上预测突然中断发生概率。

三、低收入新兴市场国家的突然中断预警结论

本节以 1986～2012 年 14 个低收入新兴市场国的样本数据为研究对象，构建包含国内和国际经济金融变量的突然中断预警指标体系，采用 KLR 信号分析法分别对单项指标和综合指标进行预警分析。结果表明预警指标体系的整体预警效果良好，其中国内金融体系指标具有较高的预警准确性，国际经济金融变量的预警先导性较好，经常账户指标的信号持续性较强，实体经济指标也具有良好的预警能力。以各单项指标噪音信号比的倒数为权重构建的综合指标预警效果较好。具体而言，贸易开放度、股票价格增长率、国际利率、进口增长率、国际投资者情绪是低收入新兴市场国家需重点关注的预警指标。低收入新兴市场国应尽早建立突然中断早期预警系统，跟踪关注国内外经济金融体系中构成突然中断风险来源指标的变化及总体发展趋势；密切关注国际经济金融动态，尤其是发达国家经济增长、货币政策及金融市场收益率和波动率，提前做好对负面冲击的警惕和应对。

第三节　高收入新兴市场国家的突然中断预警研究

参照第一节构建的突然中断预警指标体系，本节以高收入新兴市场国样本数据为研究对象，对单项指标和综合指标的预警能力进行分析，并检验预警效果，由此得出高收入新兴市场国防范突然中断的对策建议。

一、高收入新兴市场国家突然中断的单项指标预警研究

遵循 KLR 信号分析法的基本思路，首先对高收入新兴市场国突然中断进行单项指标预警。

（一）预警指标的筛选

本节依然参照第一章对突然中断的识别方法，将突然中断界定为：一国国际资本净流入占 GDP 的比重下降幅度在 1 年内超过其样本均值的 1 个标准差以上，并且资本净流入的减少量超过 GDP 的 5%。本节以 9 个高收入新兴市场国[①] 1986～2012 年的样本数据为预警研究对象，在 544 个国家/季度样本中，共发生突然中断 68 次。突然中断的预警区间设为 2 年，即 8 个季度。

与上一节相同，本节采用单变量 Probit 模型分别考察各指标对突然中断的预测是否具有统计显著性。模型被解释变量为突然中断领先指标（LSS），对于某一季度 t，若随后的 8 个季度内发生突然中断，则突然中断预示指标哑变量 $LSS_t = 1$，否则 $LSS_t = 0$。解释变量即第一节表 4-3 列出的预警指标。模型回归结果如表 4-11 所示。

表 4-11　　　高收入新兴市场国突然中断预警指标的预测能力分析

变量	指标	回归系数	P 值	变量	指标	回归系数	P 值
CA	经常账户占比	-0.00221 ***	0.001	FO	金融开放度	0.0200 ***	0.000
TO	贸易开放度	-0.000147	0.951	CPI	通货膨胀率	-0.00498	0.459
ERD	实际汇率	0.00445	0.177	GDP	GDP 增长率	-0.0584 ***	0.000
FDI	直接投资占比	0.00250	0.492	VXO	投资者情绪	0.0142 **	0.016
POR	证券投资占比	-0.00310	0.377	WIR	国际利率水平	-0.120 ***	0.000
MGP	广义货币占比	-0.000311 ***	0.008	GLG	国际流动性增长	0.00295	0.777
RIR	实际利率	0.0196	0.125	GG	国际经济增长	-0.151 ***	0.000
PFC	公共消费支出	0.0787 ***	0.001	SPC	股票价格增长	-0.00431 ***	0.001
IGR	进口增长	-0.00518 **	0.049	MRE	广义货币/外汇储备	-0.000510 **	0.023
EGR	出口增长	-0.00541 **	0.024	SP	S&P 指数	0.0109 ***	0.000

注：*** 、** 、* 分别表示指标在 1%、5% 和 10% 统计水平上显著。

---

① 分别是智利、捷克、爱沙尼亚、韩国、拉脱维亚、立陶宛、波兰、俄罗斯和斯洛伐克。

　　由表 4-11 可见，部分预警指标变量对高收入新兴市场国突然中断领先指标影响的显著性区别于低收入新兴市场国。贸易开放度和实际汇率等 7 个指标对突然中断领先指标的影响作用不显著，因而无法对突然中断提前预警。关于贸易开放对突然中断的驱动作用，已有文献存在分歧：科恩等（2008）指出，国内金融体系越发达、贸易开放程度越高，则发生流出驱动型突然中断的概率越高；卡瓦罗和弗兰科尔（2008）指出贸易开放有助于减少一国受到外部冲击的影响，在其他条件相等的情况下，贸易与 GDP 的比率上升 10%，发生突然中断的可能性减少 1%。这种不确定性，是造成此处贸易开放对突然中断领先指标影响不显著的主因，由此影响其预测能力。卡尔沃等（2003）指出，对比发达国家而言，实际汇率波动在新兴市场国家危害性更大的原因在于这些国家高度的债务美元化。由此可推断，高收入新兴市场国实际汇率波动与突然中断的直接相关关系不明显。国际资本结构（FDI 和证券投资占比）和实际利率对突然中断的预测能力不显著，大致源于高收入新兴市场国国际资本流动更为活跃，利率的市场化形成机制更完善，导致它们的短期波动性较大。突然中断是资本流动短时间内的大幅下降，国际流动性增长变量具有短期稳定性，因而对它的预测能力不显著。通胀率对突然中断领先指标的影响不显著，大致是高收入新兴市场国通胀问题并不突出或者通胀对资本流动的影响不明确的结果。

　　经常账户、进出口增长和金融开放度等 13 个指标对突然中断的预测具有统计显著性，且影响方向具有经济意义。经常账户占比指标的系数符号与低收入新兴市场国相反，说明高收入新兴市场国经常账户盈余增加意味着该国对外国资本的依赖度减弱，且货币贬值压力减小，因而突然中断可能性减小。广义货币占比指标系数显著为负，说明前期货币量过大引起流动性过剩，造成通胀压力的同时影响汇率稳定性，阻碍外资流入并推动内资外流，使前期国内聚集的资本减少，由此减小当期突然中断发生的可能性。公共消费支出指标系数显著为正，说明高收入新兴市场国公共消费支出对财政收支的影响显著，支出越多意味着财政负担越重，将降低一国应对外部冲击的能力，也影响投资者信心。出口增长指标系数显著为负，说明高收入新兴市场国出口对贸易收支的影响较大，其增长率提高说明产品竞争力增强，有利于经济发展，降低突然中断发生的可能性。金融开放度指标系数显著为正，说明国际资本流动总额越大，发生突然中断可能性越大，这一点与第三章实证研究的结果相符。国际利率水平指标系数显著为负，说明高收入新兴市场国的国际资本对国际利率水平的变化较敏感，反应迅速，前期国际利率的降低在抑制新兴经济体内资外流的同时吸引外资流入以谋取较高收益，造成大量资本汇集，由此加大资本突然逆转的可能性，也体现国际利率对突然中断影响的时变性。除上述指标以外的其他指标系数显著性与上一节相同，因而不再赘述。由于 GDP 增长率等 13 个指标具有显著预测能力，且回归系数符号符合经济意义，因此本节基于这些指标构建高收入新兴市场国突然中断预警指标序列。

（二）单项指标的预警能力分析

单项指标阈值的确定标准和方式与上一节相同。为获得最小噪音信号比，本节仍使用格子搜索的方法来确定指标的阈值。为了保留部分数据做样本外检验，预警分析的样本数据为 1986～2006 年低收入新兴市场国的季度数据。一般而言，若指标取值与突然中断发生概率正相关，则阈值位于其样本分布的 [70，100] 百分位数之间，反之则位于 [0，30] 百分位数之间。基于最优阈值，本节还计算了各指标的平均预警提前时间，以及在突然中断发生前的平均持续信号。预警分析结果如表 4-12 所示。

表4-12 高收入新兴市场国突然中断单项指标的预警能力分析

类别	变量	指标	噪音-信号比 $\dfrac{B/(B+D)}{A/(A+C)}$	阈值	平均预警提前	平均持续信号	条件概率（%）$\dfrac{A}{A+B}$	正确预测率（%）$\dfrac{A+D}{A+B+C+D}$
经常账户	CA	经常账户占比	0.07	6	6.67	2.89	92.86	58.08
	IGR	进口增长	0.52	30	5.58	3.37	63.33	59.83
	EGR	出口增长	0.58	29	6.43	3.33	60.71	58.08
金融体系	MGP	广义货币占比	0.76	14	6.49	3.24	59.26	50.28
	MRE	广义货币/外汇储备	0.71	17	6.25	4.59	55.68	57.21
	SPC	股票价格增长	0.59	4	2.61	1.67	60.29	58.95
资本账户	FO	金融开放度	0.36	81	5.47	2.68	71.05	59.83
实体经济	PFC	公共消费支出	0.2	88	5.11	3.27	81.82	62.01
	GDP	GDP增长率	0.45	24	4.35	3.17	66.67	60.26
国际经济金融	VXO	投资者情绪	0.63	77	5.16	3.93	58.46	57.64
	WIR	国际利率	0.05	5	5.83	2.92	94.16	56.28
	SP	S&P指数	0.15	77	5.28	4.64	84.91	71.11
	GG	国际经济增长	0.31	13	6.03	3.19	74.07	58.52

注：表中列出的阈值是各指标的最优临界值在其历史分布中所对应的百分位数。

由表4-12可见，从准确性、先导性和持续性三方面来看，本书的预警指标体系总体具有良好的预警能力。各指标的噪音信号比均小于1，危机预警条件概率平均约为71.5%，表明单项预警指标序列具有较高的预警准确性；各指标平均可提前5.5个季度发出报警信号，表明单项指标都具有较好的提前预警性；各指标在突然中断前的平均持续信号为3.3个，说明这些信号并非随机结果，信号强度较大。以下从各项性能来分析指标的预警能力：

（1）预警准确性。从各指标预警的噪音信号比来看，所有指标的噪音信号比均低于0.8，均值为0.41。其中经常账户占比和国际利率指标的噪音信号比均小于0.1，说明这两个指标的预警准确性很高，与突然中断的关系密切，其次是 S&P 指数和公共消费支出两个指标，噪音信号比处于 0.1～0.2。广义货币占 GDP 和占外汇储备的比重两个指标的噪音信号比高于 0.7，相对而言，预警准确性稍弱，大致与各国货币供应量统计口径的差异性有关。条件概率（$A/(A+B)$）代表指标发出信号之后 8 个季度内发生突然中断的概率，经常账户占比和国际利率两个指标的条件概率均在 90% 以上，说明这两个指标的预警准确性很高。$(A+D)/(A+B+C+D)$ 表示正确预测率，所有指标正确预测率的均值达 59.1%，其中 S&P 指数指标的正确预测率最高，达到 70% 以上。

（2）阈值位置合理性。指标阈值与前文预期一致，阈值百分位数在 70 以上的指标，意味着其取值与突然中断发生概率正相关，当取值高于阈值对应的百分位值，就发出一个报警信号，而阈值分位数在 30 以下的指标，意味着其取值与突然中断发生概率负相关，当取值低于阈值对应的百分位值，就发出一个报警信号。

（3）先导性。平均预警提前是指 8 个季度内从信号发出到实际发生突然中断的平均时间差。从预警提前性来看，经常账户占比指标表现最好，平均预警提前时间在 6.5 个季度以上，也就是平均提前 1 年半以上发出报警信号。GDP 增长率指标的预警提前性最弱，约 4.35 个季度。

（4）持续性。平均持续信号是指突然中断发生前的 8 个季度内平均持续发出的信号数，可衡量信号强度。相对而言，S&P 指数的信号强度最大，突然中断前 8 个季度内平均发出信号达 4.6 个，股票价格增长指标的信号强度最弱，突然中断 8 个季度内平均发出信号约 1.7。

对指标的类别比较可以发现：第一，国际经济金融体系指标预警能力较为突出：一是具有较高的预警准确性，四个指标的平均噪音信号比仅 0.28，平均条件概率约 78%；二是预警先导性较好（平均 5.6 个季度），使高收入新兴市场国家可提前对这些变化做出应对，防范突然中断的发生；三是信号强度较高，在突然中断发生前的 8 个季度内，平均持续发出 3.7 个报警信号。第二，经常账户变量在预警提前性方面表现最优，该组变量平均预警提前时间为 6.2 个季度，说明新兴市场国家可提前 1 年半对经常账户的失衡做出调控。第三，资本账户和实体经济指标具有良好的预警能力，各指标噪音信号比在 0.45 以下，其中公共消费支出指标的预警准确性较高。第四，金融体系指标预警准确性相对较低，平均噪音信号比为 0.69。这些特点在一定程度上可说明，高收入新兴市场国家的突然中断受国际经济金融环境变化因素影响较大，倾向于外向型经济发展；国内经济和金融体系相对低收入新兴市场国更加成熟完善，因而对突然中断的影响作用不如后者突出。

（三）单项指标预警效果的样本外检验

为了进行指标预警效果的样本外检验，本节将高收入新兴市场国全样本数据分为两部分，1986 ~ 2006 年的季度数据用于确定单项指标的最优阈值及条件概率，2007 ~ 2012 年的季度数据用于进行预警效果的样本外检验。检验结果如表 4 - 13 所示。

表 4 - 13　　　　高收入新兴市场国突然中断单项指标的预警效果检验

类别	变量	指标	突然中断期正确预警率（%）$\dfrac{A}{A+B}$	平稳期正确预警率（%）$\dfrac{D}{B+D}$	观测期正确预警率（%）$\dfrac{A+D}{A+B-C+D}$
经常账户	CA	经常账户占比	82.83	87.81	53.43
	IGR	进口增长	60.13	70.49	52.77
	EGR	出口增长	56.37	75.16	53.3
金融体系	MGP	广义货币占比	51.88	82.14	50.37
	MRE	广义货币/外汇储备	52.14	63.06	55.19
	SPC	股票价格增长	55.45	68.53	55.27

类别	变量	指标	突然中断期正确预警率（％）$\dfrac{A}{A+B}$	平稳期正确预警率（％）$\dfrac{D}{B+D}$	观测期正确预警率（％）$\dfrac{A+D}{A+B-C+D}$
资本账户	FO	金融开放度	66.42	78.90	56.46
实体经济	PFC	公共消费支出	76.40	87.25	59.71
	GDP	GDP 增长率	61.89	77.12	57.04
国际经济金融	VXO	投资者情绪	53.41	67.77	54.54
	WIR	国际利率	84.30	88.43	54.23
	SP	S&P 指数	78.02	86.70	58.60
	GG	国际经济增长	69.89	81.67	56.96

从预警效果检验结果来看，预警指标体系总体的预警效果较好，突然中断期正确预警率均值达到 66.3％，平稳期正确预警率均值为 78.1％。其中经常账户占比和国际利率指标的突然中断期正确预警率达 80％ 以上，说明它们对突然中断的预警准确性较强。

二、高收入新兴市场国家突然中断的综合指标预警研究

本节仍参照卡明斯基（1999）综合指标四的构造方法（如式（4.6）所示）来构建突然中断的综合预警指标。基于突然中断单项预警指标序列，以各指标噪音信号比 ω^i 的倒数为权重，构造综合指标 I_t：

$$I_t = \sum_{i=1}^{n} \frac{S_t^i}{\omega^i}, \quad S_t^i = \begin{cases} 1, & t \text{ 期的指标 } i \text{ 发出信号} \\ 0, & \text{其他} \end{cases} \quad (4.9)$$

可以看出，t 期发出信号的指标越多，综合指标的数值越高。

（一）综合指标的预警能力

若要以综合指标来对突然中断进行预警，则需要计算相应的条件

概率。为了将综合指标的值域限定在 ［0，1］ 区间，本节对综合指标进行标准化①，然后计算标准化的综合指标 HNI_t 对应的危机发生条件概率。

$$P\left(\frac{SS_{t,t+8}}{HNI_t \geq NI^*}\right) = \frac{\sum HNI_t \geq NI^* \text{ 且在随后 8 个季度内发生}}{\sum HNI_t \geq NI^* \text{ 的季度数}}$$

$$(4.10)$$

其中，NI^* 为综合指标的不同取值，本书分别取 $\{0，0.1，\cdots，0.9\}$，条件概率的结果见表 4 – 14。由该表可知，基于突然中断单项预警指标集的综合指标具有良好预警能力，综合指标的取值越大，则未来 8 个季度内发生突然中断的概率越高。

表 4 – 14　高收入新兴市场国突然中断预警综合指标的条件概率

HNI_t	≥ 0	≥ 0.1	≥ 0.2	≥ 0.3	≥ 0.4	≥ 0.5	≥ 0.6	≥ 0.7	≥ 0.8	≥ 0.9
P	0.37	0.61	0.70	0.75	0.81	0.86	0.90	1	1	1

以 1986~2006 年的低收入新兴市场国数据为样本，通过最小化噪音信号比的方式，可以确定标准化综合指标的阈值和预警表现。结果如表 4 – 15 所示。

表 4 – 15　高收入新兴市场国突然中断预警综合指标的预警能力

指标	噪音－信号比 $\dfrac{B/(B+D)}{A/(A+C)}$	阈值	条件概率（%） $\dfrac{A}{A+B}$	正确预测率（%） $\dfrac{A+D}{A+B+C+D}$
标准化综合指标	0.37	88	75.48	56.64

注：表中阈值是综合指标的最优临界值在其历史分布中对应的百分位数。

由表 4 – 15 可知，标准化综合指标的预警能力较好，噪音信号比

① 标准化的方法同上一节。

较低,条件概率约75%。

(二)综合指标的预警效果检验

本书基于2007~2012年的数据,对综合指标的预警效果进行样本外检验,结果如表4-16所示。

表4-16   高收入新兴市场国突然中断的综合指标预警效果检验

指标	突然中断期正确预警率 (%) $\dfrac{A}{A+B}$	平稳期正确预警率 (%) $\dfrac{D}{B+D}$	观测期正确预警率 (%) $\dfrac{A+D}{A+B+C+D}$
标准化综合指标	72.43	80.27	54.51

由表4-16可知,综合指标可正确预警72.43%的样本外突然中断期,平稳期的正确预警率较高。总的来看,综合指标的预警效果较好。我们在对高收入新兴市场国的突然中断进行预警时,应结合单项指标和综合指标进行分析,因为前者可更好地反映突然中断主要风险来源,后者可从总体上预测突然中断发生概率。

三、高收入新兴市场国家的突然中断预警结论

本节以1986~2012年9个高收入新兴市场国家的样本数据为研究对象,构建包含国内和国际经济金融变量的突然中断预警指标体系,采用KLR信号分析法分别对单项指标和综合指标进行预警分析。结果表明预警指标体系的整体预警效果良好,其中国际经济金融体系指标在准确性、先导性和持续性三方面的预警能力较为突出,经常账户指标变量的预警先导性较好,资本账户和实体经济指标具有良好的预警能力,金融体系指标预警准确性相对偏低。以各单项指标噪音信号比的倒数为权重构建的综合指标预警效果较好。对高收入新兴市场

国家而言，国际经济金融体系指标预警能力较强，经常账户占比、国际利率、S&P指数是重要的突然中断预警指标。高收入新兴市场国家应尽早建立突然中断早期预警系统，动态监测国际资本的流入流出动态，密切关注国内外经济金融环境变化及其带来的突然中断压力，尤其需要跟踪关注国际经济金融动态，及时掌握发达国家经济发展态势、金融市场行情和投资者情绪等情况，做到打提前量。

本 章 小 结

本章采取 KLR 信号分析法，分别对高收入和低收入新兴市场国的国际净资本流动突然中断进行预警研究。研究结论如下：

第一，低收入新兴市场国突然中断预警体系的整体预警效果良好。从单项指标来看，贸易开放度和股票价格增长率指标对突然中断的预警准确性较高；国际利率和进口增长率指标的预警先导性较好；国际利率指标的预警信号强度最大。从分类指标来看，金融体系指标具有较高的预警准确性；国际经济金融变量先导性较好；经常账户指标的信号强度较高。这说明低收入新兴市场国突然中断与其国内金融体系的变化密切相关，对突然中断的防范应重点放在发展完善本国金融体系，增强其抗风险能力。

第二，高收入新兴市场国突然中断预警体系的整体预警效果较好。从单项指标来看，经常账户占比和国际利率指标对突然中断的预警准确性较高；经常账户占比指标的预警先导性较好；S&P指数的预警信号强度最大。从分类指标来看，国际经济金融体系指标预警能力在准确性、先导性和持续性三方面均较为突出；资本账户和实体经济指标预警能力良好；金融体系指标预警准确性相对较低。这说明高收入新兴市场国家的突然中断与国际经济金融环境的变化密切相关，对突然中断的防范应重点放在警惕国际经济金融形势的变化，做到打提前量。

第五章

中国国际资本流动突然
中断的形成与风险识别

在当前复杂的国际经济政治形势下，中国国际资本流动呈现较强的波动性。随着全球经济一体化程度的加深，中国经济持续提升对外开放度，人民币资本项目可兑换已提上议程，在这一过程中，需要积极防范可能发生的突然中断。本章将在分析中国突然中断事实特征和国际资本流动态势的基础上，结合前文研究结论，对我国发生突然中断的风险进行识别，并提出我国防范突然中断的政策建议。

第一节　中国国际资本流动突然
中断的事实特征

国际资本流动对一国经济来说犹如一把双刃剑，在促进经济蓬勃发展的同时也提高了经济波动的风险，加大了宏观调控难度。作为最大的新兴市场国家，随着我国逐渐放宽对国际资本流动的限制以及我国经济的稳定发展，越来越多的国际资本活跃于中国市场，同时也有越来越多的国内资本把目光投向海外，造成了我国国际资本流动的波动性，进而由此引发突然中断。

一、中国国际资本流动突然中断及其成因

在复杂的国内外经济金融形势下，中国也不可避免地发生过国际资本流动突然中断，其形成原因复杂多样。

（一）突然中断事实描述

由于中国经济的发展及国际地位的提高，使其受到众多国际投资者的青睐，吸引大量国际资本流入的同时，也加大了在负外部冲击下发生突然中断的可能性。专门研究中国突然中断的发生与成因的文献甚少。潘赛赛（2012）分析发现中国曾发生突然中断，成因主要有本国因素、美国因素和全球因素，其中总流入突然中断对经济冲击显著。由第一章的表1-1和表1-2可知，我国曾发生国际资本流动突然中断，具体时间及分类如表5-1所示，表中"Q"代表季度标识。

表5-1 中国发生突然中断的时间及类型

类型	流出驱动型突然中断	流入驱动型突然中断	混合型突然中断
时间	2006Q3	2009Q1	2012Q1 ~ Q4
期数	1	1	4

由此可知，中国曾分别于2006年、2009年和2012年发生突然中断，并且三种类型的突然中断均有发生，可见不论是国际资本还是国内资本，都异常活跃。2012年的混合型突然中断持续时间长达4个季度，可见国际资本异动的剧烈性。

（二）突然中断的成因

由本书前四章的理论和实证分析可知，突然中断的形成原因复杂多样化，不同类型的突然中断成因也存在差异。接下来我们在前文研究的基础上，结合中国国情，分类型探讨突然中断的成因。

1. 2006 年流出驱动型突然中断的成因

已有文献对流出驱动型突然中断成因的探讨，大致认为有这样一些因素：本国经济疲软（Rothenberg & Warnock，2006），金融体系发达和贸易开放度提高（Cowan et al.，2008），金融开放程度加大、经常账户盈余和国际资本市场风险减小（Calderón & Kubto，2013）等。但是，福布斯和沃诺克（2012）认为资本外流事件显示出较难解释的异质性。中国也有众多学者分析了我国资本外逃的原因，如金融压制（李心丹等，1998），外汇管制和汇率风险（杨胜刚等，2000），财政赤字、通货膨胀和不健全的产权保护制度（宋文兵，1999）等。本文在这些研究的基础上来探讨中国流出驱动型突然中断的成因。

由前文的定义可知，流出驱动型突然中断主要由国内投资者对外投资激增导致资本总流出大幅增加引起。2006 年，我国对外直接投资净流出为 178 亿美元，同比增长 58%；金融机构对外证券投资资产净流出 1 104 亿美元，增长 3.2 倍[①]；此外还有大量民间资本通过经常项目、资本项目或"地下钱庄"外流，由此引发流出驱动型突然中断。由于流出驱动型突然中断是一种短时期内资本大幅外流的现象，所以其成因除了中国金融体制、产权制度和法律法规不完善等偏长期的制度原因外，重点在于短期影响因素的变动。

（1）宏观经济因素。一是通货膨胀压力加大，2006 年上半年，我国生产要素价格上涨 6.1%，工业品出厂价格上涨 2.7%，固定资产投资旺盛和货币投放量加大使通胀压力持续增加，由此理性投资者为了避免资产缩水纷纷将资产转移海外；二是财政赤字的扩大，中国长期实行的积极财政政策虽然推动了经济增长，但却导致财政赤字的扩大，2005 年赤字达 2 280 亿元。赤字的扩大影响国内投资者的信心，而且国家将通过税收来增加财政收入的预期也推动

---

① 数据来源于中国国家外汇管理局国际收支分析小组：《2006 年中国国际收支报告》，2007 年 5 月。

了资本外流。

（2）金融因素。一是证券市场欠缺广度和深度，使大量国内资本的投资渠道狭窄，而且市场的剧烈波动、制度和上市企业行为的不规范打击投资者信心，推动资本外流；二是利率管制催生资金价格不合理，不能优化配置资源，由此一些国内资本转移到国外进行投资；三是由于境内机构对外证券投资渠道的增多以及对境外投资监管机制的完善，国内金融机构的外汇资产日益多元化，国内商业银行纷纷进行股份制改革和境外上市，也使可运用外汇资金大幅增加。

（3）制度因素。证券投资方面，2006年5月，我国合格境内机构投资者（QDII）制度正式启动；直接投资方面，2006年继续实施"走出去"战略，出台《境外投资产业指导政策》，重点支持符合国家经济发展的对外投资。这些政策的出台直接推动了对外直接投资和证券投资规模的扩大。

（4）国际因素。国际因素的影响主要表现在：一是世界经济总体增长强劲，2006年全球经济增长率为5.4%，处于相对较高的态势；二是主要发达国家基础利率持续提高，2006年美联储4次加息，联邦基金利率达到5.25%，欧元区基准利率达到三年内的相对高点，日本央行也进行了6年来的首次加息。所以，国际方面良好的经济环境和市场利好消息拉动了中国国内资本外流。

2. 2009年流入驱动型突然中断的成因

已有文献对流入驱动型成因的探讨，大致认为有这样一些因素：国际利率水平和国际风险传染（Forbes & Warnock，2012），东道国和国际经济增速下滑以及金融开放度提高（Calderón & Kubto，2013）和国际金融机构的去杠杆化（邹炜、李亚培，2009）等。

由前文的定义可知，流入驱动型突然中断主要由国际投资者撤回和减少投资导致资本总流入大幅减少引起。2009年初中国流入驱动型突然中断的形成，关键原因是受2008年爆发的国际金融危机的影

响。由第一章的分析可知，2009 年第一季度新兴市场国家范围内有
17 国同时发生突然中断，说明金融危机的影响力巨大，也反映了突
然中断较强的传染性。危机从两个渠道推动了外资流入的大幅减少：
一是金融渠道，国际金融危机使全球金融市场风险飙升，直接加剧了
国际投资者的恐慌和风险规避情绪。金融部门在去杠杆化进程中收缩
信贷规模，资金短缺者融资来源匮乏，国际资本流动的规模和速度都
出现下滑。2009 年上半年，大量国际资本为求自保在去杠杆化过程
中向母国回流，外国来华直接投资净流入下降61％；二是信心渠道。
受国际金融危机的影响，中国经济形势变差。2008 年四季度，我国
经济出现了增长速度明显放缓、企业经营困难增多、国家财政收入下
降等问题，使国际投资者对中国未来经济增长的信心受损，而我国出
口下滑等因素也减小了人民币升值预期。由此导致我国直接投资、证
券投资资本流入出现下降趋势，外资企业加大利润汇出和撤资力度，
从而触发流入驱动型突然中断。

3. 2012 年混合型突然中断的成因

混合型突然中断由国内和国际投资者的投资决策变化共同引起，
因而其成因更为复杂多样。2012 年，在宽流动性和低利率环境下，
全球经济复苏放缓，欧美债务危机持续发酵，国际金融继续动荡，新
兴市场资本流动呈现剧烈波动。中国混合型突然中断的形成，仍然主
要受国际因素的影响。究其成因，主要有：第一，欧债危机不断恶
化，使市场避险情绪加重，推动资本外流。2012 年，我国资本和金
融项目出现自 1999 年以后的首次逆差（168 亿美元），其他投资由净
流入转为大额净流出；第二，世界经济进入深度转型调整期，经济持
续低速增长，严重影响投资者信心，打击投资积极性，国际直接投资
总流入及净流入均大幅下降；第三，金融去杠杆化的延续，大量国际
资本为求自保而向母国回流，抑制了中国吸引外资；第四，中国经济
面临的困难增多、下行压力较大，同时，在藏汇于民的政策方向推动
下，境内机构和个人持汇和购汇意愿增强，跨境资金流出增多。2012

年，中国对外投资大幅增长，直接投资净流出 624 亿美元，证券投资净流出 64 亿美元，境内金融机构"走出去"步伐加快[①]。国际国内多方面因素共同作用的结果，导致混合型突然中断的发生。

二、中国国际资本流动突然中断对经济的影响

众多研究表明，突然中断会对经济造成负面影响。哈奇森和诺伊（2006）以 24 个新兴市场国家 1975～1997 年的样本数据为研究对象，实证分析发现突然中断会对产出增长产生较大的短期负面影响。卡尔沃等（2006）对 31 个新兴市场国家 1980～2004 年的样本数据实证分析发现，在 33 次突然中断期间，有 1/3 发生了温和衰退，剩余 2/3 使产出跌幅超过 4.4%。

投资、消费和出口被认为是拉动中国经济的"三驾马车"。本节以作图分析法考察中国的国际资本流动突然中断对经济的影响，图 5－1～图 5－3 分别是实际 GDP 增长率及进、出口增长率和新增固定资产投资增长率[②]的变化趋势图，图中灰色柱形部分表示突然中断发生期。中国的 GDP 增长率和进、出口增长率的数据来源于 IMF 的《国际金融统计（IFS）》数据库，新增固定资产投资数据来源于中国国家统计局[③]。

由图 5－1 可知，我国实际 GDP 增长率在 3 次突然中断时期均有所下降，2006 年和 2009 年中断期降幅分别为 1.1% 和 22.4%，2012 年各季度平均降幅为 2.7%。由此可见，2009 年受国际金融危机和突然中断的共同影响，产出下滑尤为严重。流出驱动型突然中断对 GDP 增长率的负面作用相对较小，这与第一章基于新兴市场国样本

[①] 数据来源于中国国家外汇管理局国际收支分析小组：《2012 年中国国际收支报告》，2013 年 4 月。

[②] 由于消费的季度数据不可得，所以未纳入考察。此处采用的增长率均为同比增长率。

[③] 根据中国国家统计局官网公布的新增固定资产投资——累计值的月度数据整理而得。

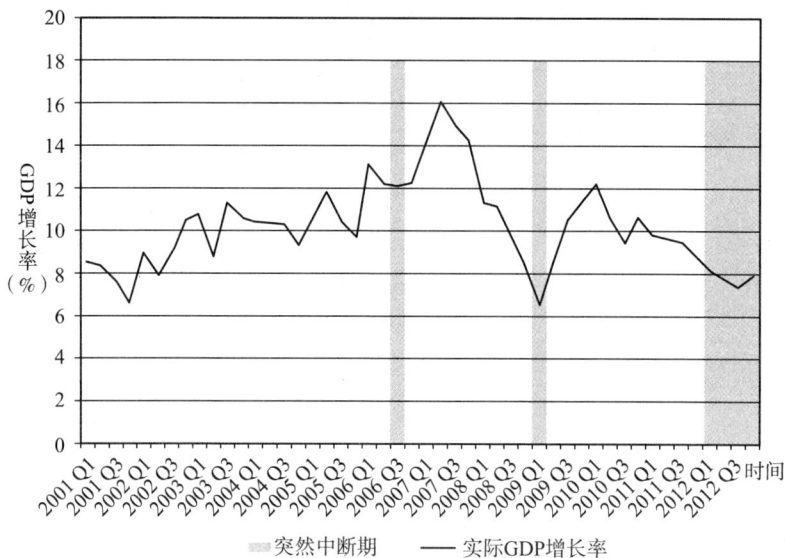

图 5-1 2001~2012 年中国突然中断期与实际 GDP 增长趋势

数据的分析结论一致。此外，我们可发现在突然中断发生后的不久，GDP 增长率开始反转上升，由此可见，"凤凰奇迹"（phoenix miracles）现象在我国也存在。究其原因，除了第一章分析的国内金融市场不完全因素以外，大致还与我国政府的宏观调控政策有关。

由图 5-2 可知，我国进、出口增长率在 2009 年和 2012 年的突然中断期都有所下降，其中 2009 年进出口均为负增长，出口增长率下滑的持续期稍长；2012 年进、出口增长率呈波动式下降，这大致与当年国际资本流动的剧烈波动性有一定关联。2006 年的流出驱动型突然中断时期，进口增长率下滑，而出口增长率缓慢上升，这与第一章的结论和已有文献研究的结果相同。查理等（2005）发现突然中断会引起净出口突然增加。爱德华兹（2004）通过分析发现经常项目赤字逆转与突然中断有关，而经常项目逆转对实际经济增长有负面影响。

在图 5-3 中，我们以新增固定资产投资增长率指标来代表投资的增长趋势。由该图可知，2006 年和 2012 年的突然中断时期，投资

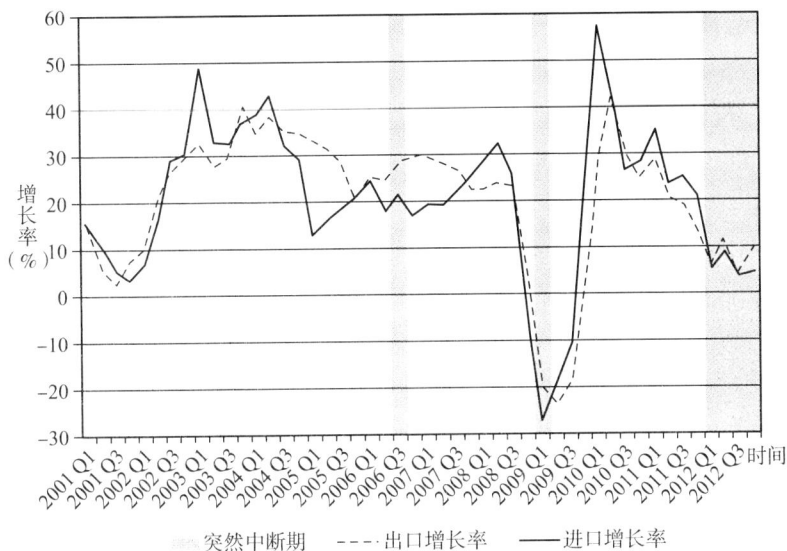

图 5 - 2　2001 ~ 2012 年中国突然中断期与进、出口增长趋势

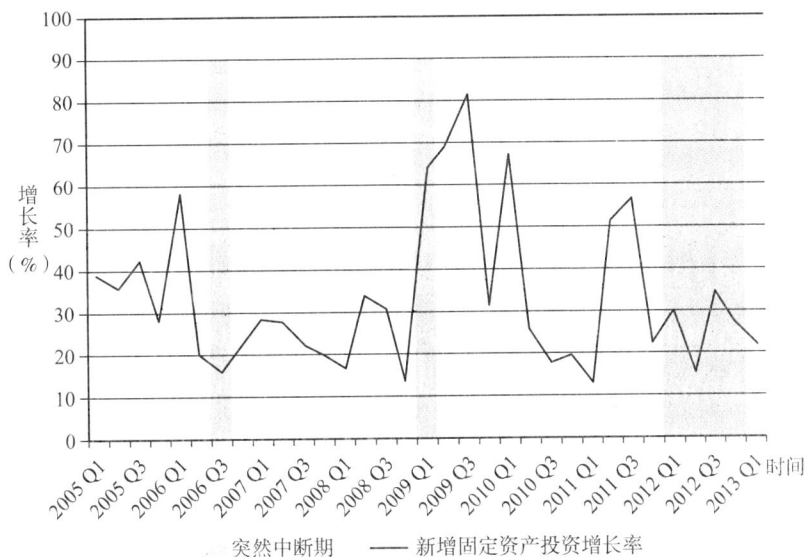

图 5 - 3　2005 ~ 2013 年中国突然中断期与新增固定资产投资增长趋势

增长率均有所下降，其中 2012 年呈波动式下降。卡明斯基（1999）指出资本外逃会损害一国课税基础，并引起国内投资的下降。我国 2006 年流出驱动型突然中断期投资下降的现象与这一观点相符。与此相反，2009 年突然中断时期投资增长率不降反升，究其原因，大致与我国政府部门采取的应对国际金融危机的救市政策有关，尤其是 2008 年年底推出的"四万亿"计划，直接带动了投资高速增长。

综上所述，中国国际资本流动突然中断对 GDP 增长率、进出口和投资等宏观经济变量都有不利影响。由此可知，突然中断对我国经济存在显著负面效应，在当前复杂的国内国际经济环境下，我们应采取各种方式予以防范。

第二节 中国国际资本流动的易变特征

受国际金融危机的纵深影响，国际经济政治形势复杂多变，发达经济体和新兴经济体之间的资本流向变幻莫测，中国的国际资本流动呈现较强的波动性、易变性和短期逆转性。

一、中国国际资本流动的波动性

姚淑梅（2013）通过分析 2012 年中国的国际资本流动情况，发现欧债危机升级直接导致我国外商直接投资流入萎缩，并且资本外流压力骤然加大。吴艳、贾忠（2013）采用 GIS 软件分析本轮金融危机后国际资本流动的空间趋势，发现长期来看国际资本是由发达国家流向发展中国家，但波动性显著增强，可能频繁出现短期资本回流至发达国家的现象。根据中国国家外汇管理局公布的数据①，我们可做出 2008 年以来我国国际资本流动走势图（如图 5-4 所示）。由图可

---

① 数据来源于中国国家外汇管理局网站：http：//www.safe.gov.cn/。

见，危机后我国国际资本流动呈现较强的波动性。2008年，受国际金融危机的传染效应和预期效应的影响，国际资本迅速大规模撤离，年内国际资本净流入呈直线下降，至第四季度达到468亿美元的净逆差；2009～2011年上半年，由于我国经济复苏情况相对较好，在国际资本盈利要求的驱动下，我国国际资本净流入呈现短期波动、长期增长的特点；2011年下半年至2013年第一季度，受欧债危机恶化、发达经济体持续大规模量化宽松货币政策、中国经济增速放缓以及人民币升值预期等因素影响，国际资本流动呈现大起大落的剧烈波动性。

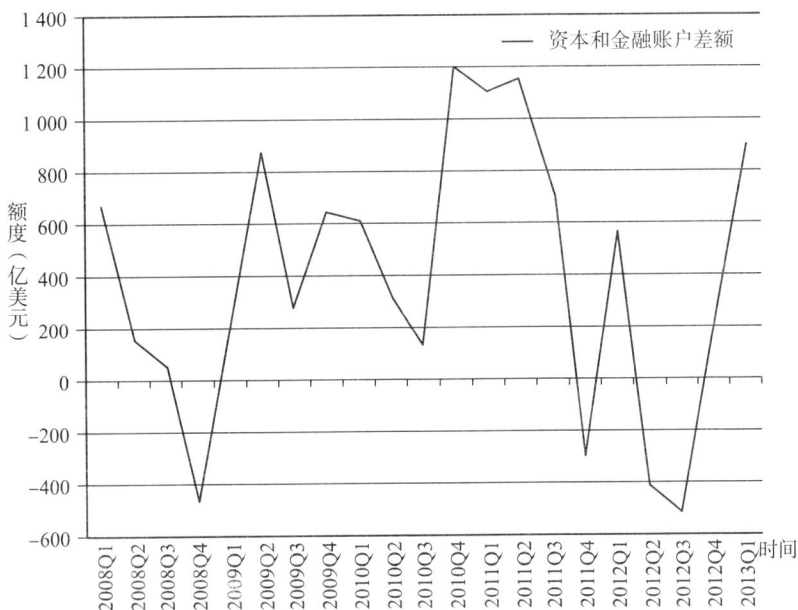

图5-4　2008～2013年中国国际资本净流入变化趋势

这反映了由于世界经济增速放缓、国际金融动荡加剧及国内经济增长减速，我国总体面临资金流出的压力。未来受国内外经济复苏、发达国家宏观经济政策转向、主权债务问题恶化或地缘政治冲突激化等不确定因素的影响，我国跨境资本流动的波动性将加剧，甚至可能出现阶段性的资本集中流出。

二、中国国际资本流动的逆转性

我国作为世界最大的新兴市场经济体，虽然经济相对平稳，但是受金融危机的纵深影响，也出现了资本流入减少、回流增加的逆转现象。陈辉、汪前元（2013）通过对我国 2005～2012 年的短期国际资本流动数据进行实证分析，发现金融危机降低了我国短期国际资本流入水平，并且使其流动模式变得更加复杂。据中国国家外汇管理局公布的数据显示[①]，2011 年第四季度我国外汇占款曾连续出现三个月负增长的现象，国际收支平衡表中的资本与金融项目出现 290 亿美元的资本净流出，全年资本与金融项目净收入比上年同期下降 2%。2012年我国资本和金融项目逆差 168 亿美元，加上误差与遗漏，逆差共798 亿美元，这是自 1998 年以来该项目首次出现逆差，国际收支呈现"经常项目顺差、资本和金融项目逆差"的新格局。

危机后我国国际资本流动呈现阶段性逆转特点，如图 5 - 4 所示，有三次强劲的逆转波动，分别发生在 2008 年，2011 年下半年和 2012年第二、三季度。这三个阶段国际资本流动大逆转的共同点表现为：一是持续时间长，均在半年以上；二是逆转速度快、幅度大，三个逆转期的资本净流入额基本呈直线下降，降幅分别为 170%、126% 和192%；三是结果均出现资本流动净逆差，三个阶段的逆转均以国际资本净流出告终，额度分别达到 468 亿美元、292 亿美元和 517 亿美元。这种阶段性的强势逆转值得我们警醒。

三、中国国际资本流动的易变性

对一国国际资本流动易变性的关注，应全面考虑国际资本总流入、总流出和净流入的易变性，也就是说既考察国际资本过度流入，

---

① 数据来源于中国国家外汇管理局网站：http：//www. safe. gov. cn/。

也考察其在特定环境下出现迅速逆转的情况。

（一）国际资本流动易变性概述

国际资本流动易变性被定义为短时间内资本流动规模的变化或流向的逆转。它是描述资本流动的一个重要指标，代表资本的敏感度和不稳定性。资本流动突然中断就是资本易变性升高的结果之一，投资者骤然撤离资本，在信息不对称和"羊群效应"的影响下，又进一步推动大规模的资本外流，严重时甚至触发金融危机。国际资本易变性提高会增大一国的经济波动的可能，其不利影响主要有：（1）不利于经济发展。易变性资本使得汇率等宏观经济变量经常波动，经济周期的波动幅度被放大，影响新兴市场国家的经济稳定。斯科特和尤赫里格（Scott & Uhlig, 1999）认为资本易变性会对微观经济主体产生负向的"激励"作用：通过影响他们的预期而降低其技术和制度创新的积极性。（2）增大金融体系面临的风险。特别是在新兴市场国家金融体系不健全、信息不对称严重和金融开放进程过快的情况下，外来资本由于投机而快速流动，国内资本也频繁进出，从而影响投资和储蓄，直接破坏金融系统资本形成的功能。卡明斯基和雷恩哈特（1999）、伯多和埃奇格林（Bordo & Echigreen, 2000）发现资本的易变性会增加金融危机发生的概率。

（二）国际资本流动易变性的测度方法

国际资本流动易变性对资本流动程度的估测工具和方法提出了更高要求，已有的易变性的测度方法大致有：（1）国际资本流动年变化百分比的标准差，加布里勒等（Gabriele et al., 2000）认为年变化百分比的标准差可以被当作一个易变性指标。该指标能够较好地反映资本逐年变动情况，但以年度数据为样本，不能很好地反映资本流动的短期迅速变化。（2）国际资本流动方差的中位数，世界银行曾采用这种方法测度国际资本流动的易变性。该方法的缺点在于不便于作横向比较。（3）国际资本流动与 GDP 比值的标准差：罗伯多和里格

本（Roberto & Rigobon，2005）采用这一指标对比分析了 1970～1997 年间 60 个发展中国家的资本流动趋势和不稳定性。（4）变异系数法，李泽广等（2003）依据统计学原理构造一个新的无量纲统计变量——资本流动的变异系数，可对若干国家和地区的资本易变性进行比较。为了精确描述连续时间段内各个时点的资本易变性，他在技术上通过定义 $cv_t = 2|c_t - c_{t-1}|/(c_t + c_{t-1})$ 来生成一系列资本变异系数，进而对各连续时点的资本易变性进行测度。其中：cv_t 表示 t 时刻的资本易变指数，c_t 和 c_{t-1} 分别表示 t 期和 $t-1$ 期的资本流动数量。

（三）我国国际资本流动易变性的测度

本书参照李泽广等（2003）构建的资本流动变异系数指标来测度我国国际资本流动的易变性。以中国 1998～2012 年的国际资本流动季度数据为样本，为了考察国际资本流动与上年同期的易变性，将资本变异系数稍作变形为：$cv_t = 2|c_t - c_{t-4}|/(c_t + c_{t-4})$，其中：$c_t$ 和 c_{t-4} 分别表示当年第 t 季度和上年同期的资本流动数量。通过对我国国际资本净流入、总流入和总流入的变异系数进行分别测算，可得到我国资本流动易变性变化趋势图（如图 5－5 和图 5－6 所示）。

从变异系数的定义可知，资本变异系数的绝对值越大，说明资本的波动性和易变性就越强，资本的稳定性和可持续性就越差。由图 5－5 和图 5－6 可分析得知，我国国际净净流入具有一定易变性，在 2000 年、2003 年、2009 年和 2012 年分别达到峰值，其他时段相对较小；2012 年以来易变性有加强的趋势，说明我国国际资本净流入的稳定性受到威胁。我国国际资本总流入在某些年份具有较大的易变性，相对而言，国际资本总流出的易变性更强，尤其突出表现在 2002～2004 年，大致与当时良好的经济形势下，国内资本通过经常账户、资本账户和地下钱庄等各种渠道大量出逃有关。结合我国国际资本流动突然中断的事实特征来看，2006 年、2009 年和 2012 年我国国际资本的易变性均较大，说明易变性和突然中断风险有较强关联。

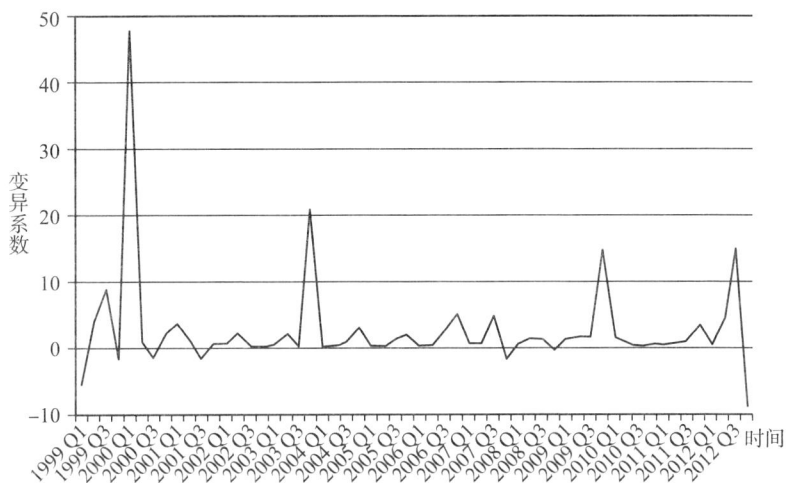

图 5 - 5　1999~2012 年中国国际资本净流入易变性

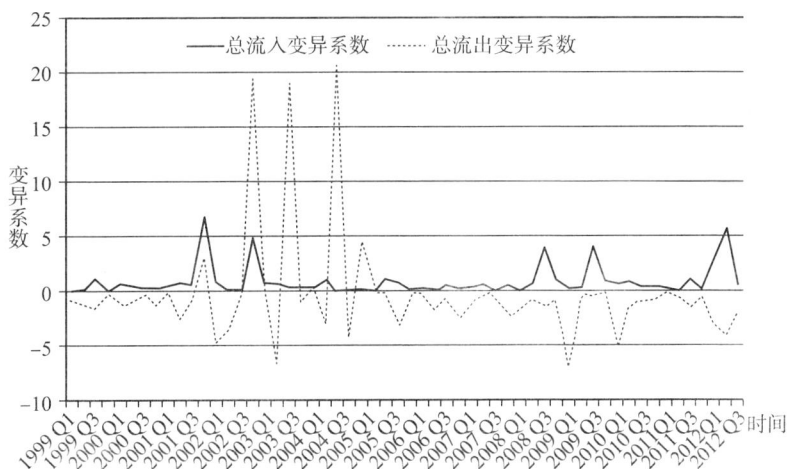

图 5 - 6　1999~2012 年中国国际资本总流入和总流出的易变性

第三节　中国国际资本流动突然中断的风险识别

　　由美国次贷危机引发的国际金融危机使世界经济遭受重创，2008
年以来，全球国际资本流动呈现非常强的波动性，短期资本时常出现逆流情形。在这样的背景下，中国的国际资本流动也呈现高波动性，并且受国内外众多不确定因素的影响而面临突然中断的风险。对当前中国国际资本流动态势及面临的突然中断风险来源进行分析，有利于我们制定更有效的突然中断防范对策。

一、中国国际资本流动突然中断的预警信息

预警指标体系的报警信号，是判断突然中断发生可能性和风险来源的重要信息依据。根据上一章低收入新兴市场国预警分析的结果，我们可基于中国的样本数据，发现近期发出的报警信号。考虑到预警区间为 8 个季度，结合数据可得性，得出结果如表 5-2 所示，表中"Q"代表季度标识。

表 5-2　　　2012~2013 年中国发出突然中断报警信号的指标及时间

时间	报警指标	时间	报警指标
2012 Q1	进口增长率、贸易开放度、S&P 指数、国际经济增长	2013 Q1	进口增长率、S&P 指数、国际经济增长
2012 Q2	进口增长率、贸易开放度、S&P 指数、国际经济增长	2013 Q2	进口增长率、S&P 指数、国际经济增长
2012 Q3	进口增长率、贸易开放度、S&P 指数、国际经济增长	2013 Q3	进口增长率、S&P 指数、国际经济增长
2012 Q4	进口增长率、S&P 指数、国际经济增长		

表 5-2 显示的报警信号反映了我国发生突然中断重要的潜在驱动因素，主要有：

（1）进口增长率较低。中国 2012 年各季度和 2013 年前三季度贸易进口同比增长率的均值分别为 5.75% 和 4.8%，出口增长率均值分别为 8% 和 10%。过去 5 年进口增长率的均值近 20%，相比而言，进口增速发生了大幅下滑。进口增速低于出口增速，导致我国外贸顺差

进一步扩大,其中加工贸易顺差占主要地位。进口增长率降低折射出我国内需不足问题,也反映出我国经济的下行压力使国内潜在经济增长率的预期下降,从而导致进口与出口增长率的反差。现代贸易理论强调出口对一国经济增长的促进作用,而中国在追求贸易顺差的同时对进口有所忽视。实质上,进口贸易也有利于推动经济增长,马祖达尔(Mazumdar,2001)等众多学者论证了这一观点,一方面,进口可为经济增长提供先进技术和设备,推动技术进步和产业结构升级,提高全社会要素生产率;另一方面,进口反映需求,是经济增长的重要组成部分。所以,进口增长率降低不利于我国经济发展,影响外商直接投资效率,对吸引资本不利。

(2)贸易开放度加大。贸易开放程度高的国家更容易受到外部冲击。阿森曼和诺伊(2004)认为贸易开放度的提高会增大国际资本流动调控的难度,使一国更容易遭受外部冲击而发生突然中断。本书以进出口贸易总额占 GDP 的比重表示贸易开放度,也可看成外贸依存度。随着经济全球化的加深,中国外贸依存度快速增长,始终高于美国、日本等经济大国(甘建辉,2012),显示出我国经济发展的内生性不够强。张自如(2005)认为贸易开放度的持续提高会加大国际经济和政治风险,中国加工贸易占主体地位的局面使得国内要素利用不足且贸易利益流失。

(3)国际金融市场企稳回升。国际经济金融环境是影响国际资本流动的重要因素,发达国家金融市场资产价格的上升,会拉动国际资本从新兴国家流出,加大突然中断的概率。随着世界经济的缓慢复苏,投资者信心逐渐好转,市场风险偏好进一步加强,2012~2013年美国标准普尔指数创 2008 年以后的新高,季度平均同比涨幅为 13.8%。此外,2012~2013 年英国富时 100 指数(FTSE 100)和日本股票价格指数的季度平均同比涨幅分别为 7% 和 20%[1],这在一定

---

[1] 根据国际货币基金组织《国际金融统计(IFS)》数据库数据整理得到。

程度上可反映出国际金融市场的企稳回升。

（4）国际经济增速缓慢。福布斯和沃诺克（2012）分析发现全球经济增长减缓是引起资本流动突然中断的主要原因。当前世界经济处于深度转型调整期，发达国家经济持续低速增长，2012～2013年发达经济体实际GDP季度平均同比增长率仅为1.1%。经济复苏缓慢在一定程度上影响投资者预期，影响国际投资资本的活跃性。

二、中国国际资本流动突然中断的风险来源

基于前文研究结果，结合国内外经济金融环境的现状及前景，可分析得知未来我国国际资本流动突然中断的风险来源，除了上述预警信息因素以外还包括以下几方面，为了防止资本流动异动冲击，需重点关注和完善。

（1）主要发达经济体宏观经济政策转向。2008年金融危机之后，美联储先后启动三轮量化宽松货币政策操作以推动经济复苏，而新兴市场国家则由于国际资本的流入而集聚一定突然中断风险。2013年世界经济总体保持低速增长态势，三大主要经济体经济逐步复苏。随着美国的经济形势转好，美联储退出量化宽松货币政策的预期日益增强，一旦它启动退出战略，势必对全球流动性造成显著而深远的影响。美联储退出量化宽松货币政策，将会降低美国国内货币供给，推动利率水平上升，引起美元升值进而提高美元资产吸引力，国际资本将重新流入美国，新兴市场经济体面临新一轮国际资本外流风险，加大新兴市场货币贬值压力和宏观经济调控压力。

（2）主权债务问题形势复杂，可能进一步升级。当前全球经济整体债务水平仍居高不下，欧元区面临经济复苏动力不足、偿债责任重大、政治事件以及失业引起的社会动荡等复杂形势，欧洲主权债务危机不排除重新"发酵"的可能。一旦发达国家主权债务恶化，将使银行业去杠杆化风险进一步凸显，全球融资成本趋于上升，从而促

使资本从新兴经济体回流。

（3）新兴市场的金融稳定性受到威胁。由于全球流动性变化和新兴市场经济发展的不确定性，国际资本对市场波动的敏感性加大。2013 年 5 月以来，印度、巴西、印度尼西亚、土耳其和南非等经济增长放缓且外部账户失衡的新兴市场国家，先后遭受资本外流冲击，货币显著贬值且资产价格大幅下跌。经济内外交困是本轮新兴市场金融动荡的主要原因，美联储量化宽松政策的退出预期是导火索。由于突然中断存在集中传染性，所以我们需要对主要新兴市场国家的资本外流和风险传染保持高度警惕。

（4）我国外部账户存在失衡。自 2001 年中国加入 WTO，国际收支开始出现失衡现象。我国经常账户长期表现为顺差失衡，2012 年和 2013 年上半年经常项目顺差分别为 1 931 亿美元和 984 亿美元，同比增幅分别为 42% 和 27%，可见顺差失衡较大且呈现逐步扩大的趋势。由前文分析可知，低收入新兴市场国经常账户盈余越大，资本流出的可能性越大，经常账户盈余国资本回流成为维持盈余国和赤字国双方国际收支均衡的主要渠道。此外，我国资本与金融项目自 2001 年以来也基本呈现顺差，仅 2012 年出现 168 亿美元的逆差，2013 年上半年反转出现 1 187 亿美元的顺差，同比增长 7 倍，反映出近两年我国国际资本流动的剧烈波动性，且外资大量流入的同时也增加了突然逆转的风险。近年来我国国内资本外流日益活跃，通过对外投资、贸易利润留存海外、移民以及地下钱庄等多种或公开或隐蔽的多样化渠道外流，加大了突然中断风险。

（5）我国宏观经济基本面不容乐观。2012 年中国经济增速放缓，从当年第二季度开始 GDP 增长率跌至 8% 以下，投资呈下滑趋势，内、外部需求不足。受国内外环境影响成本推动型通胀压力加大，外债持续增长，地方政府债务存在风险，经济体系中存在虚拟经济与实体经济相背离、高负债率和高杠杆率等失衡，这些宏观经济基本因素将在一定程度上阻碍外资流入，同时推动内资外流。

（6）我国金融体系的不完善和不稳定性。我国金融市场的广度和深度不足，投资渠道相对狭窄，交易规范和投资者保护机制欠完善，近两年证券市场行情低迷，利率和汇率形成机制有待改革，这些都不利于吸引国内和国际资本。我国金融体系不稳定因素表现在金融机构的抗风险能力不强、信贷增速过快、金融机构资产负债期限错配、银行杠杆水平上升以及汇率形成机制欠完善等方面。2014 年年初中国经济也出现了一些波动，人民币汇率出现反常贬值，债市刚性兑付被打破。人民币汇率波动会引起国际资本流动波动，汇率水平偏离均衡汇率将集聚资本异动风险。一旦这些矛盾不断激化到某种严重程度，跨境资本就会因避险而外流。

本 章 小 结

本章在分析中国突然中断事实特征和国际资本流动态势的基础上，对我国突然中断的风险进行识别。研究结论如下：

第一，中国曾分别于 2006 年、2009 年和 2012 年发生流出驱动型、流入驱动型和混合型突然中断，对 GDP 增长率、进出口和投资等宏观经济变量造成显著负面影响。2006 年第三季度中国流出驱动型突然中断的主要成因是国内宏观经济金融形式欠佳、各种鼓励对外投资政策出台和国际经济金融形势利好，导致国内投资者对外投资激增，资本大幅外流。2009 年第一季度中国流入驱动型突然中断的关键成因是国际金融危机从金融渠道和信心渠道推动国际投资资本避险外流。2012 年全年四个季度的混合型突然中断是国际国内多方面因素共同作用的结果，包括欧债危机演进、世界经济增长缓慢、金融去杠杆化、中国经济下行压力和藏汇于民政策等。

第二，近年来中国国际资本流动呈现较强的波动性和短期逆转性。国际资本净流入具有易变性，国际资本总流出比总流入的易变性更强，易变性与突然中断风险有一定关联。未来中国面临的突然中断风险来源主要有：主要发达经济体经济发展走势及其宏观经济政策转向、主权债务问题形势复杂，我国宏观经济基本面不容乐观、外部账户失衡和金融体系呈现脆弱性等。

第六章

结论与政策建议

第一节　主　要　结　论

本书融合多学科理论及经验研究结论，遵循"文献研究—理论分析—实证分析—政策建议"的基本思路展开研究。首先，在对新兴市场国家突然中断的事实特征分析基础上，基于金融经济学和信息经济学原理，研究净资本流动和总资本流动突然中断的形成机理；其次，基于新兴市场国家的样本数据（区分高收入和低收入新兴市场国），分别对国际净资本流动突然中断、流入驱动型突然中断和流出驱动型突然中断的驱动因素进行实证研究；再次，在理论和实证研究基础上，分别针对高收入和低收入新兴市场国建立突然中断预警指标体系进行预警研究；最后，分析中国的突然中断事实特征，识别突然中断的风险来源。通过以上对国际资本流动突然中断的理论、实证和预警研究，本书得出以下主要结论：

第一，新兴市场国家突然中断的发生具有普遍性、集中传染性、持续性和地域不平衡性，容易引起 GDP 增长率，投资、消费和进口增长率下降。相对而言，流入驱动型突然中断对经济活动和汇率的负面影响更大，持续时间更长。

第二，突然中断对金融危机有显著驱动作用，金融危机爆发后，反过来对突然中断也有加重和延长的作用，二者交互影响，对经济和金融形成重创。当一国发生突然中断时，若国内经常账户赤字、经济衰退、净出口下滑、国际储备不足、金融开放度较大、利率下跌、国际经济形势不佳或者全球流动性下降，都会加大引发金融危机的可能性。

第三，杠杆率较高经济体遭遇外生冲击将导致信用约束不断收紧，资产价格在债务—通缩机制作用下下降，伴随消费萎缩、资本净流入和经常账户逆转，由此形成突然中断。在信息不对称影响下，从中长期来看，伴随发达国家财富的增加和资本市场有效性的提高，投资资本将从新兴市场国家流向发达国家；从短期来看，新兴市场国家流入驱动型突然中断的形成归因于国际投资者接收到关于国际市场的负面（私人）信号，或感知到关于新兴市场的负面（公共）信号而退出新兴市场；流出驱动型突然中断归因于本国投资者接收到有关本国经济的负面（私人）信号，或感知到关于其他国家的强劲正面（公共）信号而投向国际市场。

第四，一国国际资本流动突然中断的发生概率与该国金融开放度、前期实际利率、当期国际利率水平、国际投资者恐慌情绪和前一期同一地区国家突然中断发生率显著正相关；与该国经济增长率、国际储备占 GDP 的比重、直接投资资本占总流动资本的比重，国际流动性水平和国际经济增长水平显著负相关。

第五，流入驱动型和流出驱动型突然中断的驱动因素存在差异，前者更易受国际因素影响，而后者更易受国内因素影响。一国国际储备占 GDP 的比重越小、国际经济增长率越低和国际投资者情绪越恐慌不安，则该国发生流入驱动型突然中断的概率越大，而发生流出驱动型突然中断的概率越小。

第六，国际经济金融指标、经常账户指标及国内经济金融指标对突然中断具有良好的预警能力。对低收入新兴市场国家而言，国内金融体系指标预警能力较强，贸易开放度、股票价格增长率、国际利率、进口增长率、国际投资者情绪是重要的预警指标；对高收入新兴市场国家而言，国际经济金融体系指标预警能力较强，经常账户占比、国际利率、S&P 指数是重要的预警指标。

第七，中国曾分别于 2006 年、2009 年和 2012 年发生流出驱动型、流入驱动型和混合型突然中断，对 GDP 增长率、进出口和投资等宏观经济变量造成显著负面影响。近年来中国国际资本流动呈现较强的波动性和短期逆转性，国际资本总流出比总流入的易变性更强。

综上所述，国际资本流动突然中断是新兴市场国家金融开放进程中面临的重要风险，对经济发展带来显著负面影响，甚至引发金融危机。杠杆率较高的新兴市场国家遭遇外生冲击后，在信用约束收紧和债务—通缩机制作用下，容易发生突然中断，其中流入驱动型突然中断主要源于国际投资者接收到关于国际市场和新兴市场的负面信息而退出新兴市场，流出驱动型突然中断归因于本国投资者接收到有关本国经济的负面信息和国际市场强劲正面信息而投向海外。一国外部账户、国内经济金融形势和国际经济金融形势是突然中断的重要驱动因素，因而也是重要的突然中断预警指标。中国曾发生突然中断，近年来国际资本流动呈现较强的波动性和短期逆转性，说明中国仍面临重要的突然中断风险。

第二节　新兴市场国家防范国际资本
流动突然中断的政策建议

在当前复杂的国际经济金融形势下，新兴市场国家面临国内外经济复苏、发达国家宏观经济政策转向、主权债务问题恶化或地缘政治冲突激化等不确定因素的影响，随着这些国家开放程度的不断提高，遭受国际资本流动异动冲击的可能性日益增大。基于前文理论和实证分析的结论，针对新兴市场国家国际资本流动突然中断的防范，本书提出如下政策建议。

一、严密监测国际资本流动态势，加强资本流动监管

由于新兴市场国家经济发展的不稳定和经济政治体制欠成熟，大量的外资流入流出的不稳定性将积聚突然中断等外部冲击的风险，因而必须加强国际收支、外汇账户和外债的统计监测，动态跟踪监测国际资本流动态势，包括总流动资本中的直接投资、证券投资和其他投资占比，尤其是国际短期资本的流动态势，需监测各类资本的波动性、易变性和逆转性并分析其动因。加强国际收支的统计监测是核心工作，应推进金融机构境外资产负债及交易结果的直接申报；缩短数据传送的中间环节，直接从支付清算系统采集数据以提高时效性和精准性；拓宽监测内容，尤其需要关注具有经常项目和资本项目双重性质的潜在跨境资本流动的监测。加强对外汇账户的开立及收支状况的细致全面监测，包括账户主体和性质、交易性质、资金来源和去向等详细信息。

新兴市场国家对国际资本流动的管理，一是要提升国际资本流动双向监管的效力，既要谨慎应对国际资本的大规模流入，前瞻式防范突然中断，又要防控国际资本的大规模流出。二是要加强国际资本分类管理，对国际直接投资这类中长期资本流动予以鼓励和引导，鼓励国内企业跨国投资，提高投资收益的同时，吸引国际直接投资资本进入并优化管理，采取税收或补贴等政策引导外资的产业流向和流量，以此推动产业结构和经济结构的优化。对证券投资和短期资本流动的管理，应做到一定限制，审慎放开间接投资和短期投资资本项目。三是要加强对外债的管理，一方面需确定合理适度的外债规模和增速，另一方面需优化外债的期限结构和债务结构，控制短期外债的过度膨胀，支持成本低、期限长的外债类型。四是要建立国际净资本流动突

然中断早期预警系统，构建科学合理的指标体系，通过对突然中断形成机制指标的跟踪监测，及时识别风险信号并采取防范应对措施。此外，新兴国家应加强对国际资本流动的宏观审慎监管，保持同国际监管机构的协调与合作，共同评估系统性风险，建立跨国界的金融安全网络，争取做到风险的全覆盖。

二、密切关注国际经济政治形势变化

新兴经济体与发达经济体之间的国际资本流动是全球资本互动的主角。自 2008 年爆发国际金融危机以来，世界经济政治格局发生了深刻变化，呈现政治多极化、经济全球化、社会信息化、威胁多样化的态势。世界经济进入深度调整期，各国经济复苏形势不够明朗，国家间经济利益冲突常在，而且经济问题政治化倾向加重，各种形式的保护主义抬头。2013 年世界经济缓慢复苏，但仍存在一些阻滞和风险因素，新兴市场国家基本保持活力，但经济稳定性也面临诸多威胁。美国美联储宣布将逐步退出量化宽松货币政策（QE），QE 的退出势必影响新兴市场国家的国际资本流动态势，因为此举将引起全球流动性收紧，美国市场利率上升，推高美元汇率，使美元资产的吸引力增强，因而前期 QE 导致流入新兴市场国家的大量国际资本可能从新兴市场撤离转而流向美国。欧元区经济复苏动力不足，2013 年经济下滑 0.4%，经济政治一体化进程缓慢，面临通货紧缩的压力，主权债务和私人债务规模庞大，导致投资、消费和信贷都发生萎缩，严重影响欧元区国家投资者信心，可能引起他们跨境投资的撤回。同时，日本经济增长缓慢，存在内需不足，净出口下降和政府债务庞大等经济发展的阻滞因素。此外，国际政治形势错综复杂，大国之间博弈激烈、文斗武备，争战国际道义制高点。美国霸气稍减，俄罗斯日渐抬头，中东局势持续动荡……

在复杂多变的国际经济政治背景下，新兴市场国必须密切关注国际经济复苏、发达国家宏观经济政策转向、发达国家金融市场行情和国际投资者情绪等可能引起资本异动的国际形势的变化，做到打提前量，积极应对。针对发达国家逐步退出量化宽松货币政策的趋势，新兴市场国家应制定预案积极应对，增强汇率弹性，保持充足适度的外汇储备，互帮互助以避免新兴市场危机的爆发和蔓延，并督促作为主要货币发行国的发达经济体承担起应有的国际责任。流入驱动型突然中断的防范应重点关注国际因素的变化，尤其在发达经济体经济增长率下滑、货币政策紧缩导致国际流动性减小、利率上升、国际金融市场波动加剧、投资者信心减少或本地区它国国际资本流动突然中断等情况发生时，需提高警惕，调整本国的经济金融政策，做到打提前量。流出驱动型突然中断的防范也需要关注发达经济体利率和流动性水平、国际投资者情绪和本地区它国的突然中断风险，与流入驱动型突然中断不同的是，需警惕国际投资者信心大增带来的内资外流风险。

三、大力发展本国经济，健全完善金融体系

经济基本面良好是防范突然中断的重要前提。新兴市场国家受2008年国际金融危机的冲击较小，其实施的大规模刺激政策推动经济率先复苏和高速增长，但之后的通胀和资产泡沫压力，又迫使他们不得不转向紧缩，从而经济增速放缓。在全球竞争新格局下，新兴市场国家需积极实行经济体制改革，促进经济平稳健康发展。同时，保持物价稳定，控制通货膨胀；调节经常账户失衡，促进国际收支失衡的有效改善；完善改革财税体制，提高行政效率和政策质量。

新兴市场国家应深化金融体制改革，一是要认真完善利率和汇率的市场化形成机制，只有使利率和汇率能正确反映市场价格，才能起到调节国际收支的作用，从而消除国际资本流动异动的不利影响。二是要审慎有序地开放金融体系，开放过程应与稳定的财政和经济发展

水平、高效的监管体系及相对成熟的微观主体和金融体系相伴随。在国内金融体系还存在脆弱性的情况下，应首先发展和完善金融机构和金融市场，打造高效的监管体系，确保金融市场主体具备一定抵御风险的能力，以及宏观管理组织具有较成熟的风险调控能力，如此背景下的审慎有序开放才有利于金融稳定。新兴市场国应遵循渐进性、选择性和区域性原则来逐步提升金融开放度。三是要大力发展完善金融机构和金融市场，提高它们的抗风险能力。提高金融机构的资产质量和资信水平，加快金融机构系统性应急机制的建设，形成事前防范、事中控制、事后监督和修正的风险控制链，针对各个风险环节设置应急预案。建立完善多层次的金融市场，采取对外部金融交易征税或实施准备金等方式调控外币交易成本，并渐进性的开放金融市场。

对政府而言，优化本国投资环境、保持充足适度的国际储备以及提高对外资的调控能力是防范突然中断的重要手段。新兴市场国家应积极学习发达国家促进投资的理念和做法，从政治、基础设施、经济金融、科技、法律和自然地理等多方面优化本国投资环境，建立统一开放、竞争有序的市场体系，吸引国际资本流入的同时防范国内资本大量外逃，尤其需要鼓励以直接投资形式进行的投资活动，以此减小资本流动异动的可能性，同时优化国际资本产业结构，达到推动国内产业协调发展的目的。新兴市场国政府应对外商投资强化以经济手段为主的间接调控，灵活运用价格、利率、税收等多种手段，引导其投资的总量和投向。国际储备既是一国政府维持国际收支平衡，干预外汇市场、维持货币汇率稳定的保证，也是对外举债的信用保证，代表一国抵御外来风险的能力。当一国国际收支失衡时，可动用国际储备予以调节，减小失衡对经济的冲击。但储备规模过高也会带来一定负面效应，如本币升值和通货膨胀的压力，容易遭受外汇汇率波动风险和国际投机资本的冲击。所以新兴市场国家应保持充足且适度的国际储备，控制外债水平，优化加强货币政策和汇率政策之间的协调，降低突然中断风险。

第三节 中国防范国际资本流动突然中断的政策建议

突然中断是新兴经济体金融开放进程中面临的重要风险（Edwards，2004），一些国家甚至遭遇由此引发的突然中断型金融危机（Kaminsky，2006）。中国近三年的政府工作报告反复提到"加强跨境资本流动监控"和"稳步推进人民币资本项目可兑换"，2013年年底《中共中央关于全面深化改革若干重大问题的决定》中指出要建立健全宏观审慎管理框架下的资本流动管理体系，反映了金融开放进程中防范国际资本流动异动冲击的重要性。伴随金融开放的步伐，中国经济金融形势仍不容乐观，同时面临主要发达经济体宏观经济政策转向等复杂国际经济政治形势，因此需积极防范可能发生的突然中断，这不仅事关金融稳定和安全，而且关系到经济发展的资本动力保障。

一、调节外部失衡，加强国际资本流动监测与管理

国际收支失衡是国际经济失衡的成因及表现。我国国际收支失衡主要表现在经常项目、资本与金融项目长期的双顺差，这种失衡造成庞大的外汇储备规模和人民币升值压力，不利于经济的可持续发展，也容易引起国际资本流动的波动。

（一）优化贸易策略，调节经常账户失衡

我国出口导向型的外贸政策，导致经常项目连年顺差。现阶段我国应把稳定出口和扩大进口结合起来，促进贸易平衡。第一，扩大内需，拉动进口增长。我国扩大内需的主要途径在于促进消费增长，因

此需要推进收入分配制度改革，提高居民收入水平，缩小收入分配差距，以此促进内需对进口的拉动作用；第二，促进高新技术、设备和能源进口的增长。政府应优化外交谈判机制，促使发达国家放松技术出口限制，并鼓励国内企业通过进口高新技术和设备来激励技术创新和升级，此外，我国资源、能源不足是经济发展的瓶颈问题，扩大能源进口亦可减小贸易顺差，同时推动科技进步和经济发展；第三，扩大消费品进口。随着内需的扩大，消费市场将逐步拓宽，以此提高消费者对国外高品质消费品的需求，促进进口规模的扩大；在扩大进口的同时，需防范其对贸易条件的不利影响。进口增长可能带来输入型通胀压力，因此需顺应国际国内环境的变化及时调整进口政策；第四，防范进出口虚假贸易。2012 年年底由于我国部分贸易数据的异常波动，引发了"虚假贸易"质疑，也引起了监管层的关注。虚假贸易是交易方为了融资或投机套利需要而虚构贸易合同等材料的行为，内容复杂，形式繁多。我国应加强对贸易外汇收支的分类管理，加大力度核查异常或可疑的企业，重点关注资金流和物流不匹配的贸易活动，加大对违规行为的惩处力度。

（二）加强对国际资本的引导和监测，促进资本账户平衡

我国鼓励外商投资的优惠政策和人民币汇率、利率的上升预期，吸引了大量资本流入并汇集，资本账户常年顺差，加大了资本突然中断的风险，所以我国需从加强引导和监测方面促进资本账户平衡。第一，改革外商投资政策，实施"走出去"战略。我国应适当调整外商投资鼓励政策，从重数量向重质量转变，引导外资进入技术密集型或弱势产业，促进产业结构优化和福利水平的提高。同时，鼓励和支持有比较优势的企业拓展海外市场，加强对外直接投资，提高国际收益和国际竞争力。第二，严密监测跨境资本流动态势，建立健全对突然中断的应急机制。当前复杂多变的国内外经济形势下，我国必须坚守不发生系统性、区域性金融风险的底线，加强国际收支、外汇账户

和外债的统计监测，建立跨境资本流动监测预警平台和指标体系，动态跟踪监测国际资本流动态势，建立并完善突然中断应急预案。一方面，监测国际资本流入与流出规模，警惕外资大幅撤离和内资大幅外流，由于国际热钱进出和国内资本外逃途径的多元化和隐蔽性，所以需要加强对这两块资本流动动态跟踪监测的精准和效率，提升监测技术和监管手段；另一方面，关注国际资本流动的结构，健全完善贸易信贷统计监测系统、外商直接投资和对外直接投资统计监测系统以及合格境外/境内机构投资者统计监测系统，更好地细分监测直接投资、证券投资和其他投资的资本流动动态，关注其波动性、易变性和逆转性并分析成因，采取有针对性的防范应对措施。

（三）加强国际资本流动管理，强化宏观审慎监管

面对急剧波动的全球资本，我国应把防范跨境资本流动异动冲击作为外汇管理工作的关键。第一，采用逆周期宏观审慎监管政策管理国际资本流动。跨境资本的大量流入将促使国内流动性加大，导致银行资产负债规模迅速扩张，过度贷款加大贷款风险，外债增多导致汇率风险，银行体系的整体风险加大；跨境资本频繁进出，也会加剧金融市场波动性，使金融体系脆弱性凸显。针对跨境资本的大幅波动性，监管措施有：一是实施冲销性货币政策予以调控，比如，公开市场操作和存款准备金政策，综合运用多种政策工具调控国际投资"羊群效应"带来的系统性风险；提升有管理的浮动汇率制度质量，灵活应对国际资本流动异动对货币的冲击；二是强化对金融机构的逆周期资本缓冲、流动性和杠杆率的监管要求，监控金融机构流动性覆盖比率（LCR）和净稳定融资比率（NSFR）指标，保障应对短期流动性冲击的充足流动性，控制金融体系杠杆程度非理性增长和杠杆率过高，防止系统性风险的集聚，增强金融机构抵御国际资本流动异动冲击的能力；三是财政政策方面应增加财政收入、缩减财政支出，提升财政稳健性和可持续性，从而增强政府决策部门应对资本流动异动

冲击的能力。第二，国际资本流动管理应重点采用以市场为基础的间接性监管政策，需深入研究"托宾税"、外汇交易手续费等价格调节手段，抑制短期投机套利资本的频繁流出入。"托宾税"是对现货外汇交易课征全球统一的交易税，可以提高短期资金流动成本、限制投机交易，防范资本大规模异动对金融稳定的威胁，而且还有增加国家税收收入以填补财政赤字的作用。国家外汇管理部门可借鉴国际成功经验，根据国内外经济金融发展实时状况，结合国际短期资本流动规模和速度，估算制定合理的金融交易税征税区间和税率。第三，国际资本流动管理应加强与国际监管机构的协调和合作。在复杂的国内外经济形势下，国际资本流动波动性非常强，对监管层提出了挑战，使监管难度加大。加强国际资本流动监管的国际合作是经济全球化背景下的重要工作，中国应加强与国际货币基金组织、世界银行等国际组织和其他各国监管部门的合作，完善信息沟通和信息共享，建立日常协作机制，更有效地防范资本流动异动冲击。

二、促进经济发展，优化投资环境

2013 年中国经济增速放缓，投资、出口呈下滑趋势，内、外部需求不足，成本推动型通胀压力增大，经济体系中存在虚拟经济与实体经济相背离、高负债率和高杠杆率等失衡，这些经济因素将在一定程度上阻碍外资流入，同时推动内资外流。在全球竞争新格局下，我国经济要实现可持续发展，需要着力解决内生动力不足、产能过剩及结构失衡等诸多经济隐忧，亟须加快经济转型，实行经济体制改革。

（一）强化市场机制，提高经济效率

市场对资源的配置是最有效率的，发挥市场配置资源的决定性作用，有利于提高经济效率，使之成为经济增长新动力。强化市场机制，一是要建设统一、开放、竞争的市场体系，推进建立公平、公开

的交易制度，鼓励平等竞争，消除各种壁垒和垄断，增强经济主体的自主性、平等性，提高资源配置效率；二是要推进商品价格、房价、股价和利率等价格的市场化形成机制，使市场配置资源的价格传导机制更完善；三是要大力降低市场交易成本，完善基础设施建设，提高信息、物流、金融等服务质量，促进市场高效运行；四是在规范政府行为的同时，更好地发挥政府"看不见的手"的调控作用。建设服务型政府，完善公共服务，提高服务效率；减少对经济资源和经济活动的行政性直接控制和直接干预，改革行政审批制度，逐步退出竞争性经济领域；适时适度的实施宏观调控，以弥补"市场失灵"。此外，政府还需要不断提高行政效率，完善其他各类政策制定，提高政策透明公开度；健全完善法律法规，尤其强化知识产权法的产权保护功能；整合资源，为投资打造良好的硬件基础。

（二）转变经济发展方式，促进经济持续健康发展

转变经济发展方式，是实现我国经济社会发展的重要途径，保持经济持续健康发展，有利于吸引国际资本，减小资本流动异变的可能性。第一，改变经济发展理念，追求 GDP 增长的同时兼顾人口、资源和环境的协调，促进经济和社会协调发展。第二，加快经济增长方式的转变，从粗放型转变为集约型。加强科技创新，在引进先进技术的同时，鼓励自主创新和科技成果产业化，为经济发展提供技术动力；健全科学的政绩考核体系，全面考核投入与产出、速度和效应、经济和社会、发展和环境方面的指标；推进生态文明建设，发展循环经济，提高经济效益和经济质量。第三，改革经济体制，包括宏观经济管理体制、市场机制、财税和金融体制等，发挥市场配置资源的决定性作用及政府的调控引导作用。第四，优化经济结构。调整产业结构，大力发展战略性新兴产业和服务业，推进三次产业协同带动经济增长；调整投资结构，减少高能耗、高污染行业的投资，加大节能减排领域的投入；调整收入分配结构，通过税收等收入分配杠杆调整减

小收入分配差距，提高就业和劳动报酬在初次分配中的作用，提高社会保障和公共服务在二次分配中的作用，降低政策性垄断行业的收入比重，促进农民增收，以此刺激消费、拉动内需，确保经济发展的内生动力。第五，缓解通胀压力，管理通胀预期。促进虚拟经济和实体经济平衡发展，加强流动性管理，调控流通中的货币量，规范流通秩序，综合运用汇率、利率和公开市场操作等政策手段调节、缓解通胀压力。

（三）改革财税体制，充分发挥财政的经济稳定职能

经济稳定与发展职能是政府公共财政的三大职能之一，财政作为政府重要的宏观调控手段，必须调控经济，推动经济平稳健康发展。针对国际资本流动异动给经济带来的冲击，财政可采用各种手段充分发挥其经济稳定职能，一是运用各种收支手段，逆经济风向调节，促进国际收支平衡；二是运用财政收支中的制度性安排，发挥灵活自动稳定职能；比如，对现货外汇交易征收累进托宾税，资本流动规模越大、经济体系中的风险越高时，累进托宾税随之增加，从而防止国际资本大规模异动；三是合理安排财政收支结构，引导外资流向，促进产业结构和经济结构的优化。为了保障财政经济稳定职能的正常发挥，必须增强财税体制的科学性和高效性，也有利于改善投资环境，促进投资者树立信心。我国改革财税体制的途径有：第一，改进强化预算管理。年度预算审批的重心应从追求财政收支平衡转向审批预算支出，适应经济发展的需要合理征税，而不是"完成任务"，根据需要灵活机动地确定教育、科技和医疗等重点支出领域的预算安排，促进民生问题的改善；构建跨年度预算平衡机制，科学规划管理，提升财政可持续性；增强预算公开透明度，发挥社会公众监督机制，保证财政收支体系合理健康地运作。第二，推进税制改革。合理拟定征税范围、环节和税率，避免重复征税，进一步发挥税收的调节功能，比如，强化资源税以促进生态环境优化，完善个人所得税制以调节收入

分配；调整税收优惠政策，推进税制统一和税负公平；第三，促进事权和支出责任的协调统一。明确划分中央和地方政府各自事权，确立与事权相匹配的支出责任，适当减小地方政府事务压力，防控和化解地方政府性债务风险。

三、深化金融改革，增强金融体系稳健性

改革完善金融体系，发展金融市场，是吸引国内外投资资本的重要条件，也是增强金融体系稳健性的有效途径。

（一）推进汇率和利率体制改革

利率和汇率是影响国际资本流动的重要因素，二者合理的形成机制，有助于减小资本流动异动的可能性，维护金融稳定。一方面，我国需推进汇率体制改革，加大人民币汇率双向浮动弹性。进一步完善有管理的浮动汇率制，动态调整、加大汇率弹性，提升外汇市场的资源配置、价格发现和风险规避功能，增强汇率对调节国际收支失衡的作用；另一方面，推进利率体制改革，重点是促进双轨制利率体制的平稳渐进并轨。我国应逐步加大市场化利率在整个金融市场的比例，推动基准利率体系建设，发挥上海同业拆放利率的基准作用，健全中长期市场收益率曲线；完善中央银行利率调控体系，多运用利率等价格工具进行货币政策操作；引导金融机构增强风险定价能力；加强利率市场化所需的金融基础设施建设，尤其是市场退出机制、存款保险制度等。

（二）合理有序地开放资本项目

众多研究表明，过快过度的金融开放必然带来高系统性风险。中国的金融开放必须循序渐进地进行，实现金融开放与金融改革的良性互动，开放的同时需强化宏观审慎管理。2002～2009 年中国的资本

账户改革措施共实施 42 项，基本处于近半开放状态，不可兑换的项目主要是杠杆率高、风险较大、监管难度较大的金融市场交易（张茉楠，2013）。国际成功经验表明一国金融体系越成熟完善，资本项目开放的效果就越好。目前我国金融市场的深度与广度不足，应在开放进程中深化经济金融改革，包括汇率形成机制改革、利率市场化改革以及金融监管体制改革，逐步实现市场化定价，规范发展金融市场，培育高素质的投资者，提高金融体系配置资源的效率。此外，还需要推进宏观审慎监管与微观审慎相结合，增强金融宏观调控能力和金融机构抗风险能力；保证财政收支平衡和宏观经济稳定。我国资本账户开放应遵循"先长期后短期，先直接后间接"的路径，人民币资本项目可兑换应有序推进，从实现直接投资基本可兑换出发，不断发展证券投资可兑换，逐步放开个人其他资本项目跨境交易；逐步推进货币市场、资本市场、外汇市场和黄金市场的对外开放；逐步扩大人民币跨境使用。开放的同时必须加强资本项目管理，调控、监测和引导资本流动，规避风险。

（三）完善金融市场体系

除了利差和汇差收益，资产价格波动带来的收益也是国际短期资本频繁进出的动力。随着金融开放的步伐，我国建设多层次金融市场体系并完善市场运行机制，有利于吸引长期资本，减小国际资本流动的短期易变性。第一，完善股票市场。规范发展主板和中小板市场，加大创业板市场建设力度，提高质量和效率；探索建立国际板市场，提升资本市场的国际影响力；深化股票发行制度市场化改革，促进发行定价合理；健全退市制度，对上市公司进行优胜劣汰；第二，发展债券市场。改革完善债券发行管理体制，强化信息披露要求；加大产品创新力度，扩大市场规模；强化市场约束和风险分担机制，提高市场运行透明度；第三，发展货币、外汇和黄金市场。鼓励货币市场工具创新，加强基础设施建设，健全完善管理制度；创新丰富外汇市场产品，完善外汇市场交易机制，加强对外开放；规范发展黄金市场，完善仓储、运输等服务体系；第四，发展金融期货和衍生品市场。积极发展商品期货市场的同时，加强金融期货市场建设，积极稳妥发展除股指期货以外的其他权益类金融期货期权产品；加强金融衍生品市场制度改革和产品创新，健全监管法规体系，完善风险管理机制，提升市场定价效率。

（四）加强完善金融宏观调控及管理

加强金融宏观调控和管理，有利于管理通胀预期，调整经济结构，促进经济平稳健康发展。第一，提高货币政策调控能力。完善货币政策决策机制，建立广泛多层次的决策咨询体系；健全优化货币政策目标体系，调控货币信贷总量，保持合理适度的货币供应量；改善货币政策操作体系，减少直接调控，完善间接调控，从数量型转向价格型调控，丰富货币政策工具组合，增强调控能力。第二，优化管理外汇储备。完善外汇储备经营管理体制，拓展其使用渠道和方式；增强外汇储备风险承受能力，发展科学合理的多元化投资模式，实现安全性、流动性和保值增值性的协调统一。第三，完善金融法律法规，加强金融消费者权益保护。我国需加强金融机构和金融市场对消费者保护的意识，信守对公众的承诺；建立消费者权益保护的申诉处理和处罚机制；加强教育和宣传，普及金融知识，提高金融消费者安全意识和自我保护能力。

四、关注国际经济形势变化，提前识别防范风险

本轮国际金融危机以来，国际格局发生了深刻变化，我们正处于一个政治多极化、经济全球化、社会信息化、威胁多样化的历史时期，国内外仍存在诸多不确定、不稳定因素，增大了我国国际资本流动突然中断的风险。

（一）密切关注世界经济发展态势

在国际金融危机的纵深影响下，全球经济复苏的道路艰难曲折，存在许多不稳定、不确定和不平衡因素，各国都试图不断调整经济发展策略。2013 年，发达经济体经济逐步转好，渐渐成为世界经济增长的主要拉动力量。但世界经济发展仍面临着复苏基础不稳、增长动力不足、发展速度不均等问题，存在不容忽视的困难和风险。一方面，世界经济增长的动力仍显不足，可能持续低速增长。发达国家在新兴产业增长极、核心技术和商业模式创新方面突破性不足，短期内难以产生强有力的新经济增长推动力；居民消费增长缓慢，失业率高，企业投资意愿不强，经济内生增长动力不足；危机期间扩张性财政政策带来巨大债务负担，需关注主权债务问题的演变动态。另一方面，世界贸易与跨国投资增长缓慢，难以助推经济复苏。世界经济低速增长及欧债危机深化，抑制了全球进口需求，国际贸易增长疲弱。一些国家为了缓解就业压力和企业困难，大力推行贸易保护主义，也阻碍了世界贸易复苏。经济复苏前景不明朗背景下，国际投资者的对外投资决策尤为慎重。未来全球金融体系的结构缺陷、宏观经济面临的潜在风险、主要发达经济体宏观经济政策转向及各国投资、贸易保护主义，可能导致国际投资资本流量趋于下降。

（二）密切关注主要发达经济体宏观经济政策转向

当前世界广为关注的发达经济体宏观经济政策变化就是美国量化宽松政策将于何时以何种方式退出。随着经济形势好转，美国正酝酿退出量化宽松货币政策。此举将改变国际市场流动性供求格局，冲击国际债券市场和外汇市场，造成跨境资本流动异动，给全球经济复苏带来新的不稳定性。全球金融市场流动性收紧，可能导致长期利率升幅扩大，对全球市场产生溢出效应。从世界范围来看，量化宽松货币政策的退出对新兴市场的影响将更为显著，尤其是对这些国家资本短期流动的冲击巨大。事实上，自美联储发出退出量化宽松货币政策的信号后，一些新兴经济体已受到冲击，经济增速放慢。2013 年 5 月以来，印度、巴西、印度尼西亚和土耳其等经济增长放缓且外部账户失衡的新兴市场国家，就先后遭受资本外流冲击，货币显著贬值及资产价格大跌。经济内外交困是本轮新兴市场金融动荡的主要原因，美联储可能退出量化宽松政策成为加剧市场下跌的导火索。因此我国应吸取经验教训，对可能发生的突然中断和传染保持警惕。美联储退出量化宽松货币政策会使发达国家金融市场利率升高，对中国而言，将加大与发达国家的投资收益差距，促使国际资本回流，导致我国股市和汇市大幅波动。因而我国必须制订相应的应对方案，增强人民币汇率弹性，规避新兴市场危机的传染，并督促美国承担起主要货币发行国应有的国际责任。

参 考 文 献

[1] 陈辉、汪前元：《金融危机对我国短期国际资本流动影响的实证研究》，载于《国际经贸探索》，2013 年第 8 期。

[2] 陈领会、苗永旺：《资本流入突然逆转与金融危机文献评述》，载于《经济论坛》，2009 年第 10 期。

[3] 陈守东、马辉、穆春舟：《中国金融风险预警的 MS – VAR 模型与区制状态研究》，载于《吉林大学社会科学学报》，2009 年第 1 期。

[4] 陈守东、杨莹、马辉：《中国金融风险预警研究》，载于《数量经济技术经济研究》，2006 年第 7 期。

[5] 陈雨露：《国际资本流动的经济分析》，中国金融出版社 1997 年版。

[6] 范小云、潘赛赛：《国际资本流动理论的最新发展及其对中国的启示》，载于《国际金融研究》，2008 年第 9 期。

[7] 范小云、潘赛赛、王博：《国际资本流动突然中断的经济社会影响研究评述》，载于《经济学动态》，2011 年第 5 期。

[8] 付江涛、王方华：《货币危机预警指标体系的构建及实证分析》，载于《世界经济研究》，2004 年第 12 期。

[9] 高红阳：《不对称信息经济学研究现状述评》，载于《当代经济研究》，2005 年第 10 期。

[10] 甘建辉：《外贸依存度持续高企的风险分析》，载于《中国商贸》，2012 年第 3 期。

[11] 关益众、刘莉亚、程天笑：《国际资本流动"突然中断"的预警指标体系研究》，载于《财经研究》，2013 年第 2 期。

[12] 郭熙保、孔凡保：《国际资本流动与"卢卡斯悖论"》，载于《福建论坛·人文社会科学版》，2006 年第 5 期。

[13] 韩剑：《国际资本流入的易变性及其对策研究》，载于《国际金融研究》，2012 年第 5 期。

[14] 韩剑、张二震：《国际资本流入急刹车现象研究进展》，载于《经济学动态》，2009 年第 7 期。

[15] 何帆：《越南经济形势与金融动荡的根源》，载于《国际金融研究》，2008 年第 9 期。

[16] 靳玉英、万超、周洁、丁浩：《资本流入的突然中断与经常账户赤字的有效调节》，载于《世界经济研究》，2010 年第 9 期。

[17] 李成、郝俊香：《国际资本流动理论的发展与展望》，载于《西安交通大学学报（社会科学版）》，2006 年第 5 期。

[18] 李继伟：《我国资本项目开放中的风险预警研究》，暨南大学博士学位论文，2010 年。

[19] 李心丹、钟伟：《国际资本逃避理论及对我国的实证分析》，载于《统计研究》，1998 年第 6 期。

[20] 李泽广、付飞、唐伟霞：《资本流动易变性及其经济效应分析》，载于《财经研究》，2003 年第 12 期。

[21] 梁权熙、田存志：《国际资本流动"突然停止"、银行危机及其产出效应》，载于《国际金融研究》，2011 年第 2 期。

[22] 林文生：《信息不对称条件下机构投资者的行为与监管研究》，复旦大学博士学位论文，2004 年。

[23] 陆静、罗伟卿：《国际金融危机期间的资本流入突停研究》，载于《中国软科学》，2012 年第 4 期。

[24] 潘赛赛：《国际资本流动突然变动问题研究》，南开大学博士学位论文，2012 年。

[25] 乔桂明：《货币危机预警理论及实证比较研究——兼对中国的模拟分析及启示》，载于《财经研究》，2006年第32期。

[26] 任力、黄崇杰：《国际资本流动突然中断型金融危机理论研究进展》，载于《经济学动态》，2011年第5期。

[27] 沈安：《阿根廷债务危机的形成及启示——阿根廷金融危机探源之二》，载于《拉丁美洲研究》，2003年第3期。

[28] 史建平、高宇：《KLR金融危机预警模型研究——对现阶段新兴市场国家金融危机的实证检验》，载于《数量经济技术经济研究》，2009年第3期。

[29] 宋文兵：《中国的资本外逃问题研究：1987~1997》，载于《经济研究》，1999年第5期。

[30] 石柱鲜、牟晓云：《关于中国外汇风险预警研究——利用三元Logit模型》，载于《金融研究》，2005年第7期。

[31] 王勖、方晋：《新兴经济体崛起：概念、特征事实与实证研究》，载于《山西财经大学学报》，2011年第6期。

[32] 吴艳、贾忠：《后危机时代国际资本流动趋势研究——基于GIS的空间分析和预测》，载于《求是学刊》，2013年第3期。

[33] 项卫星、王达：《国际资本流动格局的变化对新兴市场国家的冲击——基于全球金融危机的分析》，载于《国际金融研究》，2011年第7期。

[34] 肖志兴：《我国金融危机预警体系的计量分析：基于参数法和非参数法的比较研究》，暨南大学博士学位论文，2011年。

[35] 徐震宇、潘沁：《中国资本流入负效应的实证研究与资本逆转的防范》，载于《国际金融研究》，2007年第9期。

[36] 杨胜刚、刘宗华：《资本问题与中国的现实选择》，载于《金融研究》，2000年第2期。

[37] 姚淑梅：《国际资本流动趋势及对我国的影响》，载于《宏观经济管理》，2013年第2期。

［38］张良：《资本流动突然中断的影响因素分析》，载于《财贸研究》，2010 年第 4 期。

［39］张茉楠：《资本账户开放需纳入宏观审慎框架》，载于《经济参考报》，2013 年 5 月 29 日。

［40］张倩：《货币危机早期预警分析与研究述评》，载于《经济论坛》，2011 年第 4 期。

［41］张元萍、孙刚：《金融危机预警系统的理论透析与实证分析》，载于《国际金融研究》，2003 年第 10 期。

［42］张自如：《对中国外贸依存度迅速提高的思考》，载于《经济与管理》，2005 年第 6 期。

［43］郑振龙：《构建金融危机预警系统》，载于《金融研究》，1998 年第 8 期。

［44］中国人民银行、中国银行业监督管理委员会、中国证券监督管理委员会、中国保险监督管理委员会、国家外汇管理局：《金融业发展和改革"十二五"规划》，2012 年 9 月。

［45］Abiad, A. Early warning systems: A survey and a regime-switching approach. IMF Working Paper, No. 32, 2003.

［46］Admati, A. R. A noisy rational expectations equilibrium for multi-asset securities markets. *Econometrica*, 1985, 53 (3): 629 – 658.

［47］Aizenman, J., Noy, I. On the two way feedback between financial and trade openness, NBER Working Paper, No. 10496, 2004.

［48］Akerlof, G. A. The market for "lemons": quality uncertainty and the market mechanism. *Quarterly Journal of Economics* , 1970, 84 (3): 488 – 500.

［49］Albuquerque, R., Bauer, G. H., Martin S. Global private information in international equity markets. *Journal of Financial Economics*, 2009, 94 (1): 18 – 46.

［50］Alfaro, L., Kalemli – Ozcan, S., Volosovych, V. Why

doesn't capital flow from rich to poor countries? An empirical investiga-
tion. NBER working paper, No. 11901, 2005.

[51] Aoki, K. , Benigno, G. , Kiyotaki, N. Adjusting to capital
account liberalization. CEPR discussion paper, No. DP8087, 2006.

[52] Arellano, C. , Mendoza, E. G. Credit frictions and sudden
stops in small open economies: an equilibrium business cycle framework
for emerging markets crises. NBER working paper, No. 8800, 2002.

[53] Arnold, D. J. , Quelch, J. A. New strategies in emerging
economies. *Sloan Management Review*, 1998, 40 (1): 7 – 20.

[54] Berg, A. , Borensztein, E. , Pattillo, C. Assessing early
warning systems: how have they worked in practice? *IMF Staff Paper*,
2005, 52 (3): 462 – 502.

[55] Berg, A. Pattillo, C. The challenges of predicting economic
crises. IMF Economic Issues, No. 22, 2000.

[56] Bernanke, B. , Gertler, M. Agency costs net worth and busi-
ness fluctuations. *American Economic Revies*, 1989, 79 (1): 14 – 31.

[57] Bertola, G. , Drazen, A. Will government policy magnify cap-
ital flow volatility? In Leiderman, L. , Razin, A. (eds.), Capital mob-
ility: The Impact on Consumption, Investment and Growth, *Cambridge
University Press*, 1994.

[58] Bordo, M. D. , Cavallo, A. , Meissner, C. M. Sudden stops:
Determinants and output effects in the first era of globalization, 1880 –
1913. *Journal of Development Economics*, 2010, 91 (2): 227 – 241.

[59] Boyd, J. H. , De Nicoló, G. The Theory of Bank Risk Taking
and Competition Revisited. *Journal of Finance*, 2005, 60 (3): 1329 –
1343.

[60] Braggion, F. , Chrisitiano, L. J. , Roldos, J. Optimal mone-
tary policy in a sudden stop. *Journal of Monetary Economics* , 2009, 56

(4): 582 – 595.

[61] Branson, W. H. Financial capital flows in the United States balance of payment. *Amsterdam*: *North – Holland*, 1968: 69 – 88.

[62] Breiman, L., Friedman, J., Olshen, R., Stone, C. J. Stone classification and regression trees. *Wadsworth International Group*, 1984.

[63] Brennan, M. J., Cao, H. H. International portfolio investment flows. *Journal of Finance*, 1997, 52 (5): 1851 – 1880.

[64] Caballero, R. J., Cowan, K., Kearns, J. Fear of sudden stops: Lessons from Australia and Chile. *Journal of Policy Reform*, 2004, 8 (4): 313 – 354.

[65] Caballero, R. J., Krishnamurthy, A. International and domestic collateral constraints in a model of emerging market crises. *Journal of Monetary Economics*, 2001, 48 (3): 513 – 548.

[66] Calderón, C., Kubota, M. Sudden stops: Are global and local investors alike?. *Journal of International Economics*, 2013, 89 (1): 122 – 142.

[67] Calvo, G. A. Capital flows and capital-market crises: The simple economics of sudden stop. *Journal of Applied Economics*, 1998, 1 (1): 35 – 54.

[68] Calvo, G. A. Explaining sudden stops, growth collapse and BOP crisis: the case of distortionary output taxes, NBER working paper, No. 9864, 2003.

[69] Calvo, G. A., Izquierdo, A., Talvi, E. Sudden stops and phoenix miracles in emerging markets. *American Economic Review*, 2006, 96 (2): 405 – 410.

[70] Calvo, G. A., Izquierdo, A., Mejia, L. F. On the empirics of sudden stops: the relevance of balance-sheet effects. NBER working pa-

per, No. 10520, 2004.

[71] Calvo, G. A. , Izquierdo, A. , Mejia, L. F. Systemic sudden stops: The relevance of balance-sheet effects and financial integration. NBER working paper, No. 14026, 2008.

[72] Calvo, G. A. , Izquierdo, A. , Loo – Kung, R. J. Relative price volatility under sudden stops. *Journal of International Economics*, 2006, 69 (1): 231 – 254.

[73] Calvo, G. A. , Reinhart, C. When capital inflows come to a sudden stop: Consequences and policy options. MPRA paper, No. 6982, 2000.

[74] Calvo, G. A. Sudden Stops, the Real Exchange Rate, and Fiscal Sustainability: Argentina's Lessons, NBER working paper, No. 9828, 2003.

[75] Calvo, G. A. , Végh, C. A. Inflation stabilization and BOP crises in developing countries. In chapter 24, Vol. 1C, Handbook of Macroeconomics, edited by J. Taylor and M. Woodford; *Amsterdam, Holland: North – Holland*, 1999.

[76] Catão, L. Sudden stops and currency drops: A historical look. IMF working paper, No. 133, 2007.

[77] Cavallo, E. A. Trade, Gravity and Sudden stops: on How Commercial Trade can Increase the Stability of Capital Flows. IDB working paper, No. 491, 2006.

[78] Cavallo, E. A. , Frankel, J. A. Does openness to trade make countries more vulnerable to sudden stops, or less? . *Journal of International Money and Finance*, 2008, 27 (8): 1430 – 1452.

[79] Chamon, M. , Manasse, P. , Prati, A. Can we predict the next capital account crises? . *IMF Staff Papers*, 2007, 54 (2): 270 – 305.

［80］ Chan, K. , Menkveld, A. J. , Zhishu Yang. Information Asymmetry and Asset Prices: Evidence from the China Foreign Share Discount. *Journal of Finance*, 2008, 63 (1): 159 - 196.

［81］ Chari, V. V. , Kehoe, P. J. , McGrattan, E. R. Sudden stops and output drops. NBER working paper, No. 11133, 2005.

［82］ Chenery H. B. , Strout A. M. Foreign assistance and economic development. *American Economic Review*, 1966, 56 (4): 679 - 733.

［83］ Chinn, M. D. , Ito, H. Capital Account Liberalization, Institutions and Financial Development: Cross Country Evidence. NBER working paper, No. 8967, 2002.

［84］ Chinn, M. D. , Ito, H. What Matters for Financial Development? Capital Controls, Institutions, and Interactions. *Journal of Development Economics*, 2006, 81 (1): 163 - 192.

［85］ Coles, J. L. , Daniel, N. D. , Naveen, L. Managerial Incentives and Risk-taking. *Journal of Financial Economics*, 2006, 79 (2): 431 - 468.

［86］ Coval, Joshua, and Toby Moskowitz, 1996, Home bias at home: Local equity preference in domestic portfolios. *Journal of Finance*, 2002, 54 (6): 2045 - 2073.

［87］ Cowan, K. , Gregorio, J. D. , Micco, A. , Neilson, C. Financial diversification, sudden stops, and sudden starts. In: K. Cowan et al. , Current Account and External Finance, Santiago: Central Bank of Chile Working Paper, No. 423, 2008.

［88］ Dagher, J. C. Sudden stops, output drops, and credit collapses. IMF working paper, No. 176, 2010.

［89］ Diamond, D. W. , Dybvig, P. H. Bank runs, deposit insurance, and liquidity. *Journal of Political Economy*, 1983, 91 (3): 401 - 419.

[90] Dollas, David. Outward-oriented Developing Economic Really Do Grow More Rapidly: Evidence from 95LDCs, 1976 – 1985. *Economic Development and Cultural Change*, 1992, 40 (3): 523 – 544.

[91] Dornbusch, R., Goldfajn, I., Valdés, R. O. Currency Crises and Collapses. *Brookings Papers on Economic Activity*, 1995 (2): 219 – 293.

[92] Edison, H., Luangaram, P., Miller, M. Asset Bubbles, Domino Effects and "Lifeboats": Elements of the East Asian Crisis. CSGR working paper, No. 05/98, 1998.

[93] Edison, H. J., Warnock, F. E. A Simple Measure of the Intensity of Capita l Controls. *Journal of Empirical Finance*, 2003, 10 (1): 81 – 103.

[94] Edwards, S. Capital controls, sudden stops and current account reversals. NBER Working Paper, No. 11170, 2005.

[95] Edwards, S. Financial openness, sudden stops and current-account reversals. *American Economic Review*, 2004, 94 (2): 59 – 64.

[96] Edwards, S. On current account surpluses and the correction of global imbalance. NBER Working Paper, No. 12904, 2007.

[97] Edwards, S. Openness, Productivity and Growth: What Do We Really Know? . *Journal of Development Economics*, 1998, 108 (447): 383 – 398.

[98] Edwards, S. Sequencing of reforms, financial globalization, and macroeconomic vulnerability, *Journal of the Japanese and International Economies*, 2009, 23 (2): 131 – 148.

[99] Edwards, S. Thirty years of current account imbalances, current account reversals, and sudden stops. NBER Working Paper, No. 10276, 2004.

[100] Edwards, S., Khan, M. S. Interest Rate Determination in

Developing Countries: A Conceptual Framework. NBER Working Papers, No. 1531, 1986.

[101] Faucette, J. E., Rothenberg A. D., Warnock F. E. Outflows – Induced Sudden Stops. *The Journal of Policy Reform*, 2005, 8 (2): 119 – 129.

[102] Fazzari, S., Hubbard, R. G., Petersen, B. C. Financing constraints and corporate investment. NBER working paper, No. 2387, 1988.

[103] Feldstein, M., Horioka, C. Domestic Saving and International Capital Flows. *European Economic Review*, 1993, 37 (6): 1197 – 1202.

[104] Fisher, I. The debt-deflation theory of great depressions. *Econometrica*, 1933, 1 (4): 337 – 357.

[105] Forbes, K. J. and Warnock, F. E. Capital Flow Waves: Surges, Stops, Flight, and Retrenchment [J]. *Journal of International Economics*, 2012, 88 (2): 235 – 251.

[106] Frankel, J. A., Rose, A. K. Currency crashes in emerging markets: an empirical treatment. *Journal of International Economics*, 1996, 41 (3): 351 – 366.

[107] Frankel, J. A., Schmukler, S. L. Country fund discounts and the Mexican crisis of December 1994: Did local residents turn pessimistic before international investors? *Open Economies Review*, 1996, 7 (1): 511 – 534.

[108] Gabriele, A., Baratav, K., Parikh, A. Instability and volatility of capital flows to developing countries. *World Economy*, 2000, 23 (8): 1031 – 1056.

[109] Galindo, A. J., Izquierdo, A. Sudden Stops and Exchange Rate Strategies in Latin America. IDB Working Paper, No. 406, 2003.

[110] Gehrig, T. An information based explanation of the domestic

bias in international equity investment, *The Scandinavian Journal of Economics*, 1993, 95 (1): 97 – 109.

[111] Gertler, M. , Gilchrist, S. , Natalucci, F. M. External constraints on monetary policy and the financial accelerator. *Journal of Money, Credit and Banking*, 2007, 39 (2): 295 – 330.

[112] Goldstein, M. , Turner, P. Controlling currency mismatches in emerging markets. *Peterson Institute*, 2004.

[113] Gopinath, G. Lending booms, sharp reversals and real exchange rate. *Journal of International Economics*, 2004, 62 (1): 1 – 23.

[114] Gourinchas, P. , Jeanne, O. Capital flows to developed countries: the allocation puzzle. NBER working paper, No. 13602, 2007.

[115] Gruber, J. , Kamin, S. Do differences in financial development explain the global pattern of current account imbalances? . Board of Governors of the Federal Reserve System, International Finance Discussion Papers, No. 923, 2008.

[116] Guidotti, P. , Sturzenegger, F. , Villar, A. On the Consequences of Sudden stops. *Economia*, 2004, 4 (2): 171 – 214.

[117] Hak – Min, K. Globalization of international financial markets: cause and consequences. *Ashgate Publishing Ltd*, 1999: 143 – 222.

[118] Hellwig, M. F. On the aggregation of information in competitive markets. *Journal of Economic Theory*, 1980, 22 (1): 477 – 498.

[119] Honig, A. Dollarization, exchange rate regimes and government quality. *Journal of International Money and Finance*, 2009, 28 (2): 198 – 214.

[120] Hoskisson, R. E. , Eden, L. , Chung M. L. et al. Strategy in emerging economies. *Academy of Management Journal*, 2000, 43 (3): 249 – 267.

[121] Hutchison, M. M. , Noy, I. Sudden stops and the Mexican

Wave: Currency crises, capital flow reversals and output loss in emerging markets. *Journal of Development Economics*, 2006, 79 (1): 225 – 248.

[122] Hur, S., Kondo, I. A theory of sudden stops, foreign reserves, and rollover risk in emerging economies. *Federal Reserve Bank of Minneapolis*, November 25, 2011.

[123] Izquierdo, A. Credit Constraints, and the Asymmetric Behavior of Asset Prices and Output under External Shocks, mimeo, *The World Bank*, 2000.

[124] Jain, S. C. Emerging economies and the transformation of international business. *UK&US: Elgar Publishing*, 2006.

[125] Johnston, B. R., Tamirisa, N. T. Why do countries use capital controls?. IMF Working Paper, No. 181, 1998.

[126] Joyce, J. P., Nabar, M. Sudden stops, banking crises and investment collapses in emerging markets. *Journal of Development Economics*, 2009, 90 (2): 314 – 322.

[127] Kamin, S. B., Schindler, J., Samuel, S. The contribution of domestic and external factors to emerging market currency crises: an early warning systems approach. *International Journal of Finance & economics*, 2007, 12 (3): 317 – 336.

[128] Kaminsky, G. Currency and banking crises: the early warnings of distress. IMF Working Paper, No. 178, 1999.

[129] Kaminsky, G. L. Currency and banking crises: the early warning of distress. *International Monetary Fund*, 1999.

[130] Kaminsky, G. L. Currency Crashes: Are They All the Same? *Journal of International Money and Finance*, 2006, 25 (3): 503 – 527.

[131] Kaminsky, G. L. Varieties of currency crises. NBER working paper, No. 10193, 2003.

[132] Kaminsky, G. L., Lizonda, S., Reinhart, C. M. Leading

indicators of currency crises. *IMF Staff Papers*, No. 1, 1998.

[133] Kaminsky, G. L., Lyons, R. K., Schmukler, S. L. Managers, investors, and crises: mutual fund strategies in emerging markets. *Journal of International Economics*, 2004, 64 (1): 113 – 134.

[134] Kaminsky, G. L., Reinhart, C. M. The twin crises: the causes of banking and balance-of-payments problems. *American Economic Review*, 1999, 89 (3): 473 – 500.

[135] Kang, J. K., Stulz, R. M. Why is there a home bias? An analysis of foreign portfolio equity ownership in Japan. *Journal of Financial Economics*, 1994, 46 (1): 3 – 28.

[136] Kehoe, T. J., Ruhl, K. J. Sudden stops, sectoral reallocations, and the real exchange rate. *Journal of Development Economics*, 2008, 89 (2): 235 – 249.

[137] Kim, W., Wei, S. J. Foreign portfolio investors before and during a crisis. *Journal of International Economics*, 2002, 56 (1): 77 – 96.

[138] Kiyotaki, N., Moore, J. Credit Cycles. *Journal of Political Economy*, 1997, 105 (2): 211 – 248.

[139] Krugman, P. A model of balance-of-payments crises. *Journal of Money, Credit and Banking*, 1979, 11 (3): 312 – 325.

[140] Krugman, P., What happened to Asia. In Sato, R., Ramachandran, R. V., Mino, K. Global competition and integration. *Springer US*, 1999: 315 – 327.

[141] Lane, P., Milesi – Ferretti, G. M. International financial integration. IMF staff papers, No. 50, 2003.

[142] Lensink, R., Hermes, N., Murinde, V. Capital flight and political risk. *Journal of International Money and Finance*, 2000, 19 (1): 73 – 92.

[143] Low, A. Essays on asymmetric information in international finance, Ph. D. dissertation, University of California, Los Angeles, 1992.

[144] Lucas, R. Why doesn't capital flow from rich to poor countries? . *American Economic Review*, 1990, 80 (2): 92 – 96.

[145] Machlup, F. The liquidity of short-term capital. *Economica*, 1932, 2 (1): 271 – 284.

[146] Marina, V. N. Economic openness and international financial flows. Journal of Money. *Credit and Banking*, 1969, 1 (4): 727 – 749.

[147] Marshall, A. Money credit and commerce. *Macmillan and company*, 1923.

[148] Martin, P. , Rey, H. Globalization and emerging markets: With or without crash? *American Economic Review*, 2006, 96 (5): 1631 – 1651.

[149] Martinez, P. , Soledad, M. A regime switching approach to studying speculative attacks: a focus on EMS crises. *Empirical Economics*, 2002, 27 (2): 159 – 194.

[150] Mattoo, A. Financial services and the WTO: liberalization commitments of the developing and transition Economies. *The World Economy*, 2000, 23 (3): 351 – 386.

[151] Mazumdar, J. Imported machinery and growth in LDCs. *Journal of Development Economics*, 2001, 65 (1): 209 – 224.

[152] Mckinnon, R. I. International overborrowing: a decomposition of credit and currency risks. *Word Development*, 1998, 26 (7): 1267 – 1282.

[153] Mendoza, E. G. Real business cycles in a small open economy. *The American Economic Review*, 1991, 81 (4): 797 – 818.

[154] Mendoza, E. G. Real exchange rate volatility and the price of nontradables in sudden-stop-prone economies. NBER working paper,

No. 11691, 2005.

[155] Mendoza, E. G. Lessons from the debt-deflation theory of sudden stops. *American Economic Review*, 2006, 96 (2): 411 –416.

[156] Mendoza, E. G. Sudden stops, financial crises, and leverage. *American Economic Review*, 2010, 100 (5): 1941 –1966.

[157] Mendoza, E. G. , Smith, K. A. Margin calls, trading costs, and asset prices in emerging markets: the financial mechanics of the sudden stop phenomenon. NBER working paper, No. 9286, 2002.

[158] Mendoza, E. G. , Smith, K. A. Quantitative implications of a debt-deflation theory of sudden stops and asset prices. *Journal of International Economics*, 2006, 70 (1): 82 –114.

[159] Mundell, R. A. The monetary dynamics of international adjustment under fixed and flexible exchange rates. *Quarterly Journal of Economics*, 1960, 74 (2): 227 –257.

[160] Nag, A. , Mitra, A. Neural networks and early warning indicators of currency crisis. *Reserve Bank of India Occasional paper*, 1999, 20 (3): 183 –222.

[161] Nicoló, D. G. , Honohan, P. , Ize, A. Dollarization of bank deposits: causes and consequences. *Journal of Banking & Finance*, 2005, 29 (7): 1697 –1727.

[162] Obstfeld, M. International Capital Mobility in the 1990s. NBER Working Paper, No. 4534, 1994.

[163] Obstfeld, M. The logic of currency crises. *Springer Berlin Heidelberg*, 1995: 62 –90.

[164] Pastor, M. Capital flight from Latin America. *World Development*, 1990, 18 (1): 1 –18.

[165] Radelet, S. , Sachs, J. D. The east Asian financial crisis: diagnosis, remedies, prospects. *Brookings Papers on Economic Activity*,

1998, (1): 1 – 74, 88 – 90.

[166] Reinhart, C. M. , Reinhart, V. R. Capital inflows and reserve accumulation: the recent evidence, NBER working paper, No. 13842, 2008.

[167] Roberto, F. A. , Rigobon, A. Why are capital flows so much more volatile in emerging than in developed countries. Central bank of Chile Working Paper, No. 328, 2005.

[168] Rothenberg, A. D. , Warnock, F. E. Sudden flight and true sudden stops. *Review of International Economics*, 2011, 19 (3): 509 – 524.

[169] Sanchez, C. S. The direction of international capital flows: new empirical evidence. European University Institute working paper, 2006.

[170] Sachs, J. , Tornell, A. , Velasco, A. Financial crises in emerging markets: the lessons from 1995. NBER Working Paper, No. 5576, 1996.

[171] Sachs, J. , Tornell, A. , Velasco, A. The Mexican peso Crisis: Sudden Death Or Death Foretold? *Journal of International Economics*, 1996, 41 (3 – 4): 265 – 283.

[172] Sakuragawa, M. , Hamada, K. Capital flight, North – South lending, and stages of economic development. *International Economic Review*, 2001, 42 (1): 1 – 24.

[173] Schneider, M. , Tornell, A. Balance sheet effects, bailout guarantees and financial crises. *Review of Economic Studies*, 2004, 71 (3): 883 – 913.

[174] Scott, A. , Uhlig, H. Fickle investors: An impediment to growth. *European Economic Review*, 1999, 43 (7): 1345 – 1370.

[175] Stiglitz, J. E. Capital Market Liberalization and Exchange

Rate Regimes: Risk without Reward. *The Annals of the American Academy of Political and Social Science*, 2002, 579 (1): 219 – 248.

[176] Shukla, R. K. Inwegen, G. B. Do locals perform better than foreigners?: an analysis of UK and US Mutural fund managers. *Journal of Economics and Business*, 1995, 47 (3): 241 – 254.

[177] Sula, O. Surges and sudden stops of capital flows to emerging markets. *Open Economies Review*, 2010, 21 (4): 589 – 605.

后　　记

本书是在我的博士论文的基础上补充完善而成，写作过程中承蒙导师宋清华教授的悉心指导和支持鼓励，在此谨向恩师表达崇高的敬意和诚挚的感谢！宋老师深厚的理论基础、严谨的治学态度、诲人不倦的学者风范，使我受到莫大的启迪和鞭策，并引领我在学海中不断思索和前进。从选题、写作到修改和定稿，从选题技巧到内容架构再到理论深度和学术规范，每一个阶段都得到了宋老师细致耐心的指导。除了在学术研究方面的谆谆教导，宋老师还教会我们做人做事的道理，他告诫学生要"学会吃苦，学会吃亏。志存高远，不怕失败"、"做真正的学问，做简单的人！"、"永远不要触碰道德底线和法律底线"，恩师的人格魅力毫不逊色于其精深术业。

写作过程中，各位同窗好友给予了我莫大的支持和帮助，让我倍感集体的温暖和力量。感谢好友谭春枝博士无数个日子同舟共济的陪伴、鼓励和帮助！感谢我的师兄曲良波博士、同窗余雪飞、许桂华和张甜迪博士给我的有益建议和协助支持！

若没有工作单位的支持，我也无法专心致力于学习和写作。在此，谨向我的领导和同事们表达诚挚的谢意！感谢李明贤院长、罗光强副院长和刘纯阳副院长对我的支持和鼓励！感谢陶文芳、罗丹和顾海塔等诸多同事为我分担工作和传达信息，让我有充裕的时间和精力潜心学习！

"认真做事，诚恳做人"是父亲大人对我的言传身教，可他却在四年前突发急症永远离开了我，使我陷于沉痛打击和"子欲孝而亲不在"的莫大遗憾！谨以此书献给远在天国的父亲，感谢父亲常在梦里以无声的微笑鼓励我坚强奋斗！同时，感谢敬爱的母亲对我夫妇及孩子无微不至的关怀和照顾！养育之恩大于天，当鞠躬尽瘁以报！感谢姨妈不辞辛劳地帮我分担家务和照看孩子！感谢先生给予我物质和精神上的支持鼓励！亦感谢我的爱女以乖巧懂事表达了对我的理解和支持！

还有太多要感谢的师长、亲人和朋友，你们的支持是我前进道路上的精神源泉！

人生如圆，终点亦是起点，生命的精彩在于坚持。雄关漫道真如铁，而今迈步从头越！

郑　璇

2016 年 1 月 17 日于浏阳河畔